法国大革命批判辞典

1

事件卷

〔法〕弗朗索瓦·孚雷 莫娜·奥祖夫 主编

刘景迪 顾杭 庞冠群 译 刘北成 校

François Furet
Mona Ozouf
et collaborateurs
DICTIONNAIRE CRITIQUE DE LA RÉVOLUTION FRANÇAISE
ÉVÉNEMENTS

©Editions Flammarion, Paris, initially published in 1988,
New revised and enlarged edition in 2007
根据 Flammarion 出版社 2007 年版翻译

《法国大革命批判辞典》中文版

编委会

刘北成　庞冠群　申华明
张　智　黄艳红　洪庆明

说　明

本册据弗拉马里翁（Flammarion）出版社2007年出版的《法国大革命批判辞典》（修订版）第一卷《事件卷》翻译。修订版经重新审读和校对，文献目录也大幅更新，并增添了弗朗索瓦·孚雷撰写的词条"雾月十八日"和马西米利亚诺·桑托罗撰写的词条"圣多明各革命"。

"参见条目"中黑体标注者为本卷中的词条，其余则见于本《辞典》其他各卷，即《人物卷》《制度卷》《观念卷》《阐释卷》。

中文版编委会
2021年

一部"革命政治的表象史"

(代译序)

法国大革命,若从1789年算起,已经230多年了,但是它的影响至今不灭。

大革命为什么重要?以色列史学家阿隆·康菲诺对此作了一个解释。他把法国大革命称作一个"根基性过去"(foundational past):"根基性过去是指代表一个时代的事件,因为它体现了一种历史创新,成为道德和历史尺度,成为衡量一切人类事物的尺度。根基性要素不是事件的一种内在品质,而是存在于人们主观性之中的一种历史建构。"在他看来,法国大革命正是上述意义上的历史创新事件。具体而言,"《人权宣言》和恐怖重新定义了政治和道德。大革命催生了从1789年起决定现代欧洲和世界历史的思想和实践:自由主义、社会主义、女权主义、人权、总动员以及革命观念本身。大革命是关于民主和国家恐怖的第一次现代经验,因此被视为衡量现代历史的新标准。对于英国评论者埃德蒙·柏克来说,它是一个不惜任何代价都要避免的模式,但对于列宁来说，它是一个值得效仿的典范。"①

康菲诺的论断言简意赅，颇有见地。大革命作为现代性的雅努斯门槛，以《人权宣言》和恐怖两副面孔示人，不仅粗暴地截断了过去与现代，而且预示了"现代"或"现代化"的张力和冲突，开启了现代世界的路线竞争。

在西方乃至更广大的世界，从柏克-潘恩论战开始，有关大革命的争论从未停止。一代代的研究者和论战参与者，自觉不自觉地代入89年或93年乃至帝国的党派。这里不仅有语境和代际的差异，也有物质和精神利益的关联。正如法国历史学家弗朗索瓦·孚雷曾总结的："其他任何历史争论都没有如同每一代人都会发生的关于法国大革命的争论那样激烈和尖锐。"实际上，大革命不仅是一个历史事件，而且一直以历史话语的形式参与现实生活。现实与大革命形成互文关系。每一代人需要用大革命叙事和阐释来提供实践和思想的依据，大革命的历史话语成为现实的建构因素。而每一代人的大革命话语也是当时的现实映像，每一代人基于当代记忆和想象的历史话语来重构大革命。当然，大革命的历史话语积累了丰富厚重的思想遗产。

按照莫娜·奥祖夫的说法，法国经历了"旧制度与大革命的百年战争"，到19世纪末大致尘埃落定。艰难出世的第三共和国终于向第一共和国遥遥致敬。后来有"老虎总理"之称的共和

---

① Alon Confino, "Introduction. Edge of the past" in id., *Foundational Pasts: The Holocaust as Historical Understanding*, New York: Cambridge University Press, 2012, pp.5-6. 康菲诺认为，法国大革命和大屠杀是近现代的两个根基性过去。他赞同孚雷的大革命结束论，理由是大屠杀的重要性在逐渐取代大革命。

派政治家乔治·克列孟梭宣布：大革命是一个整体（bloc），必须完整地接受大革命的一切，包括恐怖。这个基调当然不能结束争论。大革命史学作为一门专业学科，就是在第三共和国的实证主义和共和主义的氛围中诞生的。20世纪前期和中期，以巴黎（索邦）大学法国革命史研究所为中心的专业研究深受马克思主义的影响，自马迪厄、勒费弗尔到索布尔形成了学院派正统。学院派目光向下，开掘社会经济分析，将视野扩大到农村、无套裤汉以及民众心态，但他们对雅各宾派有明显的偏爱。本书第5卷有关于学院派的详尽评述，尽管是通过孚雷的批判目光，但仍可窥见一斑。

1989年，正值法国大革命二百周年之际。此前，索布尔的继承人米歇尔·伏维尔受法国政府委托协调法国和国际的相关学术活动，但是以孚雷为代表的修正派也开辟了另外的学术天地。1988年出版的《法国大革命批判辞典》就是修正派的集体之作。

《批判辞典》的主编和主要撰稿人是弗朗索瓦·孚雷和莫娜·奥祖夫。孚雷（François Furet，1927—1997）属于年鉴学派的第三代。年鉴学派第一代（吕西安·费弗尔和马克·布洛赫）和第二代（布罗代尔）以及第三代多数历史学家（如雅克·勒高夫）关注跨学科研究，偏爱总体史、社会史以及心态史，不愿触及大革命这样的"事件史"和政治史课题。孚雷是一个例外。他曾加入法共，匈牙利事件后退党。他从进入学界就热衷研究大革命，先后发表《法国革命史》（两卷，与里歇合著，1965年）、《思考法国大革命》（1978年）和《马克思与法国大革命》（合著，1988年）。他从马克思主义的社会史研究起步，但转而反对学院派的"雅各宾史学"和马克思主义社会史研究取向,主张回归19世纪托克维尔和基内的思路,强调大革命发生和整个进程的复杂性和偶然性。他先后主持法国社会科学高等研究院和雷蒙·阿隆研究所,建立了修正派的道统。奥祖夫(Mona Ozouf, 1931—)是孚雷学术小圈子中的密友。她以《革命节日》(1976年)这部创新之作开启了对大革命的政治文化研究,也得到一些年鉴学派学者的认可。他们二人代表了年鉴学派第三代中的政治史回归倾向和政治文化分析取向。

《法国大革命批判辞典》并非人们常见的辞典。我们可对比一下1989年出版的《法国大革命历史辞典》。二者都是规模宏大的集体作品。《历史辞典》由学院派已故掌门人索布尔启动,由伏维尔主持完成,编写者64人,均为大学及其附属研究所的法国革命史专业学者。全书1132页,按照法文字母顺序排列,收录1000多个词条,并附有大事年表,可谓关于法国大革命的一部百科全书。与之相比,《批判辞典》的体量大体相似,全书1122页,却只有99个词条,每个词条是一篇长文。编写者只有24人。孚雷、奥祖夫和里歇三人撰写了其中的53篇。[①]所有作者都就职于法国大学体系之外的机构:法国社会科学高等研究院、法国国家科研中心或国外大学。(这里需要说明一下,法国社会科学高等研究院是布罗代尔在大学之外组建的研究机构。)其中一些作者并非法国革命史专业研究者,而是政治学或政治哲学学者或社会学者。全书按照专题分为5卷,不是按照社会理论概念

---

① 第二版增补了6条,总计105条。新增条目是雾月十八日、圣多明各革命、布里索、圣茹斯特、公共教育和绝对君主制。其中圣多明各革命由新邀的意大利学者撰写。

分类（如政治、经济、宗教等），而是对一般历史现象加以分类（事件、人物、制度、观念和阐释者）。有评论者认为，这两部辞典属于两种历史书写体系，前者提供实证基础上的史实，后者则偏重阐释、比较和话语分析。后者许多词条明显利用了学院派的研究成果。当然，奥祖夫等人也显示了坚实的档案研究功底。

在孚雷看来，对大革命不论诅咒还是歌颂，都属于"纪念史学"，大革命依然是一种身份话语，在这个意义上，大革命依然没有结束。但是，时代已经变了，从第三共和国到第五共和国，大革命的基本原则得到了充分落实。我们可以告别革命，亦即，不再代入大革命的角色，可以用一种批判的态度反思法国大革命。借助恢复被学院派史学霸权所遮蔽的19世纪的思想资源，我们可以重新获得评判大革命的勇气和能力。[①] 该辞典的"批判"主旨也正在于此。

在方法论上，辞典的作者们剑走偏锋，拒斥学院派的社会经济解释，认为后者使用的概念（如封建制）需要还原到历史语境中。《批判辞典》完全自限于政治史，但是也开出一条政治文化研究的新路。有评论者指出："辞典作者的主要方法论标准，是对'革命者对自己行动的表述'的研究。……不仅仅是在19世纪历史学家的指令下重写法国大革命，批判史学还在特别关注'法国大革命关于自身的话语'的基础上，对'观念在法国大革命中的作用'进行了初步评估（转引奥祖夫的话）。一些词条对法国大革命中文本的分析以及对话语融贯性的恢复解释了这些作用。这里看到

[①] 参见傅勒（即孚雷）的《思考法国大革命》，生活・读书・新知三联书店，2005年。

的远不是一个虚无缥缈的思想故事。因此，《批判辞典》最具原创性的贡献在于一部'革命政治的表象史'。这是一个已经部分完成但仍有待完成的历史，这可能解释了表面上并不完整系统的词条选择，但我们已经可以特别欣赏到关于革命概念的精彩系列，要么是高度象征性的（如奥祖夫关于自由、平等、博爱、再生、革命的词条），要么是相当重要的关于新政治艺术的（如贝克关于主权的词条）。"①

大革命二百周年的纪念活动确实呈现出一派纪念的气氛，但无论法国国内还是国外，重心在《人权宣言》。法国政府给先贤祠增补了3人，包括启蒙哲人、吉伦特派成员孔多塞，立宪派主教、鼓吹废奴主义的格雷古瓦教士和数学家蒙日。修正派史学也赢得了媒体。"我赢了"，孚雷的这句玩笑话也并非虚夸。伏维尔在中国出席史学界的纪念活动时，甚至听到"我们都是热月党人"这种令他难以置信的表达。放眼当时全球的"山崩地裂"（霍布斯鲍姆的比喻），修正派的胜利其实不过是时代潮流转向和国际学术进展的一个表征而已。

近年来，无论修正派还是学院派都已回归平静的学术研究。有关大革命的争论似乎止于青萍之末，不再掀起惊涛骇浪。大革命是否真的成为了过去？近日有新闻说，法国现任总统马克龙悄悄地把三色国旗上的蓝色改回象征法国大革命的海军蓝。在发生《查理周刊》袭击、出版《21世纪资本论》的国度，这会是什么预兆吗？

* * * * * *

---

① 法国政治观念史学者雅克·吉约蒙的书评。

一部"革命政治的表象史"（代译序）

　　法国大革命在现代中国的历史话语中占据重要地位。各个时代各个流派代表学者以《法国革命史》为名的经典史著大多译成了中文。孚雷也曾撰写过《法国革命史》，提出著名的侧滑论，但很快就放弃了。因此，《法国大革命批判辞典》可以作为修正派的代表作，进入法国大革命史学的谱系。也许它是大革命史系列的一个压轴之作，至少目前看是如此。这一学术价值判断是我们选择翻译这部著作的一个学术动机。

刘北成

2021 年 11 月 21 日

目 录

2007版序言 ································· 1
1992版说明 ································· 9
前言 ····································· 11

事件卷

意大利战役（Campagne d'Italie）··············· 29
朱安党叛乱（Chouannerie）···················· 54
政变（Coups d'État）························ 67
非基督教化（Déchristianisation）··············· 83
雾月十八日（Dix-Huit Brumaire）··············· 104
选举（Élections）··························· 125
三级会议（États généraux）··················· 144
联邦主义（Fédéralisme）····················· 158
联盟节（Fédération）························ 175
大恐慌（Grande Peur）······················ 189
革命日（Journées révolutionnaires）············· 200
八月四日之夜（Nuit du 4-Août）················ 222

审判国王（Procès du roi）·· 234

圣多明各革命（Révolution à Saint-Domingue (la)）················ 254

大革命与欧洲（Révolution et l'Europe）······························ 268

恐怖（Terreur）·· 282

巴塞尔条约与海牙条约（1795年）
（Traités de Bâle et de la Haye (1795)）······························ 305

瓦伦事件（Varennes）·· 312

旺代（Vendée）·· 330

2007 版序言

在巴黎开往阿姆斯特丹的列车上——当弗拉马利翁出版社问我《法国大革命批判辞典》(以下简称《辞典》)一书词条的拟定地时，我马上回忆起这一场景。那时弗朗索瓦·孚雷和我刚刚转而支持编纂一部《辞典》的计划；我们将在"笛卡尔之家"(la maison Descartes)① 与米歇尔·伏维尔会合，出席在那举行的瓦伊达(Wajda)的电影《丹东》的放映式。脑中想着不超过一百个词条的严苛规定（我们希望给予每个词条以一篇短论的篇幅），于是我俩各居餐桌一角，草拟了一份词条清单。清单最终敲定是在布鲁塞尔，在此发生了最有意思的事情：对比两份清单，讨论重要日期和重要人物，确定哪些是必不可少的，哪些是不必要的，选择一些，排除一些。

两份清单很大程度上是重合的，而其中的分歧之处颇有意味。在我的清单中，关于"共和箴言"② 只有一个词条，而在孚雷的清单中，组成箴言的三个词，每一个都单列为词条。在他的

---

① "笛卡尔之家"位于阿姆斯特丹。——译者（本书页下注均为译者注，余不另注明）

② 指自由、平等、博爱。

清单中，有圣茹斯特，而我则没有选。散布于我的名单中的奥拉尔、马迪厄、乔治·勒费弗尔，则被孚雷忽略了。因此——我又想起弗朗索瓦·孚雷狡黠的眼神——为什么不将这些人合并在"学院派大革命史学"的同一旗帜下？在两份清单中，一长串重要的"革命日"使得词条数量超过了规定的一百个：那么为什么不把它们看作一个整体，描绘一种理想类型的革命日？抵达阿姆斯特丹火车站时，争论远未结束，但是第一批词条已经敲定，这使得我们非常开心。

我之所以停留在这一琐碎的记忆中，是因为《辞典》常常被称为"精心设计的战争机器"，暗含论战，而且其序言尤其缺乏"坦诚"①。换句话说，它被视为孚雷十年前通过《思考法国大革命》发射的"修正主义"火箭的第二阶段。事实上，《辞典》根本不是精心设计的产物。这一动议并非出自我们，而是路易·欧蒂贝尔（Louis Audibert）提出的，我很高兴能借此机会再次向其致以谢意，感谢他最初的提议、洞察力，以及对这一工作每一阶段所给予的关注。我记得他那时展现了非凡的说服力：弗朗索瓦·孚雷，当时正沉浸于19世纪史研究，对于是否参加《辞典》编纂非常犹豫；而我，慑于任务的繁重，较之孚雷更是犹豫。但是最后，一旦做出决定，接受约定，编写《辞典》就成为一项令人兴奋的挑战，直至其完成始终具有我们在前往阿姆斯特丹的列车上的游戏特点。

---

① 在伊塞·沃洛克（Isser Woloch）刊于《美国历史评论》（1990年12月号，总95卷，第1452—1470页）的非常细致的书评"论法国革命潜在的非自由主义"中，人们可以看到这些指责的基本内容。

关于《辞典》的内容，我俩其实在共同主持的持续多年的社会科学高等研究院研讨班上，早已达成一致；我们研究大革命，是把它看作法国政治社会的母体，并在研究中试图揭示始终鲜活的革命遗产。我们毫不犹豫地为《辞典》确定了"批判"任务。我们的这一选择招致众多指责，被认为是恶意的象征；甚至我们的一些朋友也很怀疑：采纳"批判"这一定语是否会导致对大革命的道义原则的质疑。然而，这一定语来自另一领域：弗朗索瓦·孚雷对雷蒙·布东和弗朗索瓦·布里科主编的《社会学批判辞典》赞誉有加；我也在《新观察家》上发表了一篇相关书评；无论是在布东和布里科主编的辞典，还是我们主编的这本《辞典》里，"批判"一词都仅仅意味着研究是开放的，议题并非是教条的。我们根本没想过拿出一个有关大革命的最终版本，也不打算覆盖整个大革命史，一想到有些读者购买这本《辞典》是因为把它视为一部百科全书，我就觉得浑身不自在。在布里夫书展上，一位优雅的老奶奶想把《辞典》送给孙子，作为"升入六年级的礼物"。"这以后有用"，她亲切地说道，而这也是我们想劝阻的。我们知道很多其他辞典可以想见是围绕着一个问题表来排列词条的，这个问题表或是事件的，或是社会的，或是人类学的，我们也时常参考这些竞争性的辞典。但是再三考虑后，我们只希望自己的这本《辞典》是政治的和哲学的。

　　因此，重要的是重新发现那些革命者所具有的观念，同时考察它们的内在困境和在现实中所遇到的困难，为读者们提供争论的理由。此外，与大革命二百周年纪念形势下各地出现的情感眷恋相反，"批判"一词所暗含的保持距离似乎更为合适。

我们之所以使用"批判",是因为没有什么词汇比它更好地体现了这一愿望,即对于每一个词条,都重新梳理它们的历史积淀,并展示其中的矛盾方面。如何定位丹东?这只能通过考察有关丹东的三种说法;实证主义者的说法,那时的丹东是个独裁者;奥拉尔的说法,丹东是拯救处于危急中的祖国的英雄;马迪厄的说法,丹东只不过是圣茹斯特控诉的腐败分子,在他身上,所谓的"宽容"只不过是对唯利是图的拙劣掩饰。重新梳理这些解释,目的是给读者提供做判断时的依据,尽管词条的作者貌似公正无私,还是表现出了自己的倾向。这种方法对于刻画历史人物必不可少,在处理事件和观念时更为有用,我们《辞典》的所有词条都运用了这种批判方法。

我们花费了很长时间思索那些我们希望讨论的问题,这些问题是我们的研讨班所关注的,并表述如下:为何一个民族会宣称自己的整个过去是应受谴责的,并试图只依照理性原则重建社会?"一切都是可能的"观念是如何在这个民族中出现的?为什么革命史在这一点上违背了理性原则,世界主义变为了民族主义,宽容变为了狂热,自由变为了恐怖?尽管出现了恐怖时期,大革命为何依旧坚持法律个人主义?另外,首要问题是人们可以认为1793年的激进是一种革新,还是它仅仅利用了1789年以来出现的各种因素?在我们看来,这些问题是我们的所有词条都要考虑的,我们那时撰写的序言充分解释了这一点,在此我就不再赘述。

如果人们记得这些问题,就能更好地理解为什么在本辞典中没有找到农民、资产阶级、手工业者、教士,以及所有其他社会阶层。当然在辞典内页中偶尔有可能会看到这些词，但是它们都没能成为专门的词条。为此我们受到了很多指责，提出指责的那些人不想理解我们这么做并非出于宣称对这些不感兴趣，而是认为它们对解决我们所提出的问题而言没有多少帮助。典型的例子是因为没有"妇女"这一词条，招致众多愤怒的评论。妇女在革命中的作用问题在本书的很多地方都有涉及，如1789年10月的革命日或是共和三年芽月的相关叙述中，但是专门设立一个词条"妇女"，尽管在其他情况下是必要的，却根本无法阐明1789年权力巨变的中心问题。对于大革命的参与者来说，妇女属于自然领域，还不属于历史领域。也许人们会对此感到遗憾（这还有犯时代误植的风险），但是这一遗憾根本无助于增加对问题的理解。

只有在不忽略这一点的情况下，才能理解我们所做选择的逻辑。有人问我们，为什么在大革命的解释者中留下了柏克，而不是潘恩？对此我们已有很多讨论，我们的研讨班也多次聚焦于这两人之间发生的著名争论，这一争论在众多方面都具有奠基意义。但是潘恩使用的语言和大革命的参与者是一样的。因此，将他列入《辞典》词条，并不能给事件的发生这一问题提供任何新的理解，相反，柏克思想的核心就是能提供这种新的理解。选择柏克，排除潘恩，根本不是出于所谓的党派原因。

对于我们来说，分配任务是很轻松的事。依据每个人的兴趣分配词条，"恐怖""旺代""革命政府""托克维尔"，自然属于弗朗索瓦·孚雷；"历法""外省""联邦主义""饶勒斯"归我。我们合作者的词条选择也并未对我们构成困扰。德尼·里歇，曾与弗朗索瓦·孚雷合作撰写了两卷本的法国革命史，深入参与这项事业也是必然的。"人权"这一词条，除了交给当时正在撰写关于这一问题的专著的马塞尔·戈谢，还能交给谁？有谁能比出色的《孔多塞传》的作者基思·贝克更适合描绘孔多塞？把"贵族"交给大卫·比恩（David Bien），是因为我们自然而然地希望他在该词条中展现出有关贵族问题的渊博学识。"指券"一词，我们则请求米歇尔·布吕吉埃（Michel Bruguière）展示其能力。没有任何人比吕克·费里（Luc Ferry）更适于考察康德、黑格尔、费希特等解释大革命的哲学家了。类似的例子就不一一列举了。

一个网络，一个星系，一个团伙，一个小集团，一个帮派：那些把《辞典》看作恶魔事业的人竞相发明各种词汇，以此来用阴谋语言描述我们召集的编写队伍：经过长期酝酿的目标，共同商议的战略，完美的执行。这真是过于抬举了，或者说过于侮辱了。所有参与者或是长期的合作者，或是朋友，我甚至想说是伙伴，而最普遍的还是两者皆是。如果有人想竭尽全力地在他们身上发现某种论争的一致性，那么它只可能体现为以下这种一致：他们中没有一个人愿意被视为当时正在革命研究领域展开争论的两个思想派别的成员，大革命二百周年纪念更是戏剧化地夸大了这一交锋：左派，是那些认可且始终自称"罗伯斯庇尔派"的人；右派，则是那些声称路过卡诺（Carnot）高中会啐一口的人。在我们看来，我们团队应该表明还存在第三种大革命史。《辞典》的志向就是展现这一被遗忘的历史。经过近二十年后，我认为它始终证明了这一点。

现在轮到我以一种人们将认为是促使和解的方式讲述该《辞典》的制成过程，但这确实是我保存的有关当时的交流状况的记忆，几乎是欣喜的记忆。然而已有一些争端在我们中间出现。首先就是革命行动者的选择问题。为什么排除了圣茹斯特？我说过，这是我的错，而这也成为热烈讨论的话题。弗朗索瓦·孚雷希望在我们简短的人物清单上有圣茹斯特的一席之地，其理由对我而言始终是有些隐晦不明的，在我看来，似乎与该人物的文学领域影响以及其演说中充斥着的华丽词句有关。对于我来说，圣茹斯特是个好学生，想着让自己的模范老师大吃一惊，这一点从他在审讯国王时发表的辞藻华丽的演说中就可以看出，而这迫使罗伯斯庇尔以更为稳重的形式又复述了一遍。圣茹斯特的价值在于他的勇敢，而不是他的思想。此外，他的思想非常混乱，竟能颂扬乱伦，理由是实施了乱伦的那些民族避免了与外族通婚，从而证明了自己的纯洁。我最终说服孚雷放弃，但是这一排除引起的反响过于强烈，以至于在口袋版增补了"圣茹斯特"的词条，而作为一种惩罚，写作任务也落到我的头上。与此相反，孚雷竭力说服我同意在《辞典》的《阐释卷》中加入了"比谢"（Buchez），尽管后者毫无疑问是位令人生厌的编纂者，但也很好地显示了大革命留给法国政治文化的诸多矛盾。

更严重的是纯粹的遗漏，有些确实是非常明显的。尽管《辞典》多处提到法国大革命根除传统的激烈行动，但没有提及绝对主义：口袋版增加了词条"绝对君主制"以弥补这一缺陷，由雅克·雷韦尔（Jacques Revel）撰写。没有任何关于殖民地的词条。没有布里索，没有雾月十八日，这两处遗漏也得到了弥补。更奇怪的是，一本如此关注大革命创造新人的执念的书籍，居然没有"公共教育"词条,而阿尔贝·索布尔主编的辞典则有一个出自多米尼克·朱利亚之手的精彩词条:因此我们请布罗尼斯瓦夫·巴奇科(Bronislaw Baczko)撰写这一词条。今天重读《辞典》,还会发现其他的遗漏。我很遗憾我们忽略了巴雷尔这位在如此多情况中起决定性作用的人,和他一起还遗漏了平原派。我们曾经提及他,但不知怎么后来遗漏了。

我希望提及这些遗漏、犹豫、不足,可以稍许弥补《辞典》"煽动论争"的恶名。但我觉得更重要的是《辞典》编写以来逝去的时光,已经二十年了。激烈的批判在很大程度上与二百周年庆典的形势有关。作为纪念仪式,二百周年庆典既要求与这一被颂扬的往昔实现情感上的亲近,同时也寄托对未来的希望,正如阿兰(Alain)[①]在思考纪念现象时所说的:"在历史感中鼓起劲头"。这就向历史学家们提出了他们不可能也不应该去实现的要求:使他们的论述适应这一双重要求,一方面,热爱大革命的往昔,另一方面,致力于实现一种本身具有革命性的未来。这是不现实的要求,因为历史学家工作的特性就是使人醒悟。但是今天,举行纪念时的叱责与教训的命令已消失了,《辞典》应该照其编写时所构想的那样被阅读,以一种不带攻击性而又愉悦的批判眼光,至少我是这样希望的。

莫娜·奥祖夫

(顾杭 译)

[①] 阿兰是法国哲学家埃米尔-奥古斯特·沙尔捷(Émile-auguste Chartier, 1868-1951)的笔名。

1992 版说明

整套再版著作都带有些许遗憾,既有作者本人的遗憾,也有读者向作者表达的遗憾。《法国大革命批判辞典》于1988年年底出版,此刻即将刊行便携版,这里我们想作一点回顾和批评。

首先是人物的问题。旧版《辞典》缺少吉伦特派人物,因为孔多塞只能算是吉伦特派的边缘角色;另外,读者曾对传奇式人物圣茹斯特的缺席感到遗憾。因此新版之中收纳了布里索和圣茹斯特。

接下来是事件。旧版《辞典》对大革命的海外反响未置一词,尤其是其在圣多明各岛的反响,这里是法国商业繁荣的重要来源地,并在18世纪80年代繁盛一时。新版将考察法国大革命对这个由种植园主、混血人和奴隶构成的遥远社会的冲击。此外,尽管旧版《辞典》提到了一系列的"政变",但我们认为还是有必要给真正终结了革命进程的政变以特殊的地位:这就是共和八年的雾月十八日政变。

在旧版《辞典》的《制度》卷中,法国大革命对教育的持续关注只是在几个词条中有间接涉及。在新版中,我们想专门用一篇文章来反映教育问题在当时人们的思想及辩论中的重要性。

最后,在我们所称的"观念"问题序列中,旧版《辞典》有一个重大遗漏,即没有关于君主制的分析;这个遗漏因为"旧制度""共和国"和"民主"等词条的存在而更为醒目。奇怪的是,直到旧版《辞典》问世我们仍没有意识到这一点,不过这一次得以补救。

在其他方面,我们和很多读者一样,对本《辞典》原则上不允许我们探讨法国大革命提出的所有历史问题而谈到遗憾。但任何学识上的尝试都有其限度和选择性。我们的尝试大体限于论述1789年的人们以自己的话语公开表述的问题。读者可以在1988年版的"前言"中看到我们的解释。

弗朗索瓦·孚雷
莫娜·奥祖夫

前 言

民主的诞生：关于法国大革命的这一定义所具有的思想分量之重，是任何人都不能否认的，不管他是大革命的支持者还是反对者。前者在大革命中发现的是他们的洗礼，后者则将大革命视为其怀疑的对象。不过，两个阵营很早就分辨出一条将他们分离开的时间分割线。旧制度是人与人不平等和绝对君主制的时代；1789年的旗帜上则出现了人权和人民主权。正是这一决裂最深刻地表达出大革命在哲学和政治方面的特质；正是这一决裂赋予其某种理念上的尊严和开端之特征；我们也正是要从这一决裂出发去理解这一事件。这个事件是个谜，为了洞悉其中的神秘，相关的研究和争论已经延续两百年，即便如此，这个谜依然如故。

这一深厚的评述传统已经与它评述的对象密不可分了。在这个传统中，我们要赋予曾主宰20世纪的各种解释的观念集合体以其应有的地位：最近的大部分历史学家，实际上都试图通过资产阶级在民族权力舞台上的出现来解释这一决裂。正如19世纪的人们说的，大革命标志着中产阶级漫长的社会进步在政治上达到的顶点，是它的优势宣言。这个观点既不缺少现实针对性，对它的演绎也极为丰富。阶级斗争的观念在法国大革命的历史中有其合法的位置，它是由自由派思想家阐发，并经马克思加工过的。大革命的一个方面完全展现的是阶级斗争，是改造18世纪的阶级关系，是为自由平等的世界敞开非凡的新场域——让各种阶级联合或阶级斗争在其中上演。在这方面，农民史的研究（尽管到20世纪才得以进行）是个很好的例子；这一历史让我们理解了为什么农村世界欢迎1789年的反领主制原则和教会财产的出售；但我们也应该关注到，后来农民转向了革命的对立面，比如在西部。所以，如果将阶级利益作为理解事态发展的主要线索，就会陷入逻辑上的死胡同。对城市阶级的分析是另一个例子。很显然，城市的旧社会的摧毁，基本是旧制度时代就完成了的，1789年只是对此进行确认；这种摧毁展现为某种社会分裂，并带有以个人为本位的现代世界的鲜明特征。大革命认为自己的作用仅在于排斥贵族，但实际上它导致了一系列可怕的紧张关系：富人与穷人之间，资产阶级与人民之间，纨绔子弟与无套裤汉之间；对时代命名的不确定性也反映出政治观念与激情对社会事实的过度指认。

在1787年到1800年之间，发生剧烈变动的不是社会的实质，而是它的原则和它的政府。君权神授的绝对君主制让位于人权。路易十六的后继者是罗伯斯庇尔、热月党人和波拿巴。对于法国历史中的这场地震，本书试图说明其文化和政治特征，后者也是地震的独特性的成因。启蒙哲学的确准备了若干要素，但究竟是哪些要素呢？人们如何从启蒙哲学的世界跨入法国大革命的世界呢？这是个很大的老问题，大革命的社会解释曾认为可以回避它，但它始终需要去面对。

正是为了重新探讨这个老问题，本书的诸位作者才聚集到了一起，对于他们的友情加入，我们深感荣幸。弗拉马里翁出版社人文科学部的负责人路易·奥迪贝（Louis Audibert）在这一工作中居功至伟：他提出了创意，并且伴随这一工作始终。至于我们的团队，其核心是雷蒙·阿隆研究所（附属于社会科学高等研究院）的一批历史学家和哲学家，他们有着共同的关怀和旨趣。我们很高兴与外国研究者合作，他们的入选既因为其能力，也因为我们彼此间在一系列的国际会议上分享着同样的兴趣领域。这里我们要向所有人表达我们受惠之后的感激，尤其感谢英语国家的历史学家们，自第二次世界大战以来，他们对法国大革命的史学研究的贡献是决定性的。

我们呈献的这部著作不是一部百科全书，甚至不是一部辞典——如果对"辞典"一词作传统理解的话。在浩如烟海的革命文献中，本书没有逐个梳理排列的宏愿。法国大革命是个极为复杂的事件，而且已经被无数次地讲述过，对它的解释和评注不可胜数；既然如此，我们怎敢设想以一千多页的辞典来讨论这一事件呢？辞典一词毋宁说是从启蒙时代让人熟知的意义上来理解的。它的原则是：作为一部关键词索引，它既能表明研究的进展，但更主要的是能够显示问题的重新定位。它的目标是：回溯法国这一奠基性事件的独特之处及其摧枯拉朽的力量。它的统一性在于：聚焦这一政治事件及其创造力。

我们的工作本来就不是严格意义上的辞典，由于各篇文章——也是些短小的论文——分成五大部分，这一特征看来更加明显了；这五大部分有各自方便的标签：事件，人物，制度，观念，阐释。

事件：赋予这些事件以现代意蕴，让它们极度地繁衍增殖，并深刻改变对它们的即时性感知和后续解释的，难道不正是大革命本身的特质吗？有些事件纯粹是突发性的，它们带有某种决裂性的力量，如大恐慌、8月4日之夜、瓦伦事件；有些事件是反复发生的，几乎成了某种仪式，如政变、革命日；最后是一系列决定性的事件，关于法国大革命的讨论从来没有穷尽过这些事件的丰富性，如审判国王、恐怖、旺代。

人物：这其中包括大革命孕育和吞噬的集体人物，从忿激派到无套裤汉，从王政派到热月党人；也包括个人，如路易十六和拿破仑。本书选择的数量不多，这可能会让人感到意外，因为法国大革命让众多人物大放异彩，如果没有大革命，他们可能就默默无闻了。但在我们看来，除了显而易见的头等重要的人物，次等角色的挑选可能陷入没完没了的讨论，另外，在这个宏大的舞台上，脚本可能比角色分配更重要：大革命的戏剧比出演的演员更伟大。

制度：我们挑选的标准或是它们已成为今日我们生活之框架的制度，如选举制度、省、民法典；或者是它们典型地阐明了大革命的精神，如巴黎公社、俱乐部、革命宗教。

观念：它们使得大革命可以自我命名，或者用以指称其对手，如革命、旧制度、封建制度、贵族；或者界定革命的要害和原则，如主权、宪法、人权、民族；或者确认其来源，如启蒙；或者庆贺其创新，如再生、共和国。之所以给大革命的"观念"以重要地位，是为了正视一些非常难得到或者很少有人读的著作与革命实践的不平衡状况。《社会契约论》与某个雅各宾激进派的模糊言辞之间的距离，可以使人轻而易举地得出这样的结论，下述两组现象之间完全没有关系：一方面是没有纲领、对后世不负有责任的启蒙运动；另一方面是没有先驱的大革命，革命之中没有任何重要思想在起作用。

我们的整个研究都在反驳上面的两条结论：这里论述的观念不是纯粹理论辩论中的那些观念，而是在制度和实践中发挥作用的观念。它们通过教育而得到传播。它们因为时局的剧变而产生变形，如主权、博爱、革命。它们成为政治斗争的关键。虽说1789年的人们从启蒙时代的伟大思想家们那里取用各种观念，亲口承认这些思想家是他们的启迪者，并且深信启蒙运动不仅开启了革命还应能够结束革命，但是，他们面临的任务却比写作不知道复杂多少。所以，仅仅从书本、哲学和抽象的层面来考察他们，那将是最不应该的事。在将这些新原则运用到法国的旧君主制时，他们总是要考虑那些几乎无法克服的困难。他们也总是提到这一点，他们清楚地知道革命在偏离正轨，他们意识到自己未能恪守原则：这与某些可疑的历史书中给出的看法不同，在后者眼里，历史人物总是盲目的，而历史阐释者总是头脑清晰的。

阐释：这一卷中当然有那些试图完整地复原大革命的学者，如米什莱、饶勒斯、比舍、路易·勃朗；也有简短地勾勒出阐释框架的人，如贡斯当、柏克、米什莱；还有一些一直在思索大革命给现代世界提出的这样或那样问题的人，如康德讨论弑君者，黑格尔讨论恐怖，基内讨论宗教。史学研究应占有一席之地——这是几乎所有词条都含有的内容——这是因为需要确立一个观念：即在历史知识里既有累积性的一面也有非累积性的一面。之所以需要累积性，是因为任何人在探讨大革命时，都不可能不综合两个世纪以来积累的学识，尤其是在19世纪资料发掘和出版的两大时刻出现的学术，这就是米什莱时期和奥拉尔—饶勒斯时期。关于城乡民众运动，关于旺代，关于贵族，我们今天的认识都更为可靠也更为广泛了，我们的辞典的若干词条就见证了这一点：只需看看税收、指券、贵族、选举制度。但历史知识同样也是非累积性的，因为认识的进步不会抹去它的足迹。忽视这种史学的历史，就是抹去思想曾经穿越的原野，就是忽视各种问题的沉积层：法国大革命的伟大阐释者是通过别人的著作来接触这一事件的，如马克思通过黑格尔，泰纳通过柏克和托克维尔，所以，法国大革命的史学研究总是糅杂着多个时代、多种解释和多种旨趣。不过，这有可能遗忘大革命的一大特征，好在一些问题立刻已经以新颖和有力的方式被提了出来：没有谁比贡斯当更能理解用对绝对主权的肯定来表达政治自由是何等危险。没有谁比柏克——比马克思还早半个世纪——更深刻地指出，哲学的攻击会抹杀人类境况的多样性，并代之以民主的抽象普遍性。法国大革命的史学研究削弱了一个普遍接受的真理：一个事件发生得越是久远，对它的认识就会越发"真实"。对法国大革命最深刻的提问很早就出现了。所以我们的目的是要重新发现这段被遗忘的历史，综合各个学派和繁复的问题，总之要吸收自法国大革命以来的整个思想空间中的财富。

事件，人物，制度，观念，阐释：这样的五大类划分本身是可以讨论的，何况它们之间的边界相互交叉。因为各大类之间是有呼应的,它们之间的信息可以彼此对照交换,而读者不一定能在他认为合适的地方找到他期待的信息:如革命教育的问题是在再生词条中论述的,报刊出版问题被纳入公共精神词条,而涉及法国大革命的宗教本质的问题,则见于米什莱、托克维尔、基内等词条。某个主题(与现象)虽然没有以专文论述,但它们在一系列的词条中都有论述,如选举制度、选举、卢梭、西耶斯、民主。某个人物我们觉得不必单独描述,但他可能出现在其他词条中,如布里索出现在吉伦特派中,圣茹斯特出现在革命政府中。乔纳森·曼德尔鲍姆(Jonathan Mandelbaum)耐心仔细地为本书编订了索引,再加上每篇文章后附的参见条目,读者可以据此查阅全书。这些辅助性工作还可以吸引读者填补我们研究中的空白,书目导读本身并不是要提供某种标准答案,而只是提供进入一些重要问题的途径,因此读者自己可以延续我们这一显然尚未完成的工作。

这种不完善性也是一桩自认为"批判"性事业的构成要素。"批判"这个形容词排除了任何封闭体系中的独断论,意味着研究永远不会有终点,表明我们的主旨与其说是要编订一份完整的现有成果清单,不如说是要考察这些成果中不确定的因素,以及它们彼此间的分歧。这种考察不是一上来就采取整体论的视角。对革命现象的系统化——大革命是个"整体"——是内在于1789年革命者们的思考方式的,他们把革命视为理性和自由的降临。柏克在1790年转而开始反对他们了:从他开始就存在某种反革命哲学,这种哲学对整个革命赋予彻底否定的意义,并且预先谴责它的恐怖偏向。这是革命者们面临的最棘手的难题,只要他们有机会活过革命的各个阶段。国民公会只是在自己聚会的那一天，也是废除君主制的那一天，才真正成为共和元年的报晓日；它将1789年和1791年宪法扔进了旧日历的黑暗中，从而定义了一种新革命，这是那场不成功的革命的继承者。不到两年，当热月党人推翻罗伯斯庇尔后，他们继续思考如何能将自己过去的碎片拼接在一起，在繁杂中塑造统一性。

这个问题贯穿整个19世纪，并在大革命的继承者们支离破碎的阵营中激起各种经常是相互矛盾的回答。左派尚需很长的时日才在扭转方向的过程中为自己找到"整体"论这一专横的解释模式：这是米什莱开辟的道路，它不仅反对斯塔尔夫人这样的自由派，反对路易·勃朗这样的社会主义者，还反对自己最亲密的朋友基内。这条尽人皆知的道路将导向第三共和国的历史大综合，即奥拉尔和克莱蒙梭（Clemenceau）之间的综合。后来，在苏维埃革命兴起后，人们在回溯法国大革命时，更感兴趣的是1793年而非1789年，从而对"整体"论形成威胁。直到20世纪晚期，把大革命视为"整体"的观念才重新焕发生命力；但与其说这是一种研究假设，不如说是迫不得已而对雅各宾史学的最后求助。

这是一个真正值得讨论的议题，我们要在这部辞典中加以考察，因为其中既包含着明确的知识，又包含着暧昧的政治，在反革命史学和左派的普世主义中都是如此。因为"整体"论是一种总括性的确定论，它会掩盖各种充满矛盾的博弈，掩盖时局和事件中令人难以置信的复杂性，这就会让历史学家们陷入无能为力的境地；"整体"论只有在十分抽象的层次上真正具有可行性，这就是对革命进程的波折忽略不计。即使从其经典的意义上说，法国大革命也不是一场统一的进程，无论是就其主要角色，还是其领导集团，其行动者提出的各种理由，抑或是革命的政治形态而言。这部辞典是一部历史著作，读者从中能发现，这一事件的多样性在何种程度上超越了概念的统一。在将大革命作为一个整体来思考之前，必须估量其中的差异、分歧甚至矛盾，而且不能将这一切归结为偶然：而这正是一份批判性盘点所要回应的问题。

这里应该稍作停留。拒绝置于完整认识的视角之下，绝不意味着放弃在大革命各个片段之间重建联系的努力，也不会导致诸如1789和1793年具有根本异质性的结论。我们的整个辞典都在反对这种外科手术式的切割。相反，我们的贡献之一可能在于将1789年重新置于核心地位，并强调从三级会议选举到1789年10月革命日子之间的日期的重要性，这不仅是大革命的开端期，还是它的实验室：这个时段很短暂，但对我们的历史而言最为重要，各种新原则就是在这期间全部表述出来的。以"人权"词条为例，我们将会看到，将1789、1793、1795年的革命者的意图和方案对立起来，是一种被戏剧性地放大的事后回溯视角。人们会发现，在1789年夏开启的思想空间中，未来的各种辩论都将展现出来，那时形成的一整套的论据一开始就富有未来的潜力，雅各宾阶段是对这种潜力的激进升级，而热月时期则标志着温和的退却。因此，描述人权论题中的各种分歧，并不妨碍将重新理解大革命基于人权的思想统一性。但这种统一毕竟是一种规范性的要求，一种思考的平台，而不是某种只需要展现其后果的道德或情感前提。

最后，"批判"还意味着对自己的批判。在法国大革命的各个组成片段和有争议的关键问题中进行挑选,对历史学家们的众多叙述进行再检视,这并不意味着我们自己就处在中立的位置上。任何叙述都不是中立的,任何设问都不能摆脱文化格局,而且二者都浸润在现有旨趣和价值观的世界中。作为一部批判的辞典,它应该包含对其特有提问方式的起源和根据的思考。它应该试着去理解这些问题,并让别人也能理解,这就促使我们反思过去与现在的关系,这一关系赋予整个历史以深度。

阐明这一关系的最简单的方式,是强调该辞典问世的日期。它的产生适逢一次周年纪念。从这个意义上说,辞典是纪念性的,但同时它又对这种纪念现象持批判立场。自称"大革命的儿子",实际上经常意味着完全拥护的意思,即没有任何隔阂地分享乃至复活革命者的情感和信念。正是在这一反复提到的说法中,大革命是我们的"母亲"。不过基内已经谴责了这种绑架,因为它要求无条件的虔诚,并将忠诚视为必须的义务。但这个说法还是继续流传:大革命的百年庆典及随后的150年庆典所提出的遗产,不仅要人去歌颂它,还要人去复活、去继续。从1789年开始,这笔遗产就存在极大的弹性,因为抽象人权和其具体兑现之间始终存在紧张关系,而且今后恐怕仍将如此。纪念的热情就是在这样的空间中释放,以便以继承人的名义将大革命的儿子们团结在其祖先的周围,用这种令人炫目的延续性作为占有和修改大革命遗产的正当理由。

这种情感联系尽管表现出一种学术外表,但批判性的研究对此是不能认可的。法国大革命属于所有公民:甚至那些并不热爱它的人也是它的儿子,因为他们没有选择。本辞典试图梳理大革命从过去到我们当下的存在，指明两百年来人的普遍性理念是如何在这个世界中发生作用的。令人惊奇的不仅是有些人仍然憎恶法国大革命，更主要声称热爱它的人实际上并不了解革命的力量和影响。

我们已经远离法国大革命了，但我们比以往任何时候都更加生活在它所开辟的世界中。正是因为这一距离，我们才再次接近它。我们距1789年已经两百年，其间发生的一些事件需要我们重新回顾，以加深对大革命的理解，但有些事件造成一些更为紧迫的问题，这需要我们再次审视大革命。这是因为，我们反思大革命的视角所具有的焦虑和不安，是来自今天我们要拷问的历程，而非大革命开启的民主经验。当我们看到20世纪前所未闻的专制主义形式时，我们不能因此得出结论说，从启蒙到古拉格是个正当的因果关系，也不能认为，民主必然要向极权主义社会偏航。不过，20世纪的经验让我们更加关注民主政治失范的可能性，更加意识到潜在的专制倾向。

然而，当问题涉及法国大革命时，如何才能有另外的思路呢？雅各宾的范例盘桓在列宁和托洛茨基的脑海中。俄国革命反过来也萦绕着阿尔贝·马迪厄（Albert Mathiez）及其后继者。今天，这种类比已经太简单了，不过它还很有力量，它像回旋镖一样反过来打击了那些很不谨慎地将它作为明证来挥舞的人。历史学家之所以能摆脱时代错置，主要不是归功于研究，而是得益于事态的进程；但他的课题因为新增的史学成就而得以丰富，对于这些成就，同样需要赋予某种意义。于是，因为形势使然，到这个世纪（20世纪）末又发现了过去的老问题，我们的辞典重新赋予这些问题以应有的位置。因此很多词条都强调革命政治内部的一种紧张关系,即最大多数人的意愿与公意之间的紧张;强调主权权威的匿名特征,这种权威越是中立就越是具有强制性;强调这种主权总是有可能被不同的帮派窃取;强调在一个主权人民的代表机构被视为不可分割并享有全权的制度中,反对派没有任何可以凭靠。

不过,这些问题的切近乃至紧迫性,随着时间距离的拉大而淡化了。用最为直白的方式来说,1789年已经过去太久,有关革命曲折历程的记忆随之模糊——这种记忆在19世纪最初的那些历史著作中依然极其鲜活——与革命人物之间的熟识感和连带意识逐渐消解。今天,没有什么比选择罗伯斯庇尔还是丹东为主角的历史著作更能向我们提示那种历史写作的时代了,我们已经不太能理解,为何学者的一切,包括他的职业生涯、他的著述,乃至他的交情和友谊,都要这样戏剧性地围绕这类偏爱展开。可以肯定地说,在大革命的百年纪念之时,政治斗争依然很激烈。一个法国要在另一个法国面前纪念自己的出生,这种局面总是会助长那种风雨同舟和同仇敌忾的情感。150周年庆典之际,这种党同伐异依然存在:如果不考虑反革命的思想启迪,我们就难以理解维希政权。同样,在从人民阵线到弗朗索瓦·密特朗当选共和国总统的半个世纪里,共产党对法国左派选民的控制,与雅各宾的遗产也是密不可分的。不过,在这两个案例中,各方都公开承认和追寻与大革命的血脉关系。

然而,自二战以后,这个界标就从民族视野中消失了。法国的经济发生了根本性转变,财富增长速度之快前所未有,这个国家也已向国际市场开放,商品和市场已经混合在一起。今天的法国与我们儿时的法国鲜有相似之处,以前那个法国仍然是19世纪的,它一直延续到20世纪中叶。法国已经不再有很多农民,它的中产阶级现在要广泛得多;工人的生活方式曾经被共产党赋予尊严,但今天它快要在我们眼前消失了。社会已经更为现代,与一个世纪前相比,法国人彼此之间的相似性大大提高。突然之间,他们不太需要统一性了,而过去通过教育来维系的革命记忆就是在努力为他们塑造这种统一。共和记忆已经不再依赖炫耀性、战斗式的忠诚,而是已经融入一种共同的文化,它的褪色甚至就是因为自己的成功。

这并不是说法国的民主已经没有可以动员起来的敌人。它还在从昨天的战斗中继承了老式的对抗。不过,这些对抗如今都只有披上新时代的色彩才能展开。正如普遍的人权哲学不再有公开的反对者,这种一致的赞同也让人忘记了社会领域中这种主体性基础所必然具有的各种难题;这样一来,现代社会就像过去一样表现出原则与原则的实施之间的差距。于是,旧的社会紧张之上又叠加着前所未有的新的内部紧张。

革命文化的另一个元素正在植入人们的头脑和习俗,这一点并非无足轻重:简单地说,这就是民族的观念。我们这一代人已经目睹了凡尔登老战士的消失和抵抗运动参与者的老去。尽管这两个事件之间有很多间隔,但这并不妨碍它们的参与者共享某种类似的集体情感:这就是大革命以来赋予民族普世性意识的强大习惯。但是,第二次世界大战引人注目地削弱了法国等欧洲老牌国家在世界历史中的地位:经济繁荣与风习的演变也改变了集体归属的意义。1914年的战争——且不提拿破仑的战役——对今天的法国年轻人来说是难以想象的。对于这些年轻人来说，时代的日程表上是一个问题丛生的欧洲形象，因为各国经济的联合比历史的联合更为容易。这些世界上最古老的民族—国家的公民，他们曾为组建政治统一体而进行过长期的斗争，如要实现历史的联合，他们该具有怎样的遗忘力量，或怎样的综合融汇能力呢？面对这个难题，法国其实根本不需要忘却自己的过去，而大革命更是最不需要忘记的，因为这个独特的时代自己就想宣告人类集体解放的来临。但法国越来越不可以把这段历史想象成某种无与伦比的模式。

最后，如果说风习已经改变，法律和制度也已改变。19世纪末，共和国在我们的历史中获得了持久的根基。20世纪末，我们见证了公共舆论对新宪法的产生达成共识，然而，这一新宪法一开始就是违反作为革命遗产、源自19世纪的共和传统的。这不仅是因为第五共和国诞生于1958年的一次政变性质的行动，还因为1962年总统普选制的建立：对于从激进党到共产党等大革命的继承人来说，他们有双重的理由拒绝这一制度，因为它把1789年和1793年一起否定了。不过，舆论的反应有所不同：1962年的法规彻底抹去了这一体制那并不可靠的源头。人民直接选举行政当局的首脑，这一做法让一种被忽视太久的权利重新找回了价值，戴高乐看来发现了这个君主制共和国的钥匙，可以在两百年之后让旧制度与大革命实现和解。

与此同时，一个负责审核法律是否合乎宪法的法官团体建立了起来，而且很快就成为稳定的机构。该机构成员由共和国的几位头面人物任命,因此其权威也是来自普选,不过是以这些头面人物为中介。随着该机构的建立,主权人民的权力以美国的方式被分配到几个极点上,以使公民自由不致有受危害之虞。在随后的岁月中,宪法委员权限的增长及其角色已使其成为第五共和国的一项基本制度;这个演变如此有条不紊,以致显得几乎是自然发生的,但实际上它与1789年以来我们历史中形成的共和精神是一次决裂。宪法委员会意味着在宪法问题上存在一种高于立法机构的特别权威,这实际上类似于某种"制约与平衡"(checks and balances)的逻辑,在法国,这种逻辑固然有自孟德斯鸠以来的高贵谱系的支持,但对法国大革命亲历者及其继承人的理性主义而言,它是个异类。宪法委员会的角色不仅是监督,而且还对立法机构的报告进行名副其实的讨论,从这个意义上说,它的精神与著名的立法中心主义是相抵触的。两次大战之间,加雷·德·马尔贝格(Carré de Malberg)已经对立法中心主义进行了卓越的分析。

立法权的削弱,行政首脑普选产生,合宪审查:这些是最近三十年标志着与共和主义正统的三重断裂。但这种断裂也给了我们机会重新发现法国大革命的某些特征。这些特征由于没有产生一种传统而在某种程度上已被遗忘了。它使我们重新发现《人权宣言》的矛盾之处:宣言看来排除了基本法高于立法机构意志的观念,但宣言承认人权具有绝对和不可让渡的特征,人权高于宪法秩序。这一断裂提醒我们,虽然大革命的事业可以被理解为事先驱散不确定性并减弱未来的不确定性的尝试,但像孔多塞这样的革命者,却拒绝将《人权宣言》本身限制在某种确定性的表述中，而是将解释权留给了后代人。它还让我们重新关注来自西耶斯等人的富有创见的强健声音：当西耶斯在区分"制宪权"和"立法权"时，他建议设立一个专门的机构，其职责就是审查法律是否合宪。所以，我们这里描绘的景象好像是法国人从相反的方向重走19世纪的道路，在自己历史上最伟大的事件中，他们再次发现了革命主张和其潜在可能的高度丰富性。但愿这份批判性的盘点能让人意识到这一点。不管怎样，这是我们的一个愿望。

弗朗索瓦·孚雷

莫娜·奥祖夫

（黄艳红　译）

事件卷

意大利战役
Campagne d'Italie

远征意大利，是波拿巴职业生涯的跳板。战争开始于1796年4月，以1797年4月法国和奥地利代表在莱奥本（Leoben）签署和约预备性条文宣告结束。意大利战役在法国和意大利各派历史学家中不断引发争论。这些争论集中在四个方面：为什么是意大利？为什么是波拿巴？面对法国大革命时，1796年的意大利是什么状况？波拿巴仅仅是督政府政策与战略的平庸执行者，还是一位在意大利半岛上逐步转变为独立政治家的军事天才？

在与反法同盟各国（奥地利、俄国和英国）的谈判失败之后，1796年春的军事行动就不可避免了。这些战役是在卡诺①的领导下，由克拉克和杜邦负责的"历史和地形测量办公室"策划的。咨询了将军们的意见后，卡诺让督政府采纳了上述计划。在卡诺看来，桑布尔-默兹河军团（统帅为茹尔丹（Jourdan））以

---

① 拉扎尔·卡诺（Lazare Carnot, 1753-1823），当时督政府五位督政官之一，主要负责军事工作，任期为1795年11月2日至1797年9月4日。

及莱茵-摩泽尔河军团（统帅为莫罗（Moreau））这两支针对奥地利的主力军，应该布置在德国。指派给他们的任务是：跨过莱茵河，朝多瑙河进军。谢雷（Scherer）指挥的"意大利"方面军，则只是占领利古里亚地区。卡诺受到国内的将军波拿巴过去两年提出的建议的启发，这些建议在共和四年雪月29日（1796年1月19日）的笔记中得到扼要重述：为迫使皮埃蒙特退出反法联盟，应该进入皮埃蒙特地区，然后顺势进入奥地利伦巴第地区。谢雷不赞成该计划，于是辞职了。3月2日波拿巴取代了他。如果我们相信巴拉斯①的回忆录，那么是他做出了这一选择。根据拉勒韦利埃②的说法，则是督政府一致决定做出的这一选择。卡诺在其中起了决定作用这一说法似更合理。他读过1794—1796年波拿巴写的所有关于进军意大利北部的计划，也知道这位昔日的炮兵军官有足够的训练和经验，能成为一名优秀的统帅。

不过，很多人还是对这一任命感到惊讶。担任方面军的指挥，难道不应该是出身这支部队的老资格军官，或是共和二年军队涌现的某位年轻英雄？惊讶之余，则是蔑视。与卡诺不同，当时的很多人忽视"技术兵种"（指炮兵和工程兵），而且蔑视治安行动，对于他们来说，波拿巴不就是位"葡月将

---

① 保罗·巴拉斯（Paul Barras, 1755-1829），当时督政府五位督政官之一，任期为1795年11月至1799年11月。

② 路易·马里·拉勒韦利埃-勒波（Louis Marie de La Révellière-Lépeaux, 1753-1824），当时督政府五位督政官之一，任期为1795年11月至1799年6月。

军"吗？① 还应指出的是，对于某些人来说，科西嘉人②是不可靠的法国人。在写给勒贝尔（Reubell）的信中，杜邦·德·内穆尔（Dupont de Nemours）问道："您难道不知道科西嘉人是什么样的？"他断言"两千年来，从未有任何人相信他们。他们天性反复无常，只关注一己私利。"这种潜在的沙文主义，在涉及意大利人时变得更为突出，即使是对加入革命的意大利人也是如此，而当时萨利切蒂（saliceti）③被任命为意大利方面军的特派员，更加深了这种沙文主义。因此，在拿破仑神话之前，就已经出现反拿破仑神话。对于保王党与温和派来说，毫无疑问：这位主持了1795年1月21日处死路易十六的周年纪念仪式的"葡月雅各宾党人"，并非需要认真对待的对手。马莱·迪潘④谈及"这位名为波拿巴的科西嘉恐怖分子，巴拉斯的左膀右臂"、"不到30岁，毫无战争经验的"将军、"披头散发、喜欢享乐的小矮个，土匪的私生子"时，言辞极为错乱。奥地利军队的将军们，对于督政府派来与己作战的这位"青年"也产生了错觉，并将为此付出沉重的代价。对于督政府来说，起用波拿巴事实上是一场合理的赌博。3月12日，这位年轻的总司令挥师挺进意大利。

---

① 1795年10月23日（葡月12日），主要由保王党和温和派组成的叛乱分子发动"葡月暴动"，拿破仑·波拿巴作为前敌指挥，仅用几个小时便粉碎了叛乱。这使他获得了"葡月将军"的称号。

② 从16世纪中叶至18世纪中叶，科西嘉由意大利地区的热那亚共和国统治。1769年，科西嘉才并入法国成为行省。科西嘉地区有追求独立的传统。拿破仑是科西嘉人。

③ 安托万·克里斯托弗·萨利切蒂（Antoine Christophe Saliceti, 1757-1809），科西嘉人，后参加法国大革命，1796年被任命负责意大利方面军的组织。

④ 马莱·迪潘（Mallet du Pan, 1749-1800），瑞士政论家，反对法国大革命。

但到底是怎样的意大利？地图显示意大利的两个重要特征：国家长期分裂；哈布斯堡家族直接或间接的影响。在意大利北部，即阿尔卑斯山脉的支脉，皮埃蒙特，以及平原地带，这片地区存在七个"主权"国家，其中两个是寡头制共和国：领土已大大缩减的热那亚共和国；疆域从威尼托（vénétie）拓展到爱奥尼亚群岛的威尼斯共和国。艾米利亚地区分属几个国家，它们分别是帕尔玛（统治者属于波旁家族）、摩德纳（该国公爵把唯一的女儿嫁到了哈布斯堡家族），以及北边一块作为教皇国飞地的地区（以教皇管辖区闻名）。对于法兰西共和国来说，重要的只有两个国家：一个是自从1713年起就处于奥地利统治之下的伦巴第；另一个是皮埃蒙特，它是"萨瓦"国或"撒丁王国"的根据地，首都在都灵。督政府给波拿巴这位"意大利方面军总司令的指令"都是关于这两个国家的，其中要求军队以快速进攻分割两国：迫使都灵求和，并将奥地利人赶出米兰。[①]"执行的细节由意大利方面军总司令自行决定。"督政府的命令中丝毫没有涉及意大利中部地区，那里有两个重要的权力中心，分别是哈布斯堡家族的斐迪南统治的托斯卡纳大公国（该国在1795年率先退出了反法同盟），以及教皇国。居于次要地位的是那不勒斯王国和西西里王国，后者的女王玛丽-卡罗琳（Marie-Caroline），也是哈布斯堡家族的一员。领土的割裂加剧了经济发展和社会结构长期存在的巨大差异。意大利北部和托斯卡纳是首先得到发展的地区，那里的城市和乡村在18世纪取得了长足发展。"开明专制"在这

---

① 伦巴第首府。

些地区突飞猛进。而在1789年或1791年之后，这些地区还出现了支持法国大革命的雅各宾式民主运动。最新的意大利史学研究强调指出，这场意大利的民主运动，并不像以往历史学家认为的那样脱离民众。在1796年法国远征意大利之前，上述地区的人民并不敌视法国大革命。相反，了解这一时代意大利的绝大多数法国人，都对意大利雅各宾主义嗤之以鼻，或是对其表示怀疑。1796年7月部长德拉克罗瓦（Delacroix）向法国驻意大利外交官咨询，领事富尔卡德（Fourcade）如此回复："通常意大利人与人类的关系仅在于他们与众不同的外形，以及名誉扫地的恶行。"其他人更审慎一些，但也认为意大利人还没成熟到适宜自由社会的程度，而那些曾在法国流亡，现在跟随波拿巴军队回国的意大利雅各宾派，只是一群空想家，在当地根本没有群众基础。对于卡诺而言，意大利只是一个有待榨取的柠檬，在与奥地利大战中处于次要地位，真正决定性的战场在莱茵河与多瑙河之间。由此并未指望波拿巴。

在叙述战役展开过程之前，我想回顾一下1936年由意大利历史学家古列尔莫·费雷罗（G. Ferrero）引发的学术争论。在他看来，波拿巴在意大利只不过是执行者，是一位大师的忠实门生。作为巴黎决策的忠实执行者，波拿巴在实践中将这些决策进一步推进。费雷罗认为波拿巴在战略上平庸无奇，只是遵循吉贝尔[①]的思想，后者推翻了18世纪以"有限战"为基础的军事原则，预

---

① 吉贝尔（Jacques-Antoine-Hippolyte, Comte de Guibert, 1743-1790），法国军事家。

示了大革命中的"总体战"。波拿巴只是执行其他人起草的战役计划——这是一个明显的误解——他之所以能成功，是因为他侵犯了意大利诸国的中立原则，利用了对手的让步。这一论点的缺陷已经得到证明。波拿巴当然曾读过吉贝尔的书，后者的《战术通论》提倡的就是大规模军事行动和快速运动战。但波拿巴也研究过腓特烈二世的战役，英国军事理论家劳埃德、法国理论家舍瓦利耶·迪泰伊以及布尔塞的作品①。他并不是单一导师的学生。在整个意大利远征过程中，波拿巴展现了适应环境的灵活性，以及面对危险时的极端谨慎。今天不再有人质疑波拿巴的军事天才。随着不断地胜利，波拿巴相对于督政府的政治独立性也不断增加。

整场意大利战争像是一连串镜头构成的电影。第一组镜头：3月29日，总司令在尼斯与其部队会合。这支军队约有45000人，绝大多数是1792年和1793年在阿尔卑斯、普罗旺斯和塞文山脉等地区征召入伍的。巴塞尔和约②签署之后，又补充了一部分由奥热罗（Augereau）率领的来自比利牛斯地区的部队。军中基本没有骑兵，重骑兵不足的缺陷在波河平原显现出来。军队中炮兵阵容齐整，但是极其缺乏马匹和车辆来运输炮兵装备。一切都要依靠步兵。由于缺乏粮食、衣物和鞋子，这些士兵成为了劫掠

---

① 亨利·劳埃德（Henry Lloyd, 1718-1783），威尔士职业军人，有军事著述。迪泰伊（Jean, chevalier du Teil de Beaumont, 1738-1820），法国军人，炮兵理论家。布尔塞（Pierre-Joseph Bourcet, 1700-1780），法国军人，战术教育家。

② 1795年法国和普鲁士、西班牙等反法同盟国签订的和约，普鲁士等国相继退出反法同盟。

者。整个战役过程中，他们所经之地都造成恐怖。阿尔菲耶里[①]写道"普罗旺斯和朗格多克的所有麻风病人"都蜂拥到了他的国家。所有士兵，所有的将军，都是如此。除了严格遵守传统军队习惯的塞吕里耶（Sérurier），以及指挥骑兵的德国人斯滕格尔（Stengel），波拿巴还见到了两位深受手下拥戴的将领：一位是马塞纳（Masséna），他比手下士兵更像劫匪；另一位是奥热罗，素以英勇闻名，但其爱慕虚荣的一面也时时显现。全军并没有真正意义上的参谋长。波拿巴从阿尔卑斯方面军中带过来一位名为贝尔捷（Berthier）的军官，他在此后的军事行动中成为波拿巴最聪明、最优秀的助手。自其抵达之时起，新任总司令就令其将官们折服。两天之后，他对士兵们训话，除套话之外，他还发表了一段精彩演说："士兵们，你们现在一无所有。我将带领你们进军全世界最富饶的平原。你们将会掌管富裕的地区、伟大的城市，在那里你们会获得荣誉、辉煌和财富。远征意大利的将士们，请问你们还缺乏勇气或忠诚吗？"这是波拿巴本人亲自以演说和文字组织的宣传战的起点，锐不可当。

第二组镜头：皮埃蒙特。当时的法国军队面对两支敌军，一支是由科利指挥的15000人的皮埃蒙特军队，驻扎在塔纳罗河谷的瑟瓦；另一支是撤回北部的25000人的奥地利军队，由博里厄（Beaulieu）指挥。波拿巴决定从两个方向进攻瑟瓦，以在博里厄的部队支援到来之前就击败科利的部队。但奥地利军队对沃尔特里（在热那亚境内）的突袭迫使波拿巴改变了计划。不过在两周

[①] 阿尔菲耶里（Vittorio Alfieri, 1749-1803），意大利剧作家和诗人。

之内，法军成功切断了皮埃蒙特军队和奥地利军队的联系，4月23日科利请求停战。4月28日，皮埃蒙特政府不堪奥热罗支持的革命运动的烦扰，也在凯拉斯科（Cheraso）停战协议上签了字，波拿巴借此获得了科尼、托托里和亚历山德里亚等地。波拿巴懂得夸耀自己的胜利。他知道巴拉斯一定会将胜利的消息传出去，于是写信给后者，说自己在十天内就俘虏了12000人。他亲笔书写的第一封告士兵书，很快也见诸巴黎的各大报端："士兵们，短短两周，你们已经获得了六场胜利……但是，士兵们，你们尚未成功，因为还有工作要做……每个人都想在回到自己家乡时，可以告诉别人：'我是征服意大利的军队的一员。'"皮埃蒙特宣布中立，并且支付了巨额战争赔偿（根据凯拉斯科停战协议，被割让给法国的地区要赔偿500万），剩下的就是最大和最重要的敌手：奥地利控制的伦巴第。

第三组镜头是快速进军米兰，以及总司令与巴黎当局之间出现的最初不和。法军行进之所以很快，是因为博里厄避而不战。比如洛迪桥战役，是一幅名画（纯粹是宣传工具，根据费普①的指令在热那亚绘成，在法国分发传播）的歌颂主题，但实际上它只是与博里厄殿后部队的一次遭遇战，而在波拿巴和萨利切蒂发往巴黎的战报里，这场战役被说成是一次胜利。事实上，奥地利军队是有序后撤，根本就没有被歼灭。法军自5月14日起占领米兰，波拿巴还举行了进城仪式。他许诺将给予米兰人

---

① 纪尧姆·夏尔·费普（Guillaume Charles Faipoult, 1752-1817），时任法国驻热那亚大使。

民自由："你们将是自由的，甚至比法国人还要自由。如果奥地利人反攻回来，我一定不会抛弃你们。"这是波拿巴第一次以个人名义颁布政策，将引发总司令与督政府和巴黎的对抗，而这与前面提到的费雷罗的论点正好相悖。在进入米兰前，波拿巴收到了卡诺的信件，其中有法国政府的最新指示：放弃把奥地利军队逼到蒂罗尔（Tyrol）州的计划；挥师进军意大利中部；驻扎伦巴第的部队指挥权交给克勒曼①；避免在意大利地区引发革命。对于来自巴黎的新指示中的前两条，波拿巴并不恼火，因为只要莫罗和茹尔丹的部队不跟进，进攻蒂罗尔州就是冒险之举。至于最后一条指令，涉及对意大利革命者的态度，波拿巴会具体情况具体分析。在缔结《凯拉斯科和约》时，他就为了与撒丁国王达成协议而牺牲了皮埃蒙特的共和派。但在米兰，当时他必须要依靠唯一与法国占领军亲近的政治派别，即当地的雅各宾派。而米兰的自由派，继承了开明专制的政治艺术，等待斗争的结局以与革命的法国建立联系。因而在好几个月的时间内，雅各宾派和支持统一的政治宣传能够在伦巴第报纸上畅行无碍。相反，对于第三条指令，波拿巴则傲慢地拒绝了卡诺："如果您在意大利破坏了军事思想的统一性，那么我将痛苦地告诉您，您将失去在意大利建立秩序的天赐良机。""让我和克勒曼共同执掌意大利方面军，这就是想输掉这场战争。"他不想交出军权。督政府了解了这一情况后，不论是否乐意，他们确认波拿巴是整个军队的唯一统帅。

---

① 弗朗索瓦·克里斯托弗·克勒曼（François Christophe de Kellermann, 1735-1820），法国意大利方面军将军之一。

第四组镜头:突袭艾米利亚和托斯卡纳。巴黎当局的不断来信,使得波拿巴下决心在6月遵照规定要求进军意大利中部。目标有三:其一,从富有繁荣的意大利中部城市榨取赎金;其二,将英国舰队驱离意大利沿岸;其三,迫使当地的统治者妥协退让。开拔之前,波拿巴与那不勒斯国王使节达成中立协议(6月6日)。那不勒斯军队从反法联盟中撤出。随后,波拿巴挥师南下。18—23日,法军占领教皇国飞地。教皇庇护六世的大使被迫在博洛尼亚签署停战协议,这样波拿巴就不会再向教皇国本土进发。教皇可以保留拉韦纳地区,但在法国占领科纳之前,将博洛尼亚和费拉拉交由法国控制。教皇还被进一步要求赔偿2100利弗尔,并缴纳100件艺术品和500件手稿。紧接着教皇的是托斯卡纳大公,尽管他早在1795年2月就率先表示中立。一路走来,波拿巴占领了皮斯托业(6月26日),迫使卢卡共和国(该国从未加入反法同盟)以现金和武器装备作为战争赎金,以换取法军不进入城市。随后,沃布瓦(Vaubois)将军的部队占领了里窝那。托斯卡纳的这个重要港口,本来是大公开放给外国进行自由贸易的,当时成为法英战事的争夺焦点之一。但是,英国人还是有时间运走了他们大多数的商品。错过这一机会令波拿巴恼火不已,他本来希望有1000万利弗尔的收益,结果只得到了预期数额的三分之一。波拿巴在佛罗伦萨会见了皇帝的兄弟斐迪南大公之后,迅速返回,并于7月13日抵达米兰。

进军意大利中部的重要性表现在三个方面。首先,它是一次劫掠:早在皮埃蒙特和伦巴第地区,法军就开始掠夺意大利金钱和艺术品了,而艾米利亚和托斯卡纳则提供了巨大财富。这是督政府认可的目的。督政府在5月7日发给波拿巴的指令中,明确表达了这一愿望:"公民将军,督政府相信你把这些灿烂的艺术品看作是与你麾下军队所取得的辉煌战绩紧密联系在一起的。虽然意大利的财富和插画大部分应该属于它自己,但现在是时候把它们的支配权交给法国,用来巩固和装点自由的国度。国家博物馆应该收藏一切艺术门类的不朽名作,请你别忘了把意大利方面军目前征战获得的,以及未来即将获得的艺术品,都充实进国家博物馆。对意大利光荣的战争,不仅要使共和国的敌人向我们求和,还要修复被破坏活动造成的损失,用美好的艺术点缀军事的胜利。因此,督政府执政层要求你寻找、收集此类艺术品,并将其运回巴黎。"波拿巴完全赞同卡诺"榨取柠檬价值"的思路。在通过凯拉斯科停战协议收取了皮埃蒙特地区500万利弗尔之后,他于4月28日致信督政府:"我准备顺便让帕尔玛公爵也付点赎金。"在伦巴第,"我们将从这个国家收2000万利弗尔"(5月17日)。摩德纳公爵被迫缴纳了1000万利弗尔的赎金,和20多幅画作,其中包括著名画家柯雷乔(Corrège)的《圣哲罗姆》。进攻意大利中部之后,收益猛增。据1796年12月的统计,法军在意大利掠夺了合计4600万法郎的现金,1200万法郎的实物。除了上述"合法"的战利品,还应该加上士兵和将领们个人掠夺的财物,尤其是马塞纳、贝尔捷和波拿巴本人,后者从意大利掠夺了约300万法郎,这还不包括他寄给家人的礼物,而就在前不久,他的家人还在忍饥挨饿。但是他希望整治劫掠,不让供应商、投机商以及附着于军队的各色寄生虫染指战利品,而使军队得到满足。为此他在5月20日做出一个重要决定:军饷一半以现金发放,而此时莱茵方面军队还只是领取指券。由此不难理解,为什么在法兰西共和国所有军队中,意大利方面军总司令最受士兵欢迎。对于他来说,掠夺是一次投资良机。

进军意大利中部是波拿巴生涯的重大阶段。昨天还鲜为人知的年轻将领,现在已使教皇颤抖,并应邀与哈布斯堡家族成员共进晚宴,正在成为开始考虑自身独立性的政治人物。从此以后,他不再温顺驯服,也不愿受制于由一群律师组成的政府。他公开抱怨那些硬塞给自己的公民特派员。"他们与我的政策毫不相关",他这样写道。然而正是在艾米利亚,他的政策变得明确了。艾米利亚的形势与他在米兰经历的很不一样,在米兰他不得不放任当地的雅各宾"爱国主义者"。在费拉拉的百人议会和博洛尼亚①的参议院里,他与当地的自由派贵族和开明大资产者展开会晤,这些贵族和资产者对城市自由的眷恋,促使他们接受了法国军队存在这一事实。在意大利的雅各宾主义(他已经感到压力)和巴黎授意的粗暴政策之间,波拿巴找到了第三条道路。正如他7月2日写给卡诺的信中所说的,这不就是所谓"贵族民主共和国"的萌芽?正如阿尔贝·索雷尔②指出的,这些意大利贵族同时具有1789年斐扬派以及未来雾月政变后的共和派的特性。短期来看,波拿巴在艾米利亚的经历将主导其重组意大利的政策。长远来看,这段经历预示了执政府时期的法国从一种开明专制到另一种开明专制。

---

① 费拉拉和博洛尼亚都属于艾米利亚大区。
② 索雷尔(Albert Sorel, 1842—1906),法国历史学家。

第五组镜头开局不妙。战事围绕曼托瓦展开，在那里有博里厄留下的13000人的部队。曼托瓦城的北侧和西侧被明乔河（Mincio）宽阔的河面截断，另外两侧是沼泽湿地，其间穿插着四条堤道，可以说城市有天然的屏障。人们觉得奇怪，为什么波拿巴不去蒂罗尔追击博里厄，而非要夺取曼托瓦。他也是迫于无奈，因为如果北上，就有遭受留在该城的奥地利驻军偷袭背后的危险。对当时的局势，司汤达的评论很准确："如果不拿下曼托瓦，那么法军只能算是穿过了意大利，而不是征服了意大利。"在蒂罗尔，维尔姆泽（Wurmset）替换了博里厄，统帅50000人的军队，而波拿巴能够与之对垒的只有39000名士兵。7月底，奥地利人从三个方向发起进攻。7月29日，波拿巴被迫撤离阿迪杰河（Adige）。索雷（Sauret）率领的法军西翼被奥地利将领科斯达诺维奇的军队击溃。7月31日，波拿巴在给奥热罗的信中写道："敌军在三个点上突破我军阵线。他们控制了科罗纳和里沃利……（法军将领）马塞纳和茹贝尔被迫后撤。索雷也放弃了萨洛。敌军占领了布雷西亚。"不过，他对自己的责任只字未提。为了在布雷西亚与不忠贞的约瑟芬[①]重聚，他有三天时间抛开下属将领自行离去。8月初，他决定暂时解除对曼托瓦的围困，转而集中兵力进攻已被分隔孤立的奥地利军队。波拿巴强调速度、机动性和集中兵力，实施连续快速打击，以此弥补实际投入兵力人数上的劣势。正是卡斯蒂利翁战役迫使奥军撤回蒂罗尔（8月6日）。卡斯蒂利翁战役算不上什么大胜仗，但此一役成了拿破仑式策略

[①] 约瑟芬·博阿尔内（Josephine de Beauharnais, 1763-1814），拿破仑第一任妻子。

的滥觞。发往督政府的捷报和信件掩盖了真实情况。"奥地利军队已经如梦般消散了",波拿巴如此写道。贝尔捷则补充道:"意大利肯定是我们的了。"但事实上,维尔姆泽的军队基本没有人员损失,还很快得到了增援,而法军因为缺乏装备,已经无法围攻曼托瓦,只能满足于封锁它了。当卡诺要求波拿巴配合进入巴伐利亚的德意志方面军,并"将共和国的征服推进到因斯布鲁克①"时,意大利方面军已经疲惫不堪,整个8月军队都被迫停止行动。随着来自法国的援军补齐了波拿巴军队兵员,他于9月1日重启攻势。维尔姆泽躲在曼托瓦城中。他试图突围,由此爆发圣乔治战役(9月15日)。被击退之后,维尔姆泽退回曼托瓦。但是战局仍胜负未分。波拿巴花了一个多月的时间(从9月15日到10月底)重组军队,阻止逃兵、叫停劫掠行为以及重建军队纪律。在这一个多月中,他还出台了自己的政策,确认了自己的政治独立。8月26日,瑞吉欧(Reggio)爆发了反抗摩德纳公爵的斗争,成立临时政府,并向法国寻求帮助。波拿巴支持革命者,单方面中止了与摩德纳公爵签订的休战协议(10月4日),并批准在摩德纳召开有费拉拉和博洛尼亚代表参加的议会(10月16日)。南波河联盟由此诞生,它拥有一支意大利军队和三色标志(绿白红),后者将始终是意大利国旗的颜色。军事方面,是奥地利采取了主动进攻。在匈牙利人奥尔温齐(Alvinczy)的指挥下,一支50000人的部队准备解曼托瓦之围。这是意大利远征中法军第一次在人数上处于劣势,军中将领也士气低落。随军特派员加

---

① 因斯布鲁克位于奥地利的西部,与德国、意大利和瑞士接近。

罗①11月13日写道："士兵们作战漫不经心，甚至厌战，将领们也倦怠懈气。"但这种情况并未妨碍波拿巴和贝尔捷往巴黎频传捷报。11月15日，他们决定反击，从阿迪杰河的支流阿尔蓬河的沼泽地攻击奥尔温齐军队的后方。根据副官舒尔科夫斯基的回忆，在攻打阿尔柯拉桥时，法军表现出"前所未见的怯懦"。为了鼓舞士气，波拿巴甚至举起大旗冲到了桥上。次日波拿巴夺取了阿尔柯拉桥，但这场艰苦获胜的战役未能从根本上改变战局。

接下来的几周，也许是波拿巴生涯中最困难的几周。他已押上了一切：法国占领的意大利及其个人命运。波拿巴的军队已损失了7000人（他只承认损失了1000人），并在阿尔柯拉桥战役中表现出厌战情绪和意志动摇。巴黎方面，寻求和平解决办法的卡诺，决定派将军克拉克②前往意大利，赋予其双重使命：调查波拿巴的军队；直接与奥地利和谈，条件包括牺牲伦巴第和南波河联盟。针对当前的危险和弱点，波拿巴一一做出了回应。他亲自掌管军队，扑灭了所有哗变，增加奖赏和晋升职位，并任命了新的师长，其中最重要的是茹贝尔。政治上，他继续主张自己的立场。1796年12月27日至1797年1月9日，第二届南波河联盟议会在瑞吉欧召开，将南波河联盟变成了南波河共和国，与此同时，米兰人几乎都在谈论"北波河共和国"。起初蔑视自己"年轻同僚"的克拉克，也很快被波拿巴的观点所征服。1797年1月，军

---

① 皮埃尔-安塞尔姆·加罗（Pierre-Anselme Garrau, 1762—1829），法国大革命政治家，远征意大利期间是随军特派员。
② 亨利·雅克·纪尧姆·克拉克（Henri Jacques Guillaume Clarke, 1765—1818），法国政治家，将军。

事行动再次展开。当奥尔温齐展开进攻时，大局已经注定。2月2日，维尔姆泽投降，曼托瓦落入法军之手。进入意大利的门户大开。在法军夺取里沃利（1月14日）之后，曼托瓦的陷落给了获胜者更多的选择：迫使奥地利缔结和约，推行自己的意大利政策；巧妙运用宣传战使巴黎当局折服，后者此时因各种矛盾而四分五裂，正遭受双重病因的癌症侵蚀，一是因为无法在不摧毁革命基础的情况下实现和平；二是因为无法在没有将军和军队的支持下稳定政权。因此波拿巴被认为是解决这些矛盾的关键，是治疗这些疾病的神医，除此之外似乎没有其他的解药。

于是迎来了美好季节。在宣传战的夸大之下，攻陷曼托瓦之后的日子成了狂喜时刻。意大利方面军的将领布伦写信给巴拉斯："波拿巴洞察一切……"画家贺拉斯·贝内特（Horace Vernet）歌颂阿尔柯拉桥战斗的画作被大量复制，广为流传。那么，督政官们也都被胜利的情绪传染了吗？他们正忙于处理国内的问题。保王党的威胁又有抬头趋势。督政府内部，巴拉斯和勒贝尔为了对抗卡诺和勒图尔纳（Letourneur），需要拉拢第五人拉勒韦利埃（La Révellière），他是吉伦特派思想的继承人，天主教的敌人，以及"姐妹共和国"①的代言人。这一临时组成的三头政治——"默契同盟"——向克拉克下达了新的命令：不得出让伦巴第和南波河联盟；在没有经过波拿巴同意的情况下，不得展开任何谈判。这只是承认书而已：一切都要经由意大利方面军总司

---

① 指法国共和体制在欧洲大陆的传播，特别是意大利。

令这位大革命的回头浪子。但是波拿巴对于这些算计并不怎么在意，对于督政府的命令，他只接受那些符合自己看法的命令。2月份在对待教皇的问题上，这一点表现得尤其明显。里沃利战役前夕，对于教皇扈从支持奥地利的态度感到愤怒的三巨头，建议波拿巴（2月3日）"扑灭此种狂热情绪"，并"摧毁罗马统一的中心"。波拿巴与共和派一样，也蔑视"贼神甫""老旧的机构""老朽的红衣主教们的愚蠢和颠三倒四"。但他是一个政治家、军人、外交家，犬儒的现实主义者。他急于彻底击败奥地利军队，并不想向罗马进军。2月5日进入安科纳之后，他于19日迫使教皇特使签署《托伦蒂诺协议》。作为博洛尼亚停战协议的补充条款，协议中并未涉及任何宗教问题，波拿巴从庇护六世那里获得了罗马涅地区和1500万法郎。短短的一句话概况了这一政策："对于我们来说，3000万法郎[①]比罗马珍贵十倍。"

但还需要让奥地利军队放下武器，这要到3月了。此时，奥地利将领查理大公没有多少军队可以调动。后来被尊称为拿破仑的波拿巴如此评论："奥地利，在用没有将领的军队与他对抗后，最终又以一个没有军队的将军来反抗他。"意大利东北部和蒂罗尔的战斗都很短暂。3月31日奥地利请求停战。双方在莱奥本谈判，签署了初步的和平协议（1797年4月18日）。这份协议既有公开条款，也有保密条款。公开层面，奥地利要交出比利时和米

[①] 法国督政府1795年开始发行法郎，法郎与利弗尔价值相近，一法郎约等于1.0125利弗尔。拿破仑此处说的3000万法郎应该是把《博洛尼亚协议》和《托伦蒂诺协议》的赔偿金额加在了一起。当时法郎和利弗尔都能流通，直到1803年利弗尔才被彻底取消。

兰。秘密条款则预示了意大利版图的变动。米兰和摩德纳公国合并为一个独立共和国，其还将包括威尼斯割让的贝尔格蒙和克雷莫纳。相应地，该共和国需要把伊斯特利亚、达尔马提亚群岛，以及直至奥廖河的所有土地割让给奥地利，把爱奥尼亚群岛割让给法国。原则上，威尼斯会得到教皇国飞地作为"补偿"。至于莱茵河左岸的领土，奥地利提交神圣罗马帝国议会做最终决定，该议会将在拉施塔特与法国特使就此类问题展开商讨。

　　自此，《莱奥本和约》就不断成为史学研究争论的问题。费雷罗认为，"波拿巴全面让步是为了换取维也纳宫廷同意一个巨大骗局"。对于奥地利来说是"奇迹般的"和平？是，因为奥地利不仅没有损失莱茵河沿岸的领土，还获得了一部分威尼斯的土地。但我们要清楚，当时维也纳面对法军入侵的威胁很恐慌，而波拿巴的最后通牒也很可疑：要么放弃莱茵河左岸领土以及意大利全境，要么保住莱茵河沿岸领土，用伦巴第地区换取威尼斯。奥地利选择将损失最小化。对于法国而言，是否如雷蒙·居约① 认为的那样，和约标志着"为了波拿巴个人的野心，最终抛弃了救国委员会的政策"？尽管督政府声称其主要目标是莱茵河左岸，但兼并伦巴第地区对他们也很有吸引力。而波拿巴则以《莱奥本和约》的条款有"改进"来引诱他们，其中包含了重划莱茵河沿岸疆界的可能性。事实上，短期来看唯一的受害者就是威尼斯共和国。正如1795年的《巴塞尔和约》中，法国假惺惺地承认了普

---

　　① 雷蒙·居约（Raymond Guyot, 1903—1986），法国政治家，法国共产党领袖之一。

鲁士对波兰的权利，法兰西共和国又为了和平牺牲了威尼斯。4月19日，波拿巴针对这一瓜分给出了自己的理由："威尼斯政府是最荒唐、最残酷的政府；毫无疑问它将趁我们深入德意志腹地之时暗害我们。我们共和国没有比这更凶猛的敌人了。"从此，威尼斯共和国被从地图上抹去了。以维罗纳地区爆发的伪革命①为借口，波拿巴单方面宣布威尼斯与法国军队之间处于战争状态（5月2日）；300万法郎、5艘军舰、20幅画和500件手稿，这就是法国的要价。威尼斯则归属于奥地利。

波拿巴把米兰附近的蒙特贝洛城堡转变成一个真正的宫廷，在那里接见来自巴黎的仰慕者和意大利各个城市的特使。在这座宫廷中，以宫廷主人家族为首的真正寄生虫们，和科学与艺术领域的最杰出代表，如科学家加斯帕·蒙日和贝托莱，这两类人并存。宫廷主人则尤为关注如何重组意大利。在5月19日写给督政府的信中，他阐述了打算实施的计划：分裂南波河共和国，将教皇飞地和罗马涅地区移出共和国（以便落实《莱奥本和约》中的秘密条款），把剩余地区（也就是之前的摩德纳公国、马萨和卡拉拉）并入伦巴第，由此建立一个内阿尔卑斯共和国。波拿巴原本希望将内阿尔卑斯共和国扩张到热那亚，不过他被督政府的特派员抢了先，后者5月22日在热那亚发起革命，新的"姐妹共和国"由此出现：6月29日，利古里亚共和国成立，且相对内阿尔卑斯共和国保持独立。在这一波切割中，国内政治因素也是有关系的。相对于意大利中部地区，米兰的民主派人数更多，也更活

---

① 此前维罗纳被法军占领，1797年4月爆发反法暴乱。

跃。将他们置入一个更大的整体（虽然与《莱奥本和约》相悖，7月27日教皇国飞地和罗马涅都加入了内阿尔卑斯共和国），这可以增强波拿巴主张所获得的社会支持：半贵族半资产者的统治，与"贼神甫"和"无政府"保持同样距离。1796年10月，总司令致信南波河联盟居民："你们比法国人更幸运，你们无需展开革命或犯下罪行，就可以获得自由。"这一计划，源自波拿巴在意大利中部的经验，而1797年7月8日他强加给新的内阿尔卑斯共和国的宪法，则将这一计划具体化。这部宪法的灵感来源于共和三年宪法，同时也做了重要修订：将军本人将任命督政府和立法议会成员，这就预示了雾月十八日政变。简言之：听从行政权的显贵政府。与此同时波拿巴任人煽动威尼斯、帕多瓦和维罗纳等地的民主派，只是为了加速威尼斯共和国的灭亡。

  为了与奥地利缔结和约，还需要解除来自巴黎的限制。在巴黎的政治气氛中，波拿巴与各个派别都保持联系（他在葡月暴动前就是这么做的）。但是对于他来说，最大的危险来自于卡诺和巴泰勒米（Bathélemy）[①]，让他们赞同妥协达成的和约，而不是强迫订立和约。因此，他派奥热罗去支持三巨头通过"果月政变"清除其政敌，果月18日（1797年9月4日）之后，他就完全自由了。作为新督政府的债主，他"收债"的方式，就是主导与奥地利签订的和约条款内容。10月18日，法奥双方在坎波福米奥签署和约。因为担心法国在德意志地区展开的新的军事行动会

  [①] 弗朗索瓦·巴泰勒米（François Barthélemy, 1747—1830），时任督政府五位督政官之一，1797年5月20日至9月4日在任。

掩盖其意大利远征的光辉胜利，波拿巴加快了谈判进程。除了通过《莱奥本和约》已获得的伊斯特利亚、达尔马提亚群岛，奥地利还获得了威尼斯和直至阿迪杰河的陆地。除了教皇国飞地，奥地利还要将贝尔格蒙、布雷西亚、克雷莫纳割让给内阿尔卑斯共和国。法国从威尼斯遗骸中分得了爱奥尼亚群岛和阿尔巴尼亚的领土。但是奥地利在德意志的所谓"牺牲"是骗人的。莱茵河左岸领土的让与依然取决于神圣罗马帝国议会的决定。督政官们勉强批准了这一和约。除此之外他们还能做什么？意大利的爱国者们也感到愤懑。几周前还歌颂波拿巴的意大利文学家福斯科洛（Foscolo），在其小说《致雅各布·奥提斯的最后一封信》中表达了对牺牲威尼斯做法的愤怒。但意大利爱国者们也别无选择：他们要么和大多数人一样，寄希望于内阿尔卑斯共和国，要么回到奥地利的统治之下。

那么该如何对意大利远征做一总结？我们从三个方面展开：意大利、法国政局以及波拿巴。

对于意大利人来说，这次远征既是巨大的希望，也是大幻灭的开始。巴黎有大量的意大利移民，他们不可避免地与法国雅各宾主义联系在一起，其中最活跃的是邦纳罗蒂。在一封经由部长德拉克罗瓦转交给波拿巴的不乏洞察力的信中，邦纳罗蒂预言了那些正在形成中的矛盾："法国人，请不要忘了，意大利曾经是你们的葬身之地。对于那些你们解放的民族，如果你们不做他们的朋友，那么一定会重蹈覆辙（……）。请不要放任军纪涣散，尤其是不要纵容军官们的野蛮贪婪，这一切将使得意大利被征服地区失望，使人民的友爱变成仇恨，使我们本想打碎的锁链变得越来越牢固。"意大利人的憎恨有显而易见的原因，出色的观察家司汤达写道："米兰善良的人民原本不明白，一支军队的存在，即使它是解放者，也始终是一场灾难。"米兰入城式后，立刻就爆发了反抗法军的起义。1796年5月21日，米兰当地发生骚乱，5月23—26日帕维亚地区发生了更严重的骚乱。在比纳斯科和阿尔夸塔-斯克里维亚，发生了法国士兵被杀的事件。波拿巴命令下属将领拉纳率领的骑兵团在比纳斯科纵火，并允许士兵在帕维亚放纵横行一天。他致信督政府："我相信，这一教训有助于让意大利人遵守规定。"在意大利中部的费拉拉和博洛尼亚，也出现了反法国的示威。罗格城发生叛乱，法军发起全面进攻才将其扑灭。1797年4月，维罗纳地区起义，这个"维罗纳复活节"为波拿巴将威尼斯从地图上抹去提供了借口。他对威尼斯共和国特使说："你和你们的参议院沾着法国人的鲜血。"未能免于大国沙文主义影响的法国史学界，往往把这些反抗解释为"贼神甫"指使下的旺代式反革命叛乱，其参与者希望回到旧体制。这与事实完全不符。上尉舒尔科夫斯基在一封谈及博洛尼亚的信中，将反法分子描述为极端的共和主义者："这个群体人数众多，分布很广（幸运的是他们没有武装），想制造混乱。他们自称革命者，但实际上只是想杀死落在他们手中的法国人，拒绝缴税，勒索教士以及抢劫贵族。这就是现在罗马涅地区共和派的面目。"在《坎波福米奥和约》与威尼斯共和国消失后，意大利爱国者的反法情绪更加高涨。1798年意大利出现了所谓的"黑色联盟"，医生博塔如此写道："这一派别的信徒像痛恨德意志人一样痛恨法兰西人……他们希望用法国人赶走德意志人,然后再团结全意大利的力量,赶走法国人。"直到1799年,意大利的蒙费拉和阿斯蒂地区还有起义,足以证明反法运动之持久:爱革命的人并不一定会爱法国。这些反叛运动,是1808年西班牙和1811年德意志地区反法起义的预演。1796—1797年的意大利战争留给意大利的好礼物只有两个:一是内阿尔卑斯共和国,它成为启蒙改革运动的熔炉;二是在南波河联盟发明的绿白红三色旗帜。

1796年远征意大利对于革命法国以及共和国的重要性是什么?直接收益有:从征服地区勒索了4600万法郎,督政府拿到手的只有1000万,还马上重新分配给了德意志地区的部队。政治局势在两个方面发生了改变。热月党和督政府时期的外交政策从一开始就不断变化,这一方面是因为军事局势的变化,另一方面是因为以下这一重大矛盾的持续存在,即持久和平是必须的,从而要求做出让步的意识,与公开宣扬的扩张主义意愿之间的矛盾,而这一意愿的出现是因为整个舆论都把革命看作自由的十字军东征,并大肆宣传扩张主义。以莱茵河为边界始终是不可触碰的信条,尽管在领导层,除了勒贝尔之外,所有人都根本不相信这一点。《莱奥本和约》和《坎波福米奥和约》之后,波拿巴的冒险使得法国在两个方面发生偏差。以莱茵河为边界,尽管意味着承诺和希望,但事实上却为了意大利保护领地的利益而被舍弃了。正是这一牺牲导致了另一牺牲:中立国威尼斯被牺牲了。这就严重破坏了1792年和1794年间表述的意识形态思想所肯定的民族自决权利。果月政变上台的领导者们意识到了这一点,但他们却视而不见:毕竟,现在法国"拥有"了意大利,至少是富庶繁荣的中部地区，而且莱茵河的幻想也还持续。相反，国内政治也不可避免地发生了改变。从牧月政变到果月政变，政局的任何一丝变化，背后都有军队的影响。从此以后，波拿巴开始施加自己的决断了。

对于波拿巴来说，意大利是实现神奇转变的时机。洛迪桥战役当晚，这只雏鹰感到自己能展翅飞翔了。"这天晚上，我第一次觉得自己不仅仅是一个武将，还身负影响民族命运之使命。我已载入史册。"不久后他向好友马尔蒙（Marmont）吐露心声："我亲爱的朋友，他们还根本没认识到……还没有任何人意识到我们这个时代的伟大：正是我为他们做出表率。"在意大利中部，他找到了决定自己政治前途的关键：与听命于己的显贵结盟，没有断头台和恐怖的大革命，奇怪的伪装成平民政权的军政权，并且颂扬辉煌的智识成就。1797年12月28日，波拿巴取代了不幸的卡诺在法兰西科学院的位置——后者已被果月政变后掌权的三巨头流放，他能够对意大利战役做一个心满意足的总结了。

德尼·里歇（Denis Richet）

延伸阅读

CANDELORO, Giorgio. *Storia dell'Italia Moderna*, t. 1. Milan, Feltrinelli, 1956.
FERRERO, Guglielmo. *Aventure, Bonaparte en Italie (1795-1797)*, Paris, Plon, 1936.

GODECHOT, Jacques. *Les Commissaires aux armées sous le Directoire. Contribution à l'étude des rapports entre les pouvoirs civils et militaires*, Paris, Fustier, 1937.

GODECHOT, Jacques. *La Grande Nation. L'expansion révolutionnaire de la France dans le monde de 1789 à 1799*. Paris, Aubier, 1956.

GUYOT, Raymond. *Le Diretoire et la paix de l'Europe, des traités de Bâle à la deuxième coalition (1795-1799)*, Paris, 1911.

PROCACCI, Giuliano. *Histoire des Italiens*, trad. de l'italien par Catherine Bourdet, Paris, Fayard, 1970; éd. originale : *Storia degli italiani,* 2 vol., Bari, Laterza, 1968.

REINHARD, Marcel. *Avec Bonaparte en Italie, d'après les lettres inédites de son aide de camp Joseph Sulkowski*. Paris, Hachette,1946.

SOREL, Albert. *L'Europe et la Révolution française*, 8 vol., Paris, 1885-1904.

参见条目

军队（Armée）

波拿巴（Bonaparte）

卡诺（Carnot）

巴塞尔条约与海牙条约（1795年）

（Traités de Bâle et de la Haye（1795））

朱安党叛乱
Chouannerie

在法国革命史中,"朱安党叛乱"一词——源于一场暴动的别称,从1794年起才被政府使用——指一场抗拒大革命的农民运动,这场运动从1791年以及教士被要求宣誓忠于《教士公民组织法》开始,逐渐扩展到法国西部许多地区。(不过,官方文献首次采用"朱安党叛乱"这一专用名词,是在1794年。)尽管1793年的旺代叛乱分子也被称为"朱安党",但是"朱安党叛乱"一词的定义是不包括严格意义上的旺代叛乱的。因此,要界定"朱安党叛乱"的确切涵义,首先需要将其与旺代叛乱进行比较。

旺代叛乱发生在卢瓦尔河南岸由莫日地区、博卡日地区和一部分旺代湿地组成的四边形区域,具有一场真正战争的特点:叛方也组建了军队,进行对阵战。这场战争以1793年末的萨维内溃败告终;随着叛军首领斯托夫莱(Stofflet)和夏勒特(Charette)在1796年2月和3月被捕并处以极刑,旺代残党也被扫除。相反,"朱安党叛乱"从来没有组建军队,甚至小股部队也谈不上;它只是一系列断续、分散的游击战,还经常有盗匪之径。相应的,其涉及的地区比卢瓦尔河南岸反叛的三角地区要广泛得多，包括卢瓦尔河北部的整个法国西部地区，从佩尔什直至下布列塔尼，这一片广大的多树林乡村与巴黎周边田野区别如此之大，以至于地理学家维达尔·德·拉·白兰士（Vidal de La Blache）如此写道："巴黎盆地的平原居民都只是村民，法国西部的居民才是真正的农夫。"最后，朱安党叛乱贯穿了整个督政府时期，直到执政府时期才结束。

两次叛乱的区别是明显的，同时也容易使人迷惑。旺代战争和朱安党游击战在强度、地区范围和持续时间上都不同，但不能就此认为这两个事件或是两场反抗运动有本质上的不同。总之，旺代战争的最后阶段与朱安党叛乱没有什么不同，而1796年对朱安党的早期清剿，也是源于对"天主教和王室军队"的记忆仍然影响共和国的恐惧。此外，不管是卢瓦尔河南部还是北部，反抗的核心角色都是西部的农民，他们抛下绿树环绕的农田家园，投入反对共和国的战斗，而此时城市和乡镇还是掌握在共和派手中。

因此，旺代和朱安党应该被理解为同一历史的两种形态，两者互为参照。

按照严格的定义，讲述朱安党叛乱并不容易，因为它是一场农村抵抗大革命的广泛运动，是群众性的对大革命的默默拒绝，间或表现为突然袭击和零散的暴力行为，并掺杂着众多复辟阴谋。对于这场使得城堡主狂喜并在19世纪孕育了大量反革命文学作品的新形式的"扎克雷起义"[①]，目前还没有全面的综述：事件

[①] 扎克雷起义，14世纪法国北部农民暴动。

与史料的繁多,使得我们对于朱安党的认识都只是零碎的。

农村对于大革命的不满,不仅仅出现于旺代和西部地区,法国其他地方也有,比如1790年起鲁埃格省和洛泽尔省的边境地区出现的情况。这种潜在的敌意中掺杂了很多因素:有一些是在革命中被重新唤醒的旧有情绪,比如农村对于城市的不信任,农民对于政府和征税的抵制;还有一些则来源于对大革命的幻想破灭。1789年时大革命在各地受到欢迎并被寄予厚望,却只是以赎买的方式废除了领主权利。革命在市镇中建立起了资产者的行政管理体制,并急切想要控制周边地区,但是又对农村传统缺乏足够的理解。最糟糕的是,革命强迫教会接受其对旧王国实行的行政理性化改革,要求教士宣誓效忠革命。1790年下半年起,正是教士宣誓的问题引发了最多的骚乱,拒绝宣誓效忠的教士成为这些骚乱的代言人。

与19世纪共和派史学不断重复的观点(沙桑①的著作是其中最典型的)不同,农民的失望并非贵族造成的。不是说各地贵族没有使这些反革命愿望具体化,而是说贵族没有获得农村民众的支持,也没有寻求获得他们的支持。1791年在西部旺代省穆泽伊圣马尔坦镇附近的德拉·雷扎迪耶尔男爵城堡策划的阴谋,轻而易举就被扑灭了。1792年春,上布列塔尼的鲁埃里侯爵策划的阴谋,是一个有组织的军事团体性质的贵族网络,但也始终没有参与农民的武装行动。

---

① 沙桑(Charles-Louis Chassin, 1831—1901),法国历史学家,编辑了有关旺代叛乱的史料。

朱安党叛乱

这一年的农民武装行动因为宗教事务而爆发，同时也针对一向不得人心的抽签征兵。1792年8月马耶纳省爆发叛乱。但是与旺代一样，决定性时刻是1793年3月：10—13日，从萨尔特省到大西洋的整个西部地区都爆发了武装起义。在佩尔什、马耶纳、梅因和布列塔尼，到处都有成群结队的农民涌出林地，挑战共和政府，不过都是断断续续的。政府军的迅速反应在这些地方恢复了秩序，即从农民手里夺回市镇的控制权。这正是这些地方的事件与莫日、旺代的博卡日地区的事件之间的重大区别，在莫日、旺代，事件以同样的形式开始，但发展过程却完全不一样：3月19日，一支3000人的共和国军被一群临时组织的农民军击溃。这一最初的成功，发展为叛军得以真正组织起来并控制了大片领土。相反，卢瓦尔河以北的叛乱则被扑灭，革命政府继续掌控着市镇：愤怒的农民组织的队伍人数稀少，采取的行动也是零星的，对于革命没有多少危险，因而坚决镇压造成的伤害也没有那么大。

在布列塔尼，围绕宗教问题和抽签征兵问题引发的骚动，对于"高卢罗曼语地区"——著名的语言分界线以东地区——震动最大。1793年3月的骚乱使得这一语言分界线再次显现。在半岛中部和西部的布列塔尼语地区，只有莱昂和瓦纳周边地区拿起武器反抗共和国。北部的圣波德莱昂，南部的蓬蒂韦和瓦纳，都受到众多团伙的威胁；但是因为没有军事经验和缺乏领袖（如果不算卡杜达尔这位从莫尔比昂开始自己反革命战士生涯的人①），这

---

① 乔治·卡杜达尔（Georges Cadoudal），法国大革命期间朱安党人的首领。而莫尔比昂是较早发生叛乱的地方。

些叛乱都被迅速彻底镇压了。对反叛村镇采取的监禁和罚金措施具有足够的威慑力,莱昂在之后的革命时期和拿破仑帝国时期都再没有发生过反抗。在布列塔尼的布列塔尼语区,只有瓦纳东部又发生过反革命暴动,是在一年多之后的1794年夏:下布列塔尼的朱安党叛乱是一个更广泛叛乱的一部分,而这一叛乱的核心地区是上布列塔尼。

事实上,布列塔尼地区朱安党叛乱的中心位于由雷恩、富热雷和南特构成的三角地带内。农民骚乱还向东扩散到曼恩和马耶纳等地区,这些区域自1791年以来就已经潜伏了冲突。旺代叛乱失败后,布列塔尼的朱安党叛乱在1794年达到高潮,但从未形成过一个叛乱中心,也没有持续控制过某个区域。但是有几千人——大部分是拒绝应召入伍的人——分成三四个较大的群体,坚守在拉瓦勒和雷恩之间的丛林中,这片丛林包括潘蓬、利夫雷、尚博富尔、佩尔特尔的森林。围绕着这些重新爆发的潜在中心及其地方领导人,还形成了一套密谋网络,能一直追溯到阿图瓦伯爵和英国政府那里。

从这方面看,朱安党叛乱的历史与旺代叛乱最后阶段的历史直接相交,因为流亡的王党分子把希望同时寄托在这些招之即来的广大游击群体和旺代的两支小部队,后者分别由斯托夫莱和夏勒特领导,又重新开始战斗。但是随着流亡王党在基伯龙登陆失败(1795年7月),1796年初最后两个旺代领导人被抓捕并处死,以及奥什(Hoche)将军怀柔政策的大获成功,使朱安党快速复辟的愿望破灭了,其农村根据地也缩小了。由此开始了迪布勒伊(Dubreuil)所谓的"第二次朱安党叛乱",与前一次叛乱相比,其特点是行动更为零星,武装团伙更为分散,领导集团也更为分裂:游击队相对容易抑制,但是几乎无法根除,这也是由于它所具有的上述特点。1796年的怀柔政策重新树立了共和国的威信,但是并不能在各地确保人员和财产的安全。

在针对王党的共和五年果月18日"政变"前,朱安党还能从某些地方政府中的同谋那里获得资助。莫尔比昂的卡杜达尔、阿弗朗士和阿朗松地区的弗罗泰(Frotté)以及马耶纳和梅因地区的瑟波(Scépeaux),与他们手下的逃兵役者们都期待着国王的半合法回归。但果月18日政变恢复了救国委员会的政策以及共和恐怖,尤其针对拒绝宣誓效忠的教士和朱安党牧师。这一插曲标志着地方战斗的激化,但这些战斗根本没有可能成功,只是展现了游击战的各种军事活动:从设伏到袭击,以及单纯的抢劫。叛党最后的回光返照是在1799年中期,当时督政府在国内外都遭遇困难,于是"英国即将登陆,王室即将回归"的旧谣言死灰复燃。从布列塔尼到夏尔特尔的佩尔什,在距巴黎100公里的地方,朱安党人梦想组成统一防线,抵抗城市与共和国。

1799年秋季的雾月18日政变[①]表明,反叛运动的力量恰恰来自共和国的孱弱。拿破仑将利用模糊不清的局势,扮演希望之化身的角色。因为如果说王党激进分子(除了卡杜达尔和弗罗泰这样的顽固不化者)希望新的主宰复辟王权,那么民众则期待国内和平、政治和宗教气氛缓和。秩序的恢复,以及随后的教务专约

---

① 拿破仑·波拿巴通过雾月政变接管了政府,开始了独裁统治。

(1801年7月签署)①，使西部农村转而支持执政府，而那些朱安党首领们只能选择暗杀手段。朱安党叛乱在阴谋中结束。朱安党最著名的领袖乔治·卡杜达尔在1804年被送上断头台，罪名是密谋刺杀篡位者以复辟王权。

朱安党构成了保皇派传统中最为重要的英雄记忆。1815年百日王朝②时，布列塔尼和旺代所在的西部地区再次暴动，试图将路易十八送上王位。6月反叛者在西部被击败，后来通过滑铁卢战役报了一箭之仇。1832年，贝里公爵夫人——被路易·菲利普篡夺的王位的合法继承人的母亲——效仿前人，演出了这一保留剧目的最后一幕。③

与旺代战争一样，过去两个世纪里，朱安党叛乱也引发了大量研究。对二者的研究通常有共同之处：把朱安党叛乱看作流产的旺代叛乱，而旺代叛乱则是胜利的朱安党叛乱。因此在这两项研究中，人们将看到同样的政治激情和同样的分析模式。

首先，是以贵族阴谋进行解释，这在19世纪共和派史家的论述中很常见。这一论述假设民众易于被操纵，这是由于广大博卡日地区的散居所造成的特有的"蒙昧主义"，在这一环境下，农民都是单独居住，而附近城堡和本堂神甫住宅里是那些想操纵

---

① 当时的法国政府通过这一协定实现了与教会的和解。
② 百日王朝，指拿破仑一世在被流放后重返法国，试图重建法兰西第一帝国的一连串事件。
③ 贝里公爵夫人（1798—1870）的儿子尚博里公爵（1820—1883）是法国波旁王朝唯一合法男嗣。1830年七月革命后，全家流亡海外。1832年，贝里公爵夫人在马赛登陆，到旺代和布列塔尼发动叛乱，失败被俘。获释后定居意大利。

他们的人：不想接受自己特权终结的贵族，以及拒不宣誓效忠的教士，这类人在法国西部尤其多。此种论点的代表是夏尔-路易·沙桑的杰作《旺代和朱安党文献研究》(1900年)，该书现在还是很重要的史料宝库，其中的论证部分发自内心褒扬共和国军队，同时也是最为陈旧的部分。

此外，共和派解释也可能抛弃阴谋论的观点，而完全采纳另一假设，即法国西部的农民顺从地追随其"自然的"权威——城堡主和本堂神甫，无论是平静时期的公开追随，还是革命风暴中的秘密追随，都是如此。19世纪的选举也和18世纪末的内战一样体现了这一点。因此需要对这一倾向做出解释，而这也成为安德烈·西格弗里（André Siegfried）的《法国西部的政治状况》（1913）这部著作的基石之一：考察了地理甚至地质决定因素后，最终他将这一倾向归结于西部农村的地理特性。以花岗岩地质为主的博卡日地区产生了朱安党，而以石灰岩地质为主的平原地区则产生了共和派。

这一类阐释忽略了叛乱农民自身做出选择的自由和高贵，而长久以来保王派历史学家对此做出的回应是，他们宣称农民忠于家长制社会，英勇地捍卫之，对其逝去感到遗憾，因为这一社会对他们很好。德拉·罗什雅克兰（La Rochejaquelein）侯爵夫人在帝国时期写就的《回忆录》中为之定调："……这场战争不像很多人说的，是贵族和教士煽动的……，根本没有什么计划、阴谋或者密约。所有人同时奋起反抗。"

这一论点在今天也还有说服力，因为它重视农民起义的自发性。朱安党的大众特性这一点使共和派感到难堪，并在保王派阵营中凸显了农民与领主的天然同盟关系，两者都是土地和传统的子孙。但问题是，1793年叛乱的农民，与1789年热烈庆祝废除封建权利的农民是同一群人：如何能说他们从一开始就是旧制度的帮凶？共和派的成见面对1793年时被揭穿，而保王派的偏见则在面对1789年时被否定，因此我们需要对西部历史中的两个时期做出融贯的解释。

近些年的历史研究，正是尝试进行这种和解，与此前相比不再那么具有偏见，形成一种对农民行为的社会经济解释。新的解释其实吸收了西格弗里的决定论假设和研究方法，但是摒弃了他的地理学和社会政治学论点（即花岗岩地质和大地主操纵导致了农民起义），代之以运用通过社会科学而得以更新的马克思主义的概念加以解释（阶级关系和农民的意识）。这方面最重要的著作是保罗·布瓦（Paul Bois）1960年出版的《西部农民》。

尽管题目很大，但该书是把萨尔特省作为典型加以细致考察的回溯性著作。布瓦选这个省作为研究对象，是很聪明的，因为该省被一条由北到南的线分为了两部分，从1848年至今的选举结果中能观察到这一区分：右边是保守派，左边是共和派。保罗·布瓦探寻萨尔特省这一地理政治分界线的起源，一直追溯至大革命时代，结果发现18世纪末在这条著名的分界线两边居住着两类完全不同的农民。东边是贫穷的农民，在贫瘠的土地上劳作，往往被迫从事织造业，因此依赖商人和城市。西边的农民更富裕，产出更多，形成了一个更同质化的团体，追求占有土地；当领主不在时（住得远，但仍然受尊敬），农民地位的上升就与资产者发生了冲突，后者也在购买地产。突然爆发的革命事件，在政治意识形态上凝结为两个乡村社会：一个是较为贫穷的，与共和派城市结成同盟，其中乡村织工是最热情的支持者；另一个则是较为繁荣的西部农村，将成为满怀怒火反对革命资产者的"朱安党"，因为1789年带给他们的是新的税收、城里人对国有财产的抢夺，以及征兵。

因此，朱安党叛乱是博卡日地区某些农民的阶级意识的产物，他们对于不在领地的贵族没有仇恨（旧制度末年的封建税收已很轻），同时雄心膨胀以至于反对资产者。布瓦的著作属于20世纪特有的重新发现农民的政治自治这一大潮，而19世纪大多数研究者只把法国农民看作依附者，是其他社会阶级的玩偶。与米什莱（Michelet）、托克维尔和马克思不同，布瓦没有追问到底是谁使农民陷于依附状态，而是考察在一个特定社会里是什么使农民成为具有历史首创精神的能动者，甚至大胆到参加内战。朱安党叛乱不再被看成某几个幕后策划者煽动无知群众的阴谋的产物。相反，它是农民特有的集体意识觉悟的产物，依据形势和环境的不同，它既可能针对资产者，也可能针对贵族。

以这种方式为农民正名，其解释优势在于，它让我们能够理解，为什么法国西部农民在1789年与其他地区农民一样对革命持欢迎态度，但1793年却又起义反对革命专制。这是将旺代起义者赞扬为守护旧制度之英雄的观点所无法解释的。保罗·布瓦甚至相信在大革命前夕那些未来的朱安党的陈情书中，可以感觉到比1793年时属于共和派的那些地区更强烈的反领主倾向：农民的警觉一开始是针对贵族的，但是后来转为针对资产者的叛乱，因为后者成了唯一的威胁。

但是这种解释的问题在于它们有一个社会因素决定政治的决定论设定。这个理念在实际中并非不言而喻，而且其由于强调单一的因果链条而导致自相矛盾的结果。在布瓦的书里，叛乱者是相对富裕的农民；但是在福舍、萨瑟兰的书里，叛乱者则是贫农。布瓦认为，织工在共和观念的传播和城乡联系中发挥了主要作用；但是克劳德·珀蒂弗雷尔（Claude Petitfrère）则认为"天主教和王党军队"有很多织工。当然，所有这些学者研究的是法国西部不同区域。但是因为他们都将农村反抗城市的斗争视为唯一的解释因素，却对这一斗争的原因给出了如此不同和互不相容的解释，以至于这种多样性最终摧毁了这一观点，即西部起来反抗，是因为面对新的统治者，农村社会要维护自身的利益。

与旺代起义和洛泽尔省农村叛乱一样，如果不考虑宗教情感的统一作用，那么朱安党叛乱是难以理解的。西部农民当然反感制宪议会实施的新税种和新的行政区划，但正是《教士公民组织法》和教士宣誓在将被1793年叛乱所席卷的那些地区产生了与法国革命决裂的情感。1791年起在西部的博卡日地区和中央高原东南部展现出来的农村对于传统信仰和教会的这种特殊眷恋，本身也反映出一些尚不为人知的问题，如反宗教改革的传播程度和旧制度下法国的宗教实践。

可以确定的是，正是大革命在宗教领域的激进改革使得西部农村突然转向公开敌对，这一点从教士宣誓引起的社会动荡的地区分布图就能看出。正是在这个雷区中，1793年3月的征兵令起了引爆作用，不满的爆发将根据所遇到的阻力而具有两种面貌。旺代起义逐渐壮大，因为它很快取得了胜利；而在其他地方，当国民卫队抵御住农民武装时，农村的怒火被抑制，战争没有发生，而是出现了朱安党叛乱。

所以朱安党叛乱有很多原因，其中多数与旺代战争相同。只不过旺代农民一开始就成为胜利者，而其他地方的零星造反者又采用过去扎克雷起义的更为传统的模式。相对于与雅各宾派控制的巴黎处于潜在或公开的分裂状态的其他地区，西部地区的独特性是什么，对于这个问题的研究甚少，直至目前仍被遮蔽着，一方面因为西部叛乱汹涌繁乱，另一方面是因为人们认为博卡日地区具有特殊性。但实际上我们很难确定地说，旺代、布列塔尼和曼恩的叛乱与1793年起其他地方（如佛兰德尔、多姆山、洛泽尔省、塞文山脉以及罗讷河谷等地）农村发生的公开反抗革命有什么本质上的区别。面对革命发展而出现的农村不满情绪的广泛传播，宗教问题肯定是其中的最主要因素，而西部农村的反叛之所以尤其暴力，可能与城市化程度相对较低有关，这使得共和军在镇压反叛时缺乏足够的支点。

弗朗索瓦·孚雷

延伸阅读

BOIS, Paul. *Paysans de l'Ouest. Des structures économiques et sociales aux options politiques depuis l'époque révolutionnaire dans la Sarthe,* Le Mans, impr. M. Vilaire, et Paris-La Haye, Mouton, 1960 ; éd. abrégée, Paris, Flammarion, 1971.

CHASSIN, Charles-Louis. *Etudes documentaires sur la Révolution française. Les pacifications de l'Ouest 1794-1801,* 3 vol., Paris, 1900.

DUBREUIL, Léon. *Histoire Des Insurrections de L'Ouest.* 2 vol., Paris, Rieder, 1929-1930.

DUPUY, Roger. *De la Révolution à la chouannerie. Paysans en Bretagne. 1788-1794.* Paris, Flammarion, N.B.S., 1988.

PETITFRÈRE, Claude. *Blancs et Bleus d'Anjou, 1789-1793.* 2 vol., Lille, Université de Lille III, atelier de reproduction des thèses, Paris, diffusion H. Champion, 1979.

SUTHERLAND, Donald M. G. *The Chouans: The Social Origins of Popular Counter-Revolution in Upper Brittany, 1770-1796,* Oxford, Clarendon Press, 1982.

参见条目

教士公民组织法（Constitution civile du clergé）

反革命（Contre-Révolution）

雾月十八日（Dix-Huit Brumaire）

流亡者（Emigrés）

旺代（Vendée）

政变
Coups d'État

单数形式的coup d'Etat概念，无论从年代学的角度，还是从知识的角度，都不能对应热月9日至雾月18日期间法国所经历的状况。明显吊诡的是，尽管17世纪伊始已有人谈及coup d'Etat，但是直至19世纪，尤其是1851年12月2日，这个词才被纳入大革命的经验，并因此进入政治词汇行列。

17世纪30年代，受意大利文艺复兴时期作品的影响，在"自由思想家"圈子里开始使用coup d'Etat，并具有明确含义。在盖兹·德·巴尔扎克（Guez de Balzac）的《论君主》中，尤其是加布里埃尔·诺德（Gabriel Naudé）的《关于coups d'Etat的政治思考》（1639年），传播了一种观念，即coup d'Etat是君主为了维护公共利益而采取的一种非常措施，在这一意义上，coup d'Etat是国家理由的实际运用。这样诺德就能够为圣巴托罗缪大屠杀[①]以及1588年亨利三世下令在布卢瓦刺杀吉斯公爵[②]的事件正名。17

[①] 法国天主教暴徒对国内新教徒胡格诺派的恐怖暴行，从1572年8月24日开始，持续数月。

[②] 亨利三世为了保住王位而策划的一次刺杀。

世纪和18世纪的词典只涉及公共利益或政治用途这一概念。打开菲勒蒂埃的《通用词典》(1684)："拉罗谢尔之围①就是一次coup d'Estat。"阅读第一版《法兰西学院词典》(1694)："coup d'Estat是对国家有益的行为。"1771年版的《特雷乌词典》只是照搬前人的定义："coup d'Estat是为了公共利益而采取的行动,拉罗谢尔之围就是一次coup d'Estat。"直到第六版《法兰西学院词典》(1823)才开始强调这种行动的非常性质与暴力特点,但仍然从属于"公共利益"概念："当政府认为国家安全受到威胁时而采取的一种非常而且总是暴力的措施。"这已经是雾月18日20年之后!也就是说,很多词语是在其所指成为事实之前就已经出现了,相反,现代(19、20世纪)的政变,则是在事实已经发生之后,才获得命名。当司法大臣莫普(Maupeou)废除高等法院时,人们称之为"莫普革命",而不是"莫普政变";当路易十六在1789年7月14日之前撤销内克的职务时,人们说这是"贵族的阴谋",对于10月份的事件,尽管军队都出动了,人们还是说这是贵族阴谋。所以我们不能按照词典上的意思来理解革命中的政变(coup d'Etat),而是作为假设,区分三种不同的政变。如果像我们今天所理解的那样,政变最重要的特点是在没有预先经过大众投票的情况下运用军事力量突然推翻政府及改变方针,那么它的发生有以下几种情况:第一种是议会推翻它已经厌烦的政府组织(热月9日政变);第二种是立法机构推翻行政机构(牧月政变和花月政变);第三种是行政机构中的一部分人推翻另一部分人

---

① 法国王军对胡格诺教派军队重要据点拉罗谢尔的一次成功围困。

（果月18日政变和雾月18日政变）。三类政变都需要某种程度的密谋准备，提前制订政治计划，并在官方机构之外获得支持。

共和二年热月9日（1794年7月27日）的事件是不是政变？表面上不是，因为行使全部行政权的救国委员会①的成员，是经国民公会选择，或剔除或认可的。实际上，这是一次政变，因为对罗伯斯庇尔、库东、圣茹斯特等人的指控，是精心策划的，致使"革命政府"终结，新政体出现。阴谋（确实可以称之为阴谋）的策划过程已经很清楚了。有四个政客群体参与其中。首先是中央政府派往外省的特派员，在罗伯斯庇尔看来，这些人"滥用了革命的原则"，已因在外省的滥施恐怖和敲诈行为而被国民公会召回。这群人包括塔里安（他美貌的情妇特蕾莎·卡贝鲁自从牧月就被关进了监狱，一直在等待判决）、巴拉斯、弗雷龙和富歇（Fouché）。其中最关键的角色就是富歇，他被派往涅夫勒省和里昂，所经之处都血迹斑斑。罗伯斯庇尔分别于牧月23日（6月11日）和获月23、24日（7月11日、12日）在雅各宾俱乐部上公开痛斥富歇（此时罗伯斯庇尔已经不在国民公会发表讲话）。他指责这位涅夫勒省"前总督"推行唯物主义和无神论的政策。富歇感到了危险，他避开雅各宾俱乐部，转而向罗伯斯庇尔口中的"群氓"——国民公会进言献策：我们都在危机之中，必须要先发制人。

救国委员会也陷于分裂之中。罗伯斯庇尔感到孤立和无力，

---

① 雅各宾派专政时期的最高领导机构。起初有9人，后增补为14人。

在被推翻40天前的获月上旬,他停止了在救国委员会的工作。那么在他缺席的这段时间中,他的反对派的首领是谁?是历史学家乔治·勒费弗尔认为的拉扎尔·卡诺[①]吗?确实,卡诺和罗伯斯庇尔有过激烈的争执(在对待拿破仑的问题上),和圣茹斯特也发生过争执(关于茹尔丹将军的任命问题)。但是,卡诺是一个勤勤恳恳的工兵上尉,其后来的生涯也表明他在政治上的中庸温和,很难想象他会态度强硬,执意推翻"不可腐蚀者"。救国委员会中的技术专家——科多尔的普里厄和兰代则自限于专业领域,关注军事和经济,而且经常缺席。剩下的两个人则是科特利埃俱乐部在1793年9月3、4日事件[②]之后强行塞进救国委员会的科洛·德布瓦(Collot d'Herbois)和比约-瓦雷纳(Billaud-Varenne)。正是这两人意识到威胁逼近,因此与其他密谋者取得了决定性的联系。

和哪些人?瓦蒂埃(Vadier)和阿马尔(Amar)领导的治安委员会,牧月恐怖法令曾规定治安委员会应从属于救国委员会,但他们从未接受这一安排,不甘心屈居人下。治安委员会领导公开嘲笑罗伯斯庇尔的最高主宰仪式。该仪式在牧月20日(1794年6月8日)举行,由著名画家大卫布置,似乎把这位从前的阿拉斯的律师(指罗伯斯庇尔)变成了救世主。很快,有关滑稽可笑的凯瑟琳·泰奥(Catherine Théot)事件的谣言四起:这位宗

[①] 大革命期间的后勤战备专家,救国委员会重要成员,被认为是相对温和的成员。

[②] 这两天巴黎发生了较大规模的市民游行,9月5日国民公会接受了恐怖统治手段。

教幻想者预言一个新的时代将会到来，在这一时代里罗伯斯庇尔将拯救全人类。就像历史学家阿尔贝·马迪厄（Albert Mathiez）所展示的那样，这个谣言很可疑。但治安委员会抓住这一谣言，将之放大，因为这是用以攻击他们所憎恨的罗伯斯庇尔，一个大权在握的自然神论者的最好武器。

一个多月以来，罗伯斯庇尔觉得被孤立了。加剧恐怖的牧月法令，并没有给予罗伯斯庇尔任意提名指控的权力（在6月10日到7月27日之间，1285人被判死刑，包括安德烈·谢尼埃（André Chénier）[①]），却激起了人们的反感，对此他也感觉到了。最高主宰崇拜既没有安抚原来的天主教信徒，还遭到了去基督教化支持者的白眼，越发加强了他的孤立。最重要的是，战局发生了翻转：获月7日桑布尔－默兹河军团拿下了沙勒罗瓦，8日攻下了弗勒吕斯，20日进入布鲁塞尔。就像巴雷尔此后所写的："胜利像上帝的怒火一样砸到了罗伯斯庇尔身上。"

巴雷尔以前是平原派，平原派的立场是如果革命政府对于拯救大革命来说不可取代，那么就要支持革命政府，但是当局势安稳之后，他们又迫切希望结束恐怖和独裁统治。巴雷尔是热月党人政变的军师。丹东曾尝试自由与和平，但无法确保胜利，因此失败了。现在胜利在望，不是能够实现自由了吗？所有团体都这么期望，而罗伯斯庇尔却要将恐怖和胜利这两个相互对立的词语勾连在一起，坚持要在胜利时维持恐怖统治，他注定要为自己拒绝现实的顽固付出生命的代价。

[①] 法国著名诗人。

罗伯斯庇尔加速了自己的终结。热月8日（7月26日），他站上国民公会的演讲台，对自己久经考验的论辩说服力颇为自信。针对所谓独裁者的指控，罗伯斯庇尔为救国委员会辩护，从而也就是为他自己辩护。他指控存在一小撮无赖。这就进退维谷了：这些无赖是谁呢？不愿意，或是不能指出他们的确切姓名，罗伯斯庇尔陷入无法解决的矛盾之中。代表沙利耶当场反问："如果一个人自称有追求美德的勇气，那么也应该有勇气说出真相。请说出你指控的人的名字。"

当天晚上，政变正在密谋之中。圣茹斯特被从军队召回，比约-瓦雷纳向他试探并希望他能参与政变，尽管与罗伯斯庇尔存在意见分歧，但圣茹斯特拒绝与罗伯斯庇尔决裂。科洛·德布瓦是9日国民公会会议主席，他受命阻止圣茹斯特和罗伯斯庇尔发言。平原派也得到了通知，他们也同意抛弃罗伯斯庇尔，以换取恐怖的结束。9日会议到中午左右，圣茹斯特上台没说几句话，塔里安打断了他，比约-瓦雷纳发动对罗伯斯庇尔的进攻："我们脚下裂开了一道深渊，我们不能犹豫，要么用我们的尸体填满它，要么战胜叛徒。"

罗伯斯庇尔想要上台，但是主席科洛·德布瓦大声摇铃淹没了他的声音，同时全场都回响着"打倒暴君！"的呼声。按照塔里安的要求，议会投票逮捕了国民卫队总司令昂立奥。鲁歇要求逮捕罗伯斯庇尔、圣茹斯特和库东。罗伯斯庇尔的弟弟奥古斯丁·罗伯斯庇尔和勒巴斯要求在逮捕令中也加上他俩的名字："共和国死了，强盗们赢了。"

这5个人被送往巴黎周边的不同监狱，但很快又被放出来了。

当天下午，巴黎公社和昂里奥敲响了警钟，并号召巴黎各区针对国民公会进行游行示威，同时巴拉斯和布尔东则开始召集忠于国民公会的各区群众，并占领了市政厅①。罗伯斯庇尔等人则不愿发动起义。这些议员们从来也不是煽动闹事者。罗伯斯庇尔被捕时下巴碎了。与传说不同的是，这是他自己弄伤的；勒巴斯用手枪自尽，奥古斯丁·罗伯斯庇尔则跳窗而逃。晚上10点，三巨头和他们的19名支持者在革命广场被送上断头台。11日又有71人被砍头，这是整个恐怖时期单日最高的砍头记录。12日又有12人被处死。恐怖必须要用恐怖来结束。

热月党人的国民公会不必再应付政变。他们抵挡住了来自街头的压力（包括共和三年芽月和牧月"新恐怖分子"的暴动与共和四年葡月13日王党的骚乱），保住了权力。热月党人不得不依靠军队镇压立法权的敌人们。在牧月他们依靠梅努将军，在葡月则是依靠布伦和波拿巴。显然，这么做的风险在于，军人会变成主宰者。国民公会共和三年果月5日（1795年8月22日）通过了新的宪法，这是一部短命的宪法。共和三年宪法的核心精神来自1789年原则，同时吸取了1793年和1794年的经验。它力图维护自由权利，并确立分权体制。但事实上，该宪法将某种非常规措施制度化了，成为某种持续不断的"微小政变"（mini-coup d'Etat），以应对未来可能发生的诸如果月和雾月事件一类的重大震动。立法院将会分成两院：五百人院，负责提出新的立法议案；元老院，通过议案形成法律。而最高行政权威则是五个

---

① 市政厅是巴黎公社的总部。

人组成的督政府,这五个人由元老院从五百人院提名的五十人中选出。每年,五分之一的执政官和三分之一的议员都要重新选举。这导致政体不稳定,对于内外交困的法国,无疑是沉重的负担,事实上共和国的创始人们每年都不得不规避他们自己制定的宪法。这甚至在1795年宪法生效前就已经发生了,国民公会在1795年8月22日通过了"三分之二法令",规定新议会的议员必须有三分之二的人来自国民公会。葡月13日的事件①就源自这个不得已的选择,这些议会"遗老"(反对派对他们的称呼)试图保住革命带来的事物,并反对任何形式的宪法。在共和四年雾月(1795年10月)举行的第一次选举中,共和派获得了大多数议席,要算出他们占的议席数是没有意义的,因为他们的标签并不一定能反映其真正的政治立场。共和五年牧月(1796年10月)的递补选举中,投票就明显倾向右翼。近170名公开或隐蔽的王党被选入两院。而上一届议会的议员216人中只有11人当选。

对于督政府来说,走出困局的唯一办法就是再来一场政变。五百人院已选举皮舍格吕将军为主席,他认同王权主义,是克利希②委员会(温和王党贵族团体)的成员。元老院选举巴贝·马赫布瓦(Barbé-Marbois)为主席,谈判代表巴泰勒米替换上一届五人执政之一的勒图尔纳。1797年春的政治形势迫使两派亮明立场并各自组织起来。两院中的王党与温和派产生了分裂和犹豫不决。分裂体现在有些人是立宪君主派,是以前的王政派和斐扬

---

① 即葡月暴动。
② 巴黎以北的城市。

派的后继者；而另一部分人则支持叛乱的朱安党和旺代人。犹豫不决则体现在对武力行动前景的认识上。从春天开始，督政府中勒贝尔和拉勒韦利埃最终决定摆脱反动分子。巴拉斯则一如既往扮演他骑墙派的拿手戏，两边讨好。他一方面与巴黎的王党保持接触，另一方面派密友法布尔·德奥德到米兰和拿破仑见面，确保他们在对付议会中大多数人时有军队可以依靠。当拿破仑把皮舍格吕准备叛变的证据告诉巴拉斯之后，巴拉斯终于决定有所动作：因为他的政治生涯，甚至于生命都危在旦夕了。

显然，要寻求人民的支持，除此之外，唯一的选择就是依靠军队。而军队方面可选的人最后只有三人：莫罗（莱茵军团首领），奥什（桑布尔－默兹河军团首领）和拿破仑（在意大利取得胜利的将领）。莫罗整个夏天都很犹豫，不仅因为他偏向王党，而且他也不愿意与皮舍格吕将军撕破脸。但与所有共和国军队一样，莫罗的部下是坚定的共和国支持者。拿破仑则像其在葡月13日的做法，以及巴拉斯一样，迂回曲折地与两派都保持联系。他派自己的副官拉瓦勒特到卡诺那里，因为拉瓦勒特与温和派有些联系；但拿破仑担心与奥地利和约的功劳被人抢走，巴黎的右翼议员和记者又确信他支持巴拉斯、勒贝尔和拉勒韦利埃，因此拿破仑派奥热罗去支持督政府。桑布尔－默兹河军团距离首都很近，几乎没有人怀疑军团司令奥什将军会同情革命的敌人。奥什借口为了远征爱尔兰要把军队转移到布列斯特，在7月1日派了9000人的军队向巴黎开进。7月15日，他的军队抵达拉弗尔特阿莱①，

---

① 巴黎以南50公里的城市。

此地已经是共和三年宪法明文规定军队不得进入的地区。此举引发了议会和督政府内的激烈争论。卡诺一直主张按照温和派的要求调整内阁，热月14日督政府三头（指巴拉斯、勒贝尔和拉勒韦利埃）对卡诺采取了行动，他们免去了卡诺支持者的职位，任命奥什为军事部长，弗朗索瓦·德·内夫夏托为内政部长，塔列朗为外交部长。果月17日（9月4日）当议会控诉这三位执政时，一切都太晚了。当天晚上奥什的军队进入巴黎，奥热罗控制了巴黎本地布防。皮舍格吕和巴泰勒米被逮捕，只有卡诺逃走了。19日，在胜利者的操纵下，议会被迫通过了两项紧急措施。49个外省的选举结果被宣布无效，53名代表和两名执政——巴泰勒米和卡诺——被判刑，囚禁于圭亚那的监狱。同时通过的还有针对流亡者和顽固教士的严酷新法律。

经过缜密的谋划和实施，果月18日政变一开始看起来似乎标志着新的恐怖的开始，但事实表明并非如此。这是一次没有断头台的恐怖。但它的确标志着一个政权的结束：即共和三年宪法所确立的督政府的结束。有些历史学家将果月18日之后的督政府称为"第二督政府时期"：表面看来好像没什么变化，但是事实上议会已经被架空，任何人都有可能将其拿来为己所用。

72　　果月政变之后，"第二"督政府主要就是等待1798年5月的年度选举的召开。之前政变清除了很多人，还要把国民公会遗留下来的至少半数以上的"遗老"剔除掉，这是督政府面临的难题。巴拉斯两头开战，一方面他要反对"带着红帽子的王党"（即假装支持革命的王党），另一方面要反对鼓吹铲平的无政府主义分子。在1798年选举中,官僚和新雅各宾派占据优势,对于督政府来说,这也不是什么好事,所以他们选择先下手为强。督政府通过共和六年花月22日法令(1798年5月11日),宣布106名代表和200多名官僚和公职人员的选举结果无效。此时人们第一次用了"政变"(coup d'Etat)一词。茹尔丹将军总结道:"从现在起,议会代表要由政府指派了。共和国算是完了。如果为了创造出一个讨政府喜欢的议会,而有计划地把选举(结果)变得无效,那么这个政权显然不是共和国,而是独裁政权。"尽管花月22日没有什么显眼的成果,但就在这一天,而不是雾月18日(指拿破仑的政变),"政变"(coup d'Etat)一词诞生了。共和七年(1799年3月)举行的选举,督政府已经无力控制,在这场选举中能看到法国有两类人,一类人希望保留革命的成果,另一类更温和的人则愿意接受类似于有限君主制的政体。选择权落到了军队手上。督政府失掉了选举,79名代表中(有官方提名色彩),43人落选;政府再次提名的64名候选人中,39人落选。5月16日,被罗伯斯庇尔称为"革命的防波堤"的西耶斯当选执政之一,他决定挑起下一场危机。共和七年的牧月30日(1799年6月18日),他劝说议会免去了与他不和的三位执政,并选举了另外三位革命时期名不见经传的小人物:罗杰·迪科、戈耶和穆兰(Moulin)。表面看来,牧月30日是对花月22日的报复,因为貌似议会夺回了之前失去的权力,就像热月9日一样。但事实上,这是军队和将军们的胜利。迈向民事政府的最初尝试被一场根深蒂固的"修正主义"运动的阴影笼罩着。

事实上,这种修正主义根源于督政府初期。所有人都认为,在乱世之中,一个旨在稳定的政体是活不了太久的——除了西耶斯,他的宪法草案被国民公会拒绝,这使他很恼火。1798年初,代表鲁奥在五百人议会上明确提出了这一问题,他指出:现在这部宪法埋藏着"死亡的种子"。甚至一些参与起草了共和三年宪法的人——例如道努——也认为宪法需要修订。很多为修正运动贡献了力量的人日后都成为其受害者。斯塔尔夫人和年轻的邦雅曼·贡斯当(Benjamin Constant)鼓吹符合他们心愿的宪法:自由主义和精英主义的宪法。而除了朱安党和旺代叛乱分子,右翼的大多数人也支持这种修改。过去的革命派经过多次失败,开始灰心丧气,他们对国民公会"遗老"及其变幻莫测的立场也不再抱有希望。巴黎公社已经被取缔,近郊的革命势力也被清除,只有共和国的军队能代表他们的愿望。"政治阶层"已经筋疲力尽了。经过反复的清洗之后,它几乎只是靠着一个传统和神话维系着。所谓传统,就是1789年传统和1793年传统。所谓神话,是指作为革命化身的一群人,总体来说这群人值得尊敬,但革命这件事本身就不尽然了。

与果月18日不同,雾月18日是一次精心策划,但实施却很糟糕的政变。最初,有一个人和几股力量。这个人是西耶斯。这位奥拉托利会教士及弑君者每次试图攫取权力都以失败告终,被人们视为一个被误解的理论家:"西耶斯看起来高深莫测,好像怀揣着救国救民的秘方。"(历史学家旺达尔语)1799年夏天,西耶斯成了一个历史焦点,革命中所有不满者都在此汇合:厌倦了不断政变的雅各宾派,温和派如道努、邦雅曼·贡斯当、勒德雷尔、塔列朗，八面玲珑者如迪科、康巴塞雷斯、富歇和勒费富尔，以及重要的边缘人物巴拉斯。毫无疑问，西耶斯有两个计划。长远计划是在奥尔良家族治下恢复王权。短期计划则是在元老院的支持下政变，把权力赋予三位执政官。但如果没有军队和将军们的支持，这一切都无从谈起。西耶斯考虑过莫罗，但后者是疑似的王党分子；考虑过茹贝尔，但此人在诺维战役中战死了；还考虑过布伦和马塞纳，但他们正在积累战功。

1799年10月9日，拿破仑·波拿巴在弗雷瑞斯登陆回到法国，虽然在埃及他留给可怜的克莱贝尔一支陷于囹圄的军队，但这并不妨碍拿破仑成为一代传奇。当时的一份报道称："波拿巴的归来是法国军队的一个吉兆，他们的胜利将会像光芒一样迅速散播。"舆论的高涨影响了五百人议会，甚至雅各宾派。督政府当然不太乐意，但无力阻拦。波拿巴发表一些故作谦逊的演讲，对"雅各宾派"如戈耶、穆兰等人也以礼相待。其兄弟吕西安时任五百人院的主席。据他说："他（拿破仑）受到一致欢迎，他感到不能冷淡任何一方。"不过，在一些重要事务上，吕西安是拿破仑和西耶斯的中间人。

最重要的是，此时形成了"雾月党人"集团，其中包括一些温和派政治家和学院知识分子，他们由拿破仑招揽而来，拿破仑还重新起用果月政变下台的卡诺，以及一些他需要其支持的将领。雾月10日，拿破仑和西耶斯终于在吕西安家中会面。拿破仑同意将两院迁往巴黎郊区的圣克卢宫，但否决了西耶斯原本的计划。相对应的，拿破仑提的方案是：一个临时政府，三名执政官，由拿破仑作为第一执政，此临时政府负责起草新宪法。否则,"你就不要指望我的支持了。"西耶斯妥协了,"一个人总要碰些运气。"不过,在这件事中,西耶斯碰到的是拿破仑·波拿巴。

雾月18日,政变按计划实施。拿破仑与所有将军在凯旋大道上见面,同时一项法令公布,宣布将五百人院和元老院迁往圣克卢,并赋予拿破仑"拯救共和国"的重任。这位新的执政官在杜伊勒里宫发言:"我留下的法国是什么样?我回来看到的法国又是什么样?我交给你们的是和平,再看到的却是战争,我交给你们的是胜利的法国,而现在敌人却已经侵入我们国境!"这番虚情假意的发言却收到了不错的效果。雾月19日晚在圣克卢宫,一切还悬而未决。五百人院的代表们质询道,为什么要转移议会地点,为什么有军队调动,元老院则向督政府送信,想要一个解释,这使得波拿巴意识到有必要去议会露个面。但他对议会的发言并不高明,还颇有挑衅意味。他在议会厅被挤来撞去一度无法脱身,最后是吕西安和他的将军们救了他。

雾月18日在事件史和观念史中具有三重重要性。

对于当时的人们,这是一个司空见惯的插曲,其重要性甚至还不如果月18日和花月22日,在他们看来,这不过是热月9日之后长期曲折变化的又一次变轨而已。所谓的雾月党人,其实是一个混杂的联盟。道努和勒德雷尔等温和派期待的是稳定与和平,他们误认为拿破仑是路易·菲利普。

雾月18日强加于法国和欧洲一个体制,这个体制一直延续到1815年之后。这可能是现代欧洲诞生所付出的代价。

尽管当时人们并没有把雾月18日看作一场"政变",但它为19、20世纪树立了"政变"的典型。所以,当1851年12月2日,拿破仑的侄子路易·波拿巴攫取第二共和国权力的时候,马克思将其称为"路易·拿破仑·波拿巴的雾月18日",是完全正确的。

德尼·里歇

延伸阅读

BAINVILLE, Jacques. *Le 18-Brumaire*, Paris, Hachette, 1925.

LEFEBVRE, Georges. *La France sous le Directoire, 1795-1799*, Paris, Editions sociales, 1977.

OLLIVIER, Albert. *Le 18-Brumaire, 9 novembre 1799*, Paris, Gallimard, 1959.

参见条目

波拿巴(Bonaparte)

卡诺(Carnot)

救国委员会(Comité de salut public)

巴黎公社(Commune de Paris)

宪法(Constitution)

丹东(Danton)

雾月十八日(Dix-Huit Brumaire)

革命政府(Gouvernement révolutionnaire)

罗伯斯庇尔(Robespierre)

圣茹斯特（Saint-Just）

西耶斯（Sieyès）

恐怖（Terreur）

热月党（Thermidoriens）

非基督教化
Déchristianisation

把"非基督教化"一词用于法国大革命,其实有很多含混不清的地方。第一个问题,"非基督教化"是否能够用来描述整个大革命的特征?一些论者,例如迈斯特和博纳尔,就认为大革命完全是由反基督教的思想所界定的事业。但也有人认为,大革命根本没有把非基督教化作为其最重要的计划,因为在革命之初,很难预见一系列互不相干的决定会在未来引发革命与教会之间的冲突,这些决定就像不由自主的齿轮上的部件一样发挥着作用。前一种论点的支持者到处都能发现非基督教化的愿望:在制宪议会成立之初,在废除什一税时,以及在将教会财产收归国有时。而后一种论点的支持者认为,非基督教的插曲在革命年表中是孤立的(只限于1793—1794年),与之前和之后的事件几乎没有联系。理查德·科布认为,这一波折没有太大意义,忽生忽灭,旋即被遗忘。

不过,这两种论点的支持者,无论他们扩大还是缩小了非基督教化的规模,都认为非基督教化的目的是要让法国摆脱天主教会的影响,他们都强调这是一桩有意为之的事业,唯一的问题是它到底成功了，还是失败了。然而，"非基督教化"这个观念本身就暗示着几乎相反的情况：这是一场非常缓慢的世俗运动，它所经历的时间比想象的要长；它是自发的，而非强加的；是从社会深处生发出来的，而非政治权威的产物。谈及革命中的非基督教化就引出了一个复杂的问题，即特定事件与长时段历史趋势之间的关系问题。想要追问，这一革命插曲是由远早于它的历史酝酿的吗？非基督教化到底是因还是果？是有意识的、咄咄逼人的运动？还是缺乏自身意识的行为？我们应该抛弃一群人别有用心的谋划论，即使不能为这些革命者开脱，至少要分散一些责任，让时代精神也承担部分责任。

通过选择把非基督教化视为长时段现象的假设，而使革命的大动荡主要起着残酷的揭示作用，我们就把革命者非基督教化的意愿相对化了。不过，我们并不回避他们的主动性。如果说革命中的创举是由漫长而悄然的非基督教化进程所酝酿的，那么这些创举则增加并强化了这个进程的影响，并一下子造就了一个全新的局势。其实，在非基督教化这件事上，大革命并没有我们想的那么有创造性。不过，革命确实标志着人们对宗教无条件服从时代的结束，同时，它还标志着越来越多人对宗教无所谓的时代的开始。从这个角度看，这一剧烈而不合时宜的插曲远不止是一段波折。

最终，"非基督教化"这个词汇被赋予不同的含义，这使得问题变得更复杂了。因为"非基督教化"可以指：世俗化，剥夺教士的角色，减少宗教仪式（这是可以量化的），或弱化宗教情感（这是难以衡量的），正是这种难以触及的现实助长了关于非

非基督教化

基督教化的争论。以让·德吕莫（Jean Delumeau）为代表的历史学家不愿意用教士的分布数量或者宗教仪式的规律性来衡量宗教热情的变化，他们推测法国大革命对宗教造成了一种双向运动：一是大多数人的"非基督教化"（从宗教仪式的层面）；二是少数人的"重新基督教化"（从宗教热情层面）。我们无意讨论让·德吕莫的假设，很难验证其有效性。但需要注意的是，确实有两种意义上的基督教：一种是无法言说的内在经验，另一种是可观察的集体行为。很明显，历史学家对前者只有间接的了解，他们关注的是后者。而后者也正是革命者所关注的，革命者的目的不是摧毁宗教，而是摧毁其"外在的标识"。

一个常见的说法是，在1789年前夜，法国还是信仰统一且祥和的基督教国家，正是革命中咄咄逼人的"非基督教化"彻底动摇了这一切。事实上，在大革命前夕，几乎所有的法国农民都会在复活节领圣体。接受圣礼是很难逃避的规则，天主教神甫控制着每一个教区的注册登记，因此也就掌握了该教区的民事登记。可以说，一个人从生到死，天主教的信仰都不能变。虽然新教徒也获得公民身份，但法国仍然是一个天主教占绝对主导的国家，新教徒在司法、警察和学校等部门都不能任职。甚至很多未来的狂热"爱国者"，例如福歇（Fauchet），都认为天主教是最适合君主制的宗教，因为天主教不让混乱无序的个人观点主导宗教崇拜。但旧制度法国的宗教史并不能证实这样一种印象，即革命前法国的天主教信仰是统一的、古老的并且不可撼动的。

我们先来看看何谓"统一"。一旦深入考察法国天主教的细节,你会发现它的"统一性"并不明显。在大革命前,人们的宗教仪式就存在社会差异,在一些流动性大或者不太受控制的社会群体中,常有不守规矩的行为,例如街边小贩、织工、士兵、小酒店主。当时还出现了宗教仪式中性别差异的苗头:法国中部农村男女参与宗教仪式之程度差别很大(整体上都是在下降)。当时内克就注意到,很多男性会在布道前离开教堂,踩着祝圣仪式的时间点回来。到19世纪这种情况将会变得很常见。最后,早在革命前,宗教仪式就存在地域差异,大革命则强化了地域的区隔。当蒙福尔修会的传教士来到法国西部的时候,他们真切感受到了各地的虔诚程度不同,也遇到了不同态度的接待。他们盘点了不同的地区:"艰苦地区",开放的乡村地区,靠近城市并受其影响的地区,沿海地区——那里的人员流动与海运往来使其已经形成了"共和国的人民"。而其他地方,例如普罗旺斯,又有所不同,沿海地区比内地更虔诚。这无关紧要,在宗教仪式方面早期地域差异之所以重要,是因为它挑战了对革命前法国宗教统一的认识。如果研究表明,这些在革命前就已经宗教热情衰退的地区,正好也是革命中非基督教化最显著的地区,那么就需要修正"非基督教化"的粗暴之说。

我们来看另一个问题,法国天主教到底有多古老?近年的历史研究开始质疑另一个传统认知:法国天主教有非常悠久的历史。最近的研究表明,中世纪的基督教化并没有人们认为的那样广泛与深厚,而且法国真正的基督教化要晚至16世纪才开始。在这个时期,特伦托宗教会议后的天主教努力重新掌控信徒。其途径是从思想和品德层面改变教士,从此后似乎在全国各地开办了神学院，建立了常规的主教探访制度。蒙福尔修会、遣使会和厄德修会的修士们去往各地，分发圣像和小册子，他们教人唱圣歌，树立起传教会的十字架，并且将这种神圣的舞台美术发展到了极致，以至于普吕什神父说"在天主教会里，传教就是一切。"（天主教的传教使搞非基督教化的革命者都印象深刻，以至于后者想要模仿前者的宣传方法以达到自身目的。）最后，教会努力引导人们，使他们不再在之前的基督教宗教仪式或迷信行为上浪费精力。所有这些都需要时间的积累才能取得成效。与以前的看法不同，18世纪可能才是真正的基督教世纪。那时候，信徒实际上依靠教区中的好教士。（托克维尔说，当大革命消灭教士时，法国的天主教士应该是最出色的教士。）教士读书多，不沾跳舞和饮酒，穿着当时的新式长袍，在乡村中鹤立鸡群，并具有尊严感。新一代主教决定要居住在主教区内，并且把精力用于教区管理。而信徒手里有教义问答手册，也接受过教导，知道教会对基督徒的要求，会履行信徒的职责，早晚祈祷，领受复活节圣餐，参加主日弥撒。对于那些记得17世纪的主教们如何抱怨信徒无知的人来说，显然18世纪的宗教取得了很大的进步。

最后，我们来看看教会的力量有多大。教会是一个结构紧密的组织，等级制度在其中控制得更加有效，但在最重要的实践中，已经能看到这个组织上的裂痕，这是即将到来的非基督教化的征兆。在教会内部，僧侣的天职处于严重的危机之中，这个时代并不喜欢无用、空虚的修道生活。司铎圣职的授予也减少了。更重要的是，教士内部因收入悬殊而冲突加剧，小部分富裕的教士变得无人可管。18世纪末冉森主义的论战无疑超出了神学领域,但这些争论进入政治领域后便在尖锐批评中获得了它们在宗教争论中失去的东西。此外,我们也许低估了冉森主义无休止的论战给广大信徒带来的深刻冲击。休谟观察了这场论战,他震惊地写道:这次论战使宗教成为了自身的反面,不再是凝聚社会的因素,反而变成了分裂社会的因素。冉森主义到底在多大程度上削弱了人们的宗教热情,这个很难说;但是它肯定造成了一种质疑的习惯,既反对教皇专制也反对王室权威。冉森主义将圣事变成了稀罕之物,以此确保人们带着尊敬与敬畏的心情参与圣事,这也导致了基督崇拜的衰落。当然,各地冉森主义有所不同:皮埃尔·肖努对洛林地区的研究表明,在与新教国家接壤地区,冉森主义并没有促进非基督教化。不过,冉森主义确实鼓励信徒在个人内心建立与上帝的联系,进而鼓励脱离教会权威,获得个体意识的自主。因此,尽管冉森主义将世界视为邪恶的观点陈旧过时,但它确实照亮了现代性的道路。

在虔信的天主教徒那里,也出现了个人主义的苗头。米歇尔·伏维尔的研究展示了在一个世纪内,人们的遗嘱是如何变得世俗化的。为临终人祈祷时的开场白越来越短,以前华丽的葬礼不再流行,遗嘱主人也不像以前那么关心自己埋葬的地点。由于当时卫生专家的建议,更多地安葬在户外的封闭墓园,而非教堂的幽暗之处,成为当时的普遍做法,这也是基督教"生活"与俗世的"生活"分离的标志。这种逐渐扩大的差异,宗教团体的衰落以及其活动的世俗化,也都标志着这种分流趋势。还有些变化不那么直观,但是同样有说服力,例如私生子女的增加,性生活中越来越多地采取避孕手段等等。

最后，必须要提到的是，启蒙哲学的成功普及。启蒙人士本质上不反宗教，他们也满怀着创造一种新信仰的激情。他们也不一定反基督教：他们深受为罗马天主教会所背弃的早期基督教精神的滋养。最重要的是，他们认为，基督教应该被当作一种政治权力，而不是信仰。但是，很多时候权力和信仰是不易区分的。反教权主义很快就变成了反基督教，而启蒙运动注定是反教权的。南特赦令的废除巩固了天主教会与王权的联盟，教会自然也就成了启蒙哲人最喜欢抨击的靶子。例如培尔的著作，就出自新教徒与国家利益尖锐对立，不得不选择流放或者改变信仰的时代。启蒙哲人们从培尔的书中汲取了一些最有力量的观念（从培尔的书中也确实更容易获得这样的观点，因为培尔尽管是新教徒，但他从未偏袒被压制的新教，而且加尔文教的不宽容也令他厌恶）：任何宗教都拿不出确凿的证据证明其真实性，所以国家无需干预信仰，任何宗教都不能成为道德的保证，最重要的是，任何形式的宗教强迫都是荒谬的。当革命爆发时，这些有关新信仰的观念已经赢得了开明精英阶层的支持，一旦条件具备，它们就会引发矛盾。自1790年起，反天主教的地方政府与信奉基督教的农民之间发生了冲突，就是类似矛盾爆发的时刻。启蒙精神同样影响了神父。在他们的布道中，严酷上帝和永恒折磨的形象已经褪色，关于罪孽的执念也消失了。有一位神父竟出版一本书，名为《在此生保持快乐同时确保永恒幸福的简易方法》，这个题目足以令一个冉森派教徒一跃而起，同时也证明"宗教变得温柔、平和"了。艾克斯主教布瓦热兰还说："18世纪的色彩与早先的时代不一样了。"宗教正在摆脱铺张炫耀的做法，并逐渐与道德合而为一。这可能是怀疑主义发展的最重要的征兆。在《论怀疑》一书中，勒弗朗·德·蓬皮尼昂写道，以前无信仰者的"怀疑"，是笼而统之的，但现在所谓的"怀疑"，已经开始分门别类、巨细无遗了。

不过也不能过分夸大这一特征。基督教尽管不像看上去那样统一、古老和稳定，但它仍然是几乎一致接受的世界秩序的定义者。伏尔泰的影响也许在精英中传播，但大众依然过着宗教的生活。至于教士，也许对他们影响最大的是一场既分离又融合的双重运动。与两个世纪前相比，在革命前夜，教士群体与社会其他群体的距离更大：教士的穿着、行为准则和知识水平，使他们与众不同。一个有知识的人，生活在一群没有知识的人中间，很可能会断然拒绝大众的习俗，而导致信徒对宗教的漠视；他还提出更高的要求，反而可能造成教会与教众之间在道德上的嫌隙。但是，18世纪的教士们也全心全意投身社会福利事业。教士有一些新的职责，例如慈善、救济和教育，这又使得教士与教区人民的联系较以前更紧密了。在世俗的共同体中，教士既是陌生人，又是其中的一分子，在涉及宗教仪式的问题上，教士是苛刻严格的，在涉及追求尘世幸福的问题上，教士又是宽宏大量的，恰恰是在这个看上去有些矛盾的环境中，教士能够达成某种平衡。但是革命破坏了平衡：它强迫教士与社会融合，结果导致了教士与社会的分离。

在这个长达数个世纪的演进过程中，大革命首先标志着节奏的变化。从制宪议会一开始的举动到《教士公民组织法》的出现，紧接着又产生了一系列的立法举措，这可能使人们怀疑议会对天主教怀有敌意。1789年8月4日之夜之后，议会废除了什一税，而且与其他封建权利不同，什一税不需要赎买。11月2日，议会又将教会财产充公，以减少政府赤字。在上述两个事例中，剥夺的理由是，教会对这些财产没有所有权，而只是出于履行教育和救济等传统职责，对这些财产拥有使用权。1790年2月，议会还出台了一个关于僧侣宣誓的法令。这些法令都没有引起真正的冲突，教会确实习惯了屈从政治权力的法令，只是如今不再迫于王权的钳制，而是听命于以享有主权的人民名义发出的法令。

不安的情绪一开始出现在这样的地区：有少数顽固的不同政见者的地区，这些地区有富裕的新教徒资产者，他们面对着一群贫穷的天主教徒，后者还为反革命分子所鼓动。而天主教徒的愤怒产生于1790年4月份，当时热尔勒长老提议将天主教设为法国国教，结果遭到了议会否决。提议一出，高层教士立即表示支持，而议会中的一些冉森派则予以谴责，称其为陷阱。然后，名副其实的陷阱真的开始到处出现，在朗格多克、普瓦图、蒙托邦（5月）、尼姆（6月）等地都爆发了流血冲突，仿佛内战即将来临。

不过，在批准《教士公民组织法》的艰难历程中，冲突还没有真正显现。教皇不情愿的态度创造了一个真空期，他在8个月之后才对这个法令做出负面评价，而法国的主教们从一开始就声称要等待他们的精神领袖的意见以遵从之。1790年11月26日，议会坚持要求所有教士宣誓效忠宪法，这就意味着肯定要效忠

《教士公民组织法》，而且教士必须在弥撒结束时，在广大信徒面前公开宣誓。各地市政府开始筹备仪式并确认宣誓。宣誓时总是争论不断，因为教士宣誓时常常夹杂了一些评论，多少改变了宣誓本身的含义，甚至出现撤回誓言的情况。这些混乱的操作结束时，法国的世俗民众擅作主张地赋予自己评价教士宣誓效力的权力，将法国教士分成两类：一类是宣誓的教士，另一类是抗拒派教士（估计人数占全部教士的45%左右）。事实上，宣誓还造就了第三类教士：这类教士宣了誓，但是拒绝接触任何替代原来抗拒派教士的新教士，这些新教士被蔑称为"闯入者"。

蒂莫西·塔克特（Timothy Tackett）最近研究了教士宣誓或不宣誓的动机何在，哪些教士顺从了，哪些拒绝了，以及哪些地区的教士最有可能配合。在可能促进教士宣誓的各种原因中，经济因素是显而易见的：在西部，教士相对富裕，很多人就拒绝宣誓。另一方面，在巴黎盆地香槟省和法国中部地区，贫穷的教士就顺从了。另外，一个地区的教士队伍的组织性如何，影响也很大。如果教士感到身后有一个紧密团结的群体在支持自己，自己并未被评判（在城市里教士面对评判就比较多），他就会逃避宣誓。还有一个重要因素，就是这个地区的宗教环境，如果这个地区有一个强大的新教群体，那么天主教教士是不愿意当着敌人的面宣誓的。最后一个同样重要的因素是大众的态度。不能说教士的选择完全反映了地区群体的态度，但值得注意的是，当年宣誓教士与抗拒教士的地理分布，在很大程度上与20世纪60年代法国宗教活动的地区分布一致，当年教士大多拒绝宣誓的地区，即法国西部、北部和东北部，以及中央高原的东南部地区，到20世纪还是遵守教规的地区；相反的，当年教士宣誓居多的地方，例如巴黎盆地、中部地区、中央高原的北部，20世纪的宗教活动就相对比较少。尽管各地具体情况差异很大、十分复杂，并且教士宣誓本身也是一个史无前例的事件，但是它确实造成了深远的影响，使国家分化成支持教权的法国和反教权的法国。这意味着，教士个人选择的重要性降低了，而当地信徒的宗教态度更重要了。

无论如何，第一轮革命冲击的代价是昂贵的。替换掉80个不愿宣誓的主教还算简单，但要找那么多新的教区神甫就难了。有些被选派的神甫拒绝履职，有些神甫则遭到了当地民众的抵制，对于一些找不到替代者的位置，制宪会议不得不留下了一些抗拒派教士。是不是这种僵局导致了未来的非基督教化？有人可以说，这场危机只影响了教士，即信徒的引领者，但基督教感情不受影响。但是，我们且不说相互竞争的教士会引起混乱，单说教会世俗化、选举神甫和主教的过程，这难道不会动摇人们传统上对于教士的依赖和敬重之情吗？如果一个教士同时也是公务员，那他是躲不开争议的。

然而，因教皇和法国议会之间的僵持对峙而引发的混乱，与其说是有意识的非基督教化造成的，不如说是种种愚蠢积累的结果。但一年之后，政府敌对教会的意图就很明显了。8月10日之后，政府决定将抗拒宣誓的教士驱逐出境，以免他们影响选举。更重要的是，公民身份的世俗化，亦即建立民事登记部门。这一次，政策对于宣誓的教士打击最大，以前他们保管着教区的登记簿，这些记录用于圣事，因此教士们丧失了一项重要的职能。在宣誓的教士中间，这是个新裂痕。此后，只有民事契约才能使婚姻获得合法性，只有国家可以决定，哪些因素是婚姻的障碍，所以离婚和再婚都变得可能了。修士、教士的婚姻也都是合法的。这是对整个教会法的蔑视。宣誓的主教们又在这个重大问题上产生了分歧，法令颁布（1792年11月24日）才一个月，厄尔省主教兰代（Lindet）就娶了妻子，而其他主教如格雷古瓦和福歇则争相宣称，圣职戒律不可触犯，它使神职人员的婚姻无效。但所有人都将世俗化看作未来激烈的非基督教化的预兆。

共和二年初秋，各省涌现出了激烈的非基督教化浪潮。尽管罗伯斯庇尔自霜月起就采取了行动，遏制其发展的苗头，但是这股浪潮在偏远地区蔓延到第二年春季。根据地区和个人的不同，具体的强制方式也有所不同。有些地方的教士被强制还俗，他们被剥夺职位，往往随后结婚；有些地方教堂被关闭，并禁止礼拜。教堂的银器和大钟被充公，被投入"民族的熔炉"，为战争做贡献。还有一些地方出现了破坏圣像运动，抢掠教堂贵重物品，以及捣毁绘画和雕塑的事件。米什莱后来称之为"圣像的第二次九月"[①]。还出现了反教会的化装舞会，基本上法国到处都想用革命仪式取代基督教礼拜。在此图景中，可以想见各种程度的暴力。在集体记忆中主要保留了那些冒犯的场景——让人想起宗教战争的景象：圣徒像被锤子击碎，教士袍被扔进火堆，神甫把自己的委任状烧掉之后，被迫骑上驴子倒着游行。也有些地区相对和平，人们把礼拜的物品上交当地政府。

---

① 此处九月指代1792年的九月屠杀。

这些事件到底是谁发起的，谁参与的？除了不反感非基督教化的米什莱和基内（尽管前者觉得非基督教化来得有点晚，后者觉得非基督教化走得还不够远），历史学家们对此大多持不赞许的态度，他们感到事件中有政治派别的阴谋。以阿尔贝·马迪厄（Albert Mathiez）和达尼埃尔·介朗（Daniel Guérin）为代表的历史学家，还有罗伯斯庇尔本人，都指认了罪魁祸首，就是一群围绕着埃贝尔派的无耻的冒险家和外国人，他们还指明了这些可疑分子的犯罪动机，正如罗伯斯庇尔所痛斥的：希望通过动员民众中的拥趸参与非基督教化的战斗，从而转移人们对其贪污挥霍行为的注意力。赞成这一政治观点的人显然大大简化了这场事件，也简化了特派员在其中所扮演的角色。这些特派员在各地挑起这场运动。迪蒙在索姆，富歇在纳韦尔都组织过异教徒的仪式，而且早在标志非基督教化运动开始的场景出现之前就有过破坏基督教传统的场面：即共和二年雾月17日巴黎主教在国民公会著名的会议中郑重宣布弃绝圣职。杜蒙、富歇这样的人被派往外省与联邦主义作战，他们同时也将非基督教化变成了一场"运动"，他们所到之处，非基督教化的运动也随之发生；这场运动的暴力与系统性取决于他们个人的斗志。外部因素的介入有利于非基督教化模式触及那些原本无法自行非基督教化的民众。因为革命军队被派往各地确保沟通畅通以及食物的征调，他们即便不是非基督教化运动的始作俑者，也至少为这场运动提供了有力的支持。这解释了为什么非基督教化浪潮会沿着革命军队行进的道路发展，从市镇到乡村，而一些很难抵达的山区地带，就没有受到影响。所以，非基督教化运动来自外部，被波及的各地区对于这场运动是陌生的，而运动本身也是人为的、强制性的。这场运动起源于政治倡议，最后也结束于政治倡议。罗伯斯庇尔霜月1日出手干预，迅速得到了丹东的支持，第一次叫停了非基督教化运动，令无套裤汉们张皇失措。花月18日的报告定义了"宗教思想和共和原则的关系"，预示了最高主宰的到来，决定性地结束了这场运动。

这种政治角度的解释否认民众运动在非基督教化过程中拥有自主性，不过今天一些历史学家颇为反对这一解释，他们普遍试图重建草根阶层在运动中扮演的角色。这种重构的关于非基督教化具有自发性的解释，不值得我们浪费时间。为了抹杀罗伯斯庇尔最早遏制非基督化运动的作用，似乎只须把他看作一个聪明的解读者、民众情感的破译者，据说"从芽月之后"民众心中的神圣事物复苏。这种假说的价值在于它将花月18日报告看作源于民众深层需求的表达。但这种说法不值得关注，因为究竟是什么样的宗教情感能在几个月里沉睡抑或苏醒？对于群众积极参与这场运动的观点，我们能以更为合理的方式为之辩护。至少有另外两种路径。

第一，我们可以考察，除了外来的特派员和革命军队士兵，涉及非基督教化的地区中还有哪些参与者是相对属于本地区的，群众社团和当地军队中有哪些活跃分子，他们的积极参与（有时过于热情，他们的举动会超过特派员的要求），能够解释为什么有些偏远闭塞的乡村也深受非基督教化运动影响。这与前面的描述不同。我们似乎可以合理地总结，一个地方如果既有上面下达的指令，又有来自下面的支持，那么此地的非基督教化运动就会特别激烈。然而，不要误会我们这里所说的"下面"：它是指地方的参与是由群众组织中的积极分子完成的，其中往往鲜有"民众"，而是那些擅长演讲，擅长引导、说服他人的少数活动家。

还原民众角色的第二种方法是，考察非基督教化的地域分布，就像针对宣誓问题所做的那样。非基督教化的地域分布不像特派员与革命军突击队沿公路行进那样随意。米歇尔·伏维尔研究了法国东南部的教士辞职潮，并且指出了三个地区的特点。在第一个地区，即法国中部，大量的教士已宣誓效忠《教士公民组织法》——这是宗教情感比较淡漠的首要表现，这里的非基督教化现象十分突出，而在19世纪和20世纪，这里也是宗教仪式的荒漠地带。第二个地区为山区，即阿尔卑斯山区和中央高原边缘地带，这是造反的地区：各地宣誓情况不尽相同，其中一些地方接受了宣誓，另一些地方则拒绝了。在这里，非基督教化运动往往非常暴力，但仍是一小撮积极分子策划的，没有得到民众的支持。而那些拒绝宣誓的地区，到了19世纪其宗教热情依然很高。最后一个是由罗讷河谷、埃罗省和加尔省组成的混合地区，各地宣誓情况也不一样。非基督教化的压力在各地分布非常不均，直到19和20世纪，该区域内各地的宗教行为差异依然很大。地域上的连续性意味着要以相对的眼光看待非基督教化事件。我们可以由此推测——这也正是米歇尔·伏维尔的观点，革命中的非基督教化运动造成的创伤不像人们通常想象中那么大，因为它是长时段的非基督教化进程的一部分。这些迹象可能使人看到各地的差异，但不能否定这场运动普遍的进攻性以及来自外部的强加性。

这场运动是被强加的并不意味着它没有产生后果，它迅速开始，但不会被迅速遗忘。短短数月甚至数周的非基督教化强制措施造成了深深的印迹。在革命军突击队寻找的"外部标志"中，有多少教堂尖顶、十字架、门廊和圣像被毁于一旦？多少教区失去了住持教士？除了拒绝宣誓与移居国外所造成的损失外，还有20000多名教士放弃了自己的神职，尽管后来法国教会尽力召回，也没能完全弥补损失。在严重缺乏神职人员的情况下，很多人就会习惯在家里进行礼拜，从而削弱了人们对于教阶制度的依赖，这并非无关紧要。更值得注意的是，反对非基督教化的民众运动主要是由妇女发起并领导的。正是妇女们率先决定抵制宣誓教士。主教格雷古瓦抱怨，他那宣誓效忠《教士公民组织法》的教会已被"放荡、骚动的女人们勒死了"。正是妇女们在圣器房门口扎营，保护圣体盒，收回她们的教堂钟，痛打行政人员。妇女拒绝接受共和历，也拒绝用革命仪式替代基督教礼拜。正是她们的反抗，赋予19世纪的法国天主教会一个女性化的形象。

暴力事件一旦结束，一段混乱的时期就随之而来。罗伯斯庇尔尽全力结束了非基督教化运动，这场运动在政治上的失策令他担忧，其好夸耀的特质也使他反感。当罗伯斯庇尔在热月9日倒台后，继任者们是坚定的反教会分子，还参与过非基督教化运动。虽然这些人信奉伏尔泰，但他们上台并非就标志着伏尔泰的影响胜过了卢梭。回归自由，这既是热月党人政策的逻辑，也是当时舆论的意愿，其中包含了恢复宗教自由。此外，这对于和解而言似乎也是必不可少的。于是，热月党人的国民公会不情愿地接受了宗教信仰自由，并且同意尝试政教分离：教士薪资不再由政府发放；教会可以有更多的场所；不再攻击宗教的"外部标志"。终于，天主教信仰可以重见天日了。尽管那些领导人非常想把宗教仪式限制在私人小礼拜堂里，但一些教堂还是重新开放了。在督政府时期，议会的宗教政策并不连贯一致。有时候，它睁一眼闭一眼，允许某些堂区恢复礼拜活动，教堂重新开放，教堂钟声也重新响起。对"安分的教士"实行抚慰政策。但有的时候，特别是在共和五年果月之后，对教会的迫害又死灰复燃。教士们又再次被要求宣誓，其中要求宣誓者承诺"憎恨王权和无政府主义"，宣誓教士因此得到绰号"憎恨者"。伴随着教士宣誓，以及政府可以驱逐扰乱公共秩序的教士，大革命又复苏了，除了没有恢复恐怖统治，因为对于当局的服从是形式上的，并不走心，处决非常少见，但政府具有随意性。在充满斗争气息的环境中，法国天主教会并没有获得任何特殊照顾，一方面它要与罗马天主教会对抗，另一方面它还要抵抗大革命构想出来的替代性宗教。不过革命者的新宗教从来就没有站稳脚跟（米什莱悲哀地说，革命关闭了基督教的教堂，但没有打开圣殿的门）。同时，农民对于"共和制度"的抵制也从未消失。共和七年获月，布莱·德·拉默尔特（Boulay de la Meurthe）表达了一种普遍的看法："与一切自由观念相比，民众更看重宗教信念的独立性。"由此他预言，"如果一个篡位者足够聪明，即便他力量有限，只要他确保人们的宗教自由，他就能获得支持。"这正是波拿巴的过人之处，他从执政府初期就是这么做的，甚至在提出对宗教问题的整体解决办法之前，他就通过妥协的姿态表示政府放弃了一切推行非基督教化的想法。

96

革命的实验毫无光彩地落幕了，这可能使人得出这样的结论：革命期间的宗教政策很少残存下来，所谓的"革命的非基督教化"也没太大的意义了。

然而，如果我们把"非基督教化"看作去教会化，那么这个表述显然仍有意义。成千上万的教士移民了，很多人辞去神职，往往再没有回来；另有成千上万的教士留下了一片废墟：没有神甫的教区，被遗弃的本堂神甫住宅，缺乏圣事的信众。如果非基督教化意味着世俗化，那么这个表述也是有意义的。教会无法再主导社会活动，它再也无法控制个人的生活，并且神职人员的民事登记权被取消，对教会来说这是一个无法弥补的损失。如果将非基督教化看成宗教活动的减少，那么这个表述始终具有意义。革命加大了男性与女性在奉行教规方面的差异，男性加速脱离复活节圣餐仪式，并由此开启了19世纪乡村社会生活分庭抗礼的两极：女性的教堂和男性的酒馆。宗教的地域分别也肇始于此时，例如在旺代等地，对宗教的打击往往加强了人们的地域认同感；相反，在有些地方，人们完全不在乎教士的缺席和弥撒的中断，也就悄无声息地放弃了宗教仪式。一位替代前任流亡主教接管利摩日主教区的宣誓教士曾这样描述督政府时期他眼中可怜的信众："当我们劝说他们做一名基督徒、一名天主教徒，他们给出的理由是要等合法的神甫回来，自己才能忏悔和领受圣餐，即便在复活节也是如此。但其实这都只是借口。1795年，他们恳求教士回到教堂，看起来还充满热情，但得到回应时，他们也不来了。很多人快去世的时候才接近圣事，上帝知道他们是怎么接受圣事的。"一位勃艮第的市长发现:"超过三分之一的居民都不过安息日,在弥撒和晚祷期间,他们都去酒馆里打牌。"在法国很多地区,革命意犹未尽,人们对宗教仪式淡漠,参加宗教活动也变得时断时续,就是从此时开始的。而那些没接受过宗教指导的儿童,以及不断推迟的洗礼,都是这段历史的进一步佐证。

不过,如果我们将非基督教化理解为宗教情感的丧失,这个问题如果不是根本无解,也不那么容易回答了。有人甚至认为革命重新点燃了宗教热情。议事司铎迪沙斯塔尼耶写道:"恐怖统治时期的弥撒非常美好,前所未有(……)。罗伯斯庇尔把很多人送进了天堂,净化并挽救了法国的宗教,很多无知者还误以为他毁灭了宗教。"然而,这种说法是用左手拿走了给予右手的东西。因为这种观点认为,这场奇迹般的精神复兴,是由于基督教群体摆脱了那些浅薄的、因循守旧的教徒,社会生活已经不再有宗教性质了,宗教恰好与其分家,独立出来。换句话说,这是为宗教意愿的愈益个人化付出的代价。这也是为信仰付出的代价:它从未停止对于法国政治施加影响,如斯塔尔夫人所言:"自由之友人似乎是宗教之敌人。"这就意味着,新原则与旧宗教水火不容。对于这一观念,许多人难以接受,他们认为,所谓自由和平等是福音书的价值观运用于公民生活的结果;革命之初,在多数革命者看来,这一观念是荒唐可笑的。但是,大革命的进程使这一观念变成了活生生的现实。

莫娜·奥祖夫

参考文献

Annales historiques de la Révolution française, n° 233, juill.-Sept. 1978, numéro spécial sur «La déchristianisation de l'an II».

COBB, Richard. *Les Armées révolutionnaires, instrument de la Terreur dans les départements, avril 1793-floréal an II*, 2 vol., Paris-La Haye, Mouton, 1961-1963.

DELUMEAU, Jean. *Le Catholicisme entre Luther et Voltaire*, Paris, Presses universitaires de France, 1971.

DUPRONT, Alphonse. «Vie et création religieuse dans la France moderne (XVIe-XVIIIe siècle)», in Michel FRANCOIS (sous la dir. de), *La France et les Français*. Paris, Gallimard, «Encyclopédie de la Pléiade», 1972.

GROETHUYSEN, Bernard. *Origines de l'esprit bourgeois en France*, t.1, *L'Eglise et la bourgeoisie*, Paris, Gallimard, 1927.

HUFTON, Olwen. «The Reconstruction of the Church», in Gwynne LEWIS and Colin LUCAS (sous la dir. de), *Beyond the Terror: Essays in French Regional and Social History, 1794-1815;Essays for Richard Cobb*, Londres, New York et Melbourne, Cambridge University Press, 1983.

LEFLON, Chanoine Jean. *La crise révolutionnaire, 1789-1846*, t. 20 de *L'Histoire de l'Eglise depuis les origines à nos jours*, fondée par Augustin Fliche and Victor Martin, Paris, Bloud et Gay, 1951.

PÉROUAS, P. Louis. «Sur la déchristianisation. Une approche de la pratique pascale sous le Directoire. Le cas de la Creuse», *Revue d'histoire de l'Eglise de France*, n° 189, Juill.-déc. 1986.

TACKETT, Timothy. *La Révolution, l'Eglise, la France*, trad. de l'anglais par Alain Speiss, préface de Michel Vovelle, postface de Claude Langlois, Paris, Cerf, 1986; éd. Originale : *Religion, Revolution and Regional Culture in Eighteenth-Century France:The Ecclesiastical Oath of 1791*, Princeton, Princeton University Press, 1985.

VOVELLE, Michel. *Religion et révolution. La déchristianisation de l'an II*, Paris, Hachette,1976.

参见条目

俱乐部及民众社团（Clubs et sociétés populaires）

教士公民组织法（Constitution civile du clergé）

埃贝尔派（或科特利埃派）（Hébertistes（ou Cordeliers））

启蒙（Lumières）

内克（Necker）

革命宗教（Religion révolutionnaire）

罗伯斯庇尔（Robespierre）

雾月十八日
Dix-Huit Brumaire

对于历史影响巨大的雾月十八日政变,可以从两个角度加以分析。或者视之为形势发展的必然产物:督政府倒台是由于其威信丧失,而这也使得政变事先就为人所接受,因此政变行动上的拙劣并没有阻碍其获得成功。或者视之为一场阴谋:因1799年秋天的局势而命运交织的两位男子策划了这一阴谋,一位的命运终结了,而另一位的命运则刚刚开始:西耶斯和波拿巴,分别代表着共和国的过去和未来。历史学家还可以认识将这两人联系在一起的必然性,正是这种必然性超越了两人密谋深处隐藏的隔阂。

首先来看西耶斯。他的地位乃实至名归。西耶斯曾任夏尔特尔的代理主教,1789年时已41岁。在被巴黎第三等级选入三级会议之前,他已在旧制度最后一个秋冬之际发表了那些著名的小册子,从而给大革命下达了最初的指令。西耶斯不仅是制宪议会中的立宪预言者,而且是勤勉的、有影响力的国民公会议员,投票赞成处决国王,支持驱逐吉伦特派,在罗伯斯庇尔专政的最后几个月里谨慎地保持沉默,甚至缺席会议。热月将他重新置于前排，不过是与其他很多人一起：共和三年宪法的制订过程中，西耶斯于1795年夏天发表了两次重要演说，但是宪法最终与其整个设想并不一致。1795年10月31日，全新的元老院选举西耶斯为督政府成员，但是他拒绝了，理由是自己成为了不信任的对象。可能他是想等待未来去除集体领导的时机，或是一部更符合自己愿望的宪法。作为五百人院和学士院（Institut）成员，西耶斯仍然抱有仇视贵族的一贯激情，他支持针对保皇派的共和五年果月政变（1797年9月），清洗议会和采取例外措施。但是他的愿望迟迟未实现。1798年5月，他等来了新的职位：驻柏林大使，在这个位置上他待了一年。最后，1799年5月，他的时刻，尽管短暂，终于来了。西耶斯被选入新的督政府，以接替勒贝尔。他接受了任命，并在几个星期后占据了政府主要地位。西耶斯首次掌握了权力，而这已是其辉煌的革命政治生涯开启之后近十年了。

他的力量首先来自对手的衰竭。"发动"果月18日政变的督政府成员们可能是已挽救了共和国，但是却付出了怎样的代价啊！他们都是共和国的重要公仆，但却使这一政体名誉扫地。专断、恐怖、迫害教士，这一切都重新唤起最可怕的回忆。依据政府的命令，1798年春天当选的众多议员本应在花月（5月11日）被取消资格。从柏林回来的西耶斯，得益于从一开始就与宪法保持的距离，以及长期缺席议会会议。1799年4月选举结果有利于左派，加之此前的3月与奥地利的战事重启，这就使得维护革命果实的强人登上权力舞台成为可能，也比以往更具必要性。尽管西耶斯是共和国的最后一张牌，但却是最大的一张牌，因为他也代表了对制度的修改。革命党人欢迎西耶斯，如邦雅曼·贡斯当在1799年5月8日（共和七年花月29日）致西耶斯的信件中使用的美妙词语："我把您的任命看作共和国最后的希望，这个可怜的共和国18个月以来一直在反对不道德和愚蠢行为……1789年创造了公共舆论的人，在十年后自然将恢复这一舆论……您比大革命以来的人更强有力，更关注总体愿望，更享有普遍信任，整个法国都已厌倦平庸和腐败，整个法国都渴望美德和智慧……"邦雅曼·贡斯当有些夸大其词了，透着谄媚和一厢情愿："整个法国"，这太夸张了；范围更小一些的"他的"法国，即革命后精英的法国，确实是站在西耶斯身后的。

事实上，西耶斯通过依靠议会多数的支持来确立自己的权力。这是前一年花月的报复。这一次，议会两院攻击督政官们。牧月，他们取消了特雷拉尔（Treilhard）的职务（6月17日），代之以国民公会时期的司法部长戈耶（Gohier），此人虽平庸无能，但却"属于左派"。次日（6月18日，牧月30日），他们又获得了拉勒韦利埃-勒波和梅兰（Merlin）的辞呈，代之以前国民公会议员罗歇·迪科（Roger Ducos）和西线军团指挥穆兰将军。此前的督政官只剩下巴拉斯（Barras），而他已然威信扫地，不再具有影响力了。另外，巴拉斯也是前国民公会议员，因而与西耶斯有共同的利益。

在随后的7—10月，这位前教士领导着督政府，成为政治舞台的主宰。当然，即使是在1793年的幸存者那里，西耶斯也非毫无争议。春季选举中当选的"新雅各宾派"，在五百人院里大声疾呼"救国"，其理由是法国军队在德国、意大利和瑞士遭受的失利。他们要求对集体征召入伍、人质法、向富人强行借债等举措进行投票表决,这些不过是借助历史记忆的夸夸其谈而已,没有超出议会左派的小圈子。然而,西耶斯最终并没有回到要复活共和二年的心态! 1799年西耶斯的想法与1789年或1795年的想法一样:为革命中的法国提供一个运转有序的国家、一部好的宪法,所有公民都视该宪法为自己理性的集体形式。聚集在他周围的是那些革命政治的幸存者,他们与西耶斯有共同的经历,并关注着他,这些人稍后被称作"雾月党人":内政部长康巴塞雷斯(Cambacérès)、警察总监富歇,刚刚从外交部长离任的塔列朗(Talleyrand),以及中间派热月党人、西耶斯的学士院同僚多努(Daunou)、布莱·德·拉默特、马里-约瑟夫·谢尼埃(Marie-Joseph Chénier)、罗德雷(Roederer)。

西耶斯确实是这些人的首领吗?没有人知道,也可能永远不会有人知道。为人诡秘也是他的政治风格的一部分。这也是为什么西耶斯的同时代人和编年史家们,把各种谋划都归结于他,甚至包括为某位支持立宪的亲王复辟君主制。可以确定的是,西耶斯想终结督政府体制,最终确立自己的宪法。要达到这一目的,唯一的方式就是着手进行一次内部的政变:因为公共舆论过于变化无常且分歧重重,而且对于那些十年来亲身经历一个接一个的政体并幸存下来的老政客们,过于敌视,以至于不愿意看到西耶斯接替巴拉斯。继许多人之后,这位"1789年人"重新捡起无休止的"结束革命"计划,只是在他的同侪中受欢迎,就像一个破产管理人成为最后的希望。他并没有得到人民的支持。

正是托克维尔于1852年撰写的有关这一时期的两章里,发现了描述此时法国人精神状态的最好语句:"不再是共和的国家如何依然是革命的"。事实上，法国不再是共和国了（尽管它可能从来也不曾是共和国），因为诞生于共和三年宪法的政体，曾被设想赋予共和国一套运转有序的制度，但事实上并未能消除关于与救国委员会的专政紧密相连的无政府和恐怖的记忆。相反，国民公会成员们自身得以幸存，是通过采取那些与法治原则、"三分之二的法令"（即每次选举保留三分之二的议员）相反的措施或行动，即共和五年果月18日政变、共和六年花月政变、共和七年牧月政变等等。专断、不稳定，可能也难以生存的共和国，使得雅各宾式的指手画脚和恐怖的幽灵突然重新出现。更糟糕的是，从另一方面来说，它不再是抵御反动派的盾牌：1799年春，朱安党人的叛乱之火在西部和南部地区重新燃起。然而，18世纪最后一年的法国人，已经与19世纪的法国人一样了：与大革命的"成果"紧密联系在一起，这些成果既是精神上的，也是物质上的，那就是平等的公民权与国有财产；厌恶回归旧制度的想法，因为这将使得路易十六的兄弟和绝大多数流亡贵族继续统治。

依然坚决仇视贵族制的西耶斯，与广大法国人民一样具有上述这些情感。然而，1789年十年后，在大众的眼中，他不过是前国民公会成员的代理人而已。由此，波拿巴出现了。

波拿巴本人并没有真正参加大革命。很奇怪的是，大革命向有才能者敞开职业大门之后，这位科西嘉青年军官的舞台在很长时间里依然是科西嘉。1789—1793年，波拿巴的注意力还是在科西嘉岛及其参与的小团体间的斗争。他仍然是一个偏僻世界的孩子，既不会为旧制度的倒台感到丝毫惋惜，也没有投身维护1789

年的成果。当西耶斯在其40岁的那个冬季成为大革命的预言家时，波拿巴还只是个微不足道的炮兵军官，刚刚成年，与国家事务毫无关系。正是1793年4月保利领导的反对法国的起义成功，打碎了波拿巴家族与科西嘉的联系；因为亲法而被放逐的这一家族，带着武器和行李在土伦登陆，因为被强制流放而获得了法国国籍，然后才为处于危机的祖国投身战斗。

由此青年拿破仑很晚才成为革命新贵：开始是在马克西米利安·罗伯斯庇尔和奥古斯丁·罗伯斯庇尔兄弟领导下，随即在热月之后，成为巴拉斯的亲信。尽管拿破仑是在收复土伦之后，被罗伯斯庇尔兄弟任命为将军的，但是他毫不犹豫地为热月党人效力，就像他在葡月13日（1795年10月5日）所展现的那样。尽管这些年拿破仑与国民公会幸存者联系在一起，不过后者对他的不信任并没有在这些年中被打消：他的情况过于模糊，很难引人注意；他的军人色彩太重，难讨这些幸免于难的政客的喜欢；他的个性过于怪诞，难以融入他们的沙龙。拿破仑的光彩是另类的，而且尚在等待时机的到来。罗伯斯庇尔派和热月党人确实促成了拿破仑当时所取得的成就。但是拿破仑的辉煌则来自于他自己。

1796年拿破仑征服了意大利，他在这一年里所取得的胜利和展现出来的才华，与督政府成员在使共和国扎根于法国人心中所表现出的无能形成鲜明对比。从春天开始（确切说是从5月开始），拿破仑·波拿巴在其位于米兰的蒙特贝洛宫中决定要夺取政权："迄今为止，我所做的什么都不算。我的职业生涯才刚刚开始。你们以为我征服意大利是为了给督政府中那些律师们、卡诺们、巴拉斯们挣得声誉吗？你们以为这也是为了建立一个共和国吗？多荒唐的想法！一个三千万人的共和国！靠我们的风俗和恶习！这可能吗？法国人痴迷的是一个不切实际的空想，但是它和许多其他事物一样，也会消失。他们需要荣耀和对虚荣的满足。但他们对自由一无所知。……"改变共和三年的体制，这是年轻将军在西耶斯之前很早就考虑的事，而且是采取其他方式……

从18世纪的著作中，拿破仑了解到，共和制不可能在一个大国里存活，也不会有美德。然而，从大革命中诞生的法国，就是一个大国，而且人们都醉心于个人安逸和致富：督政府的精英阶层在这一点上奠定了基调！贡斯当和斯塔尔试图用"代议制政府"理论来绕开这一经典分析，波拿巴则加入了源自另一传统并有益于其野心的民族心理成分：法国人的虚荣心，或者说，整体来看，他们有对光荣的渴望。如果这始终是民族的主导情感，而且即使在公民平等和新利益的环境中也是如此，那么作为一位新王，在民族的怀抱中得到养育，与它一起长大，保证它的成果，体现它的光荣，使它迅速忘却共和自由！这一权力哲学形成如此之早，将革命后的情感与统帅意大利军队的将军的意图和个性结合在一起。它是简单的，甚至几乎过于简单，然而又是巧妙的。一方面，是利益；另一方面，是民族的辉煌。

从意大利开始，波拿巴的民族声望通过这一双重魔法得以维系。在法国，伴随民主制产生的正是军事辉煌，而如此多有良知的人认为后者与现代社会是不适合的。战争已为恐怖统治提供了借口。它给共和国及其士兵罩上了光环。它在不知不觉中改变了大革命的性质。无套裤汉的公民美德被士兵的英雄主义所取代。

由此，军队逐渐成为革命者的最佳避难所；同时也成为有才能者的不受限制和快速晋升的场所，并为自古以来伟大年代的平等情感提供了一个宏大的分流渠道。时代的混合已使新生自由主义的思想家们不知所措，但却造就了波拿巴的成功。

意大利之后，年轻的英雄本应等待。巴黎的共和政府没有从他的胜利中重获力量。相反：果月18日（1797年9月5日）时，它只是在军队的帮助下，才战胜了新的保皇多数派这一对手。但是，波拿巴本人并没有卷入这一治安行动中；他派自己的一位副官奥日罗（Augereau）作为代表，去帮助奥什的军队实施这一行动。波拿巴不想卷入革命的内政中，而这是为了使自己更好地象征对外辉煌胜利。在巴黎，他代表着征服罗马，回到祖国，他是超越各党派的共和派，作为学士院的成员，与果月18日之后的各种政治阴谋和迫害都没有关系。

1798年7月，波拿巴出征埃及：风险测算之后，发现这是投放其从意大利获得的资本的好地方。然而，人们都知道，这次冒险并不成功，因为当8月1日纳尔逊令其舰队滑入阿布基尔湾锚地后，波拿巴马上就被困在其所征服的地方了。当他不在的时候，法国国内形势逐渐恶化，对外战争也重陷困境：春天遭受的战败使得"救国"呼声再次兴起，当然尤为重要的是让人认识到波拿巴不在的影响。当波拿巴1799年8月决定将远征埃及的军队留给克莱贝尔，自己回国时，西耶斯正在思考修改宪法的办法。

在这一时期的法国，只有军队是政变的物质支持和精神保证，从而能将革命从其魔鬼和敌人手中解救出来。果月18日已然证明了这一点。西耶斯也知道，并曾和意大利远征军的共和派青年将领茹贝尔谈过。但是，8月15日，茹贝尔在诺维战败身亡。西耶斯转而求助莫罗，后者尚在犹豫之时，波拿巴于10月9日在弗雷君斯登陆，在前往巴黎的途中不断受到群众的热烈欢迎。因此除了与他合作之外没有别的选择。两人被迫共同行动。

他们的支持者各不相同。这位"1789年人"（指西耶斯）只是革命的破产管理人。意大利的将军则仍然是民族荣耀的保管人。随着时间的流逝，前者在内部动乱中声名受损：1793年已使1789年名声扫地，国民公会议员们却还想始终掌权。相反，出生于洛迪的后者，从未自其意大利战争中获得的巨大声望中跌落：即使这次抛下军队临时从埃及回国，也不妨碍他在抵达法国后受到热烈欢迎。公共舆论这一民主社会新的神秘之神，毫不犹豫地倒向了一边。但是在激烈的争斗中，西耶斯与波拿巴一样是必不可少的：不仅因为他比其他任何人都更好地体现了大革命塑造的精英，这些精英们并不希望改变革命已经取得的成果；也因为他是政府中最重要的人物，身居最显要的位置，这是政变必不可少的"合法"外衣与便利条件。

这两人的目标相同吗？肯定不一样。西耶斯专注于自己身处其中的议会的前景。他比任何时候都更加是代议制政府的哲学家、立宪理论家、革命的看管者，并不断试图解决（看护革命）这一谜题。从这一时期开始，人们不断把各种立宪君主制计划归于西耶斯，如支持一位信仰新教的德意志亲王，或是年轻的奥尔良公爵。这一观念能在西耶斯脑中出现，是因为他想让共和国拥有一位独立于代议权力的"首领"。但是它并不是绝对必须的,因为在其计划中,这一"大选帝侯"(Grand Electeur)可以对所负责的事做出仲裁,任命两位执政官作为政府首脑,当然执政官也可以是他自己。此外,人们只是通过布莱·德·拉默特所做的与西耶斯谈话的记录了解到这一计划。可以确定的是,除了"大选帝侯"这一政权的最高法官之外,西耶斯对普选也持谨慎态度。通过"显贵名单"体系,人民不过是提供了那些有被选资格的人,而条件是由大陪审团或是元老院这样不得罢免的机构来选择他们:由此,共和三年提出的"宪法委员会"(jurie constitutionnaire)观念又重新出现,斯塔尔夫人在1798年的《当前形势》中也重复了这一观点。由此西耶斯可以相信其长期的立宪工作获得了认可:在1789年十年以后,通过代议制政府终结革命的机会变得前所未有地好。占卜者对那些制定共和三年宪法时没有听取自己意见的人实施了报复。

波拿巴则完全从政治视角看待局势:在他眼中,那些宪法更多的是记录,而非创造。他对舆论有感知,并且掌握了迎合舆论的方法:自其发布意大利战报以来,波拿巴已知道如何对法国人讲话。刚一回国,波拿巴就特别注意避免卷入派系斗争,以此维护其不受政治野心控制的民族英雄的形象。他所保持的简朴的军人做派,不仅对其平民角色没有任何损害,相反还赋予士兵回归以一种古代光环:正是通过胜利,而非手足之争,表明他属于大革命缔造的法国,这一法国是混合了所有党派、所有阶级的整体。新雅各宾派向波拿巴献殷勤,波拿巴则静观事变;波拿巴多年的保护人巴拉斯觉察到了局势的变化,也向他献殷勤,而巴拉斯可能还是有用的;议会中的右派向波拿巴献殷勤,他们希望波拿巴与西耶斯达成协议，但是波拿巴并不想表现得很着急。他耐心等待，也让人们耐心等待，就像意大利战争之后那样，他有意在学士院出现，与科学和思想的代表们接近，这些人是将他塑造成哲学和启蒙运动之友的最有力者。

与西耶斯的密谋是在雾月的最初几天达成的，这更多的是因为形势所迫，而不是两人间的信任。有两个人充当中间人的角色，一位是罗德雷，前制宪议会成员，革命寡头政治集团的智囊之一，兼具实践与哲学才能的罕见人物；另一位自然是塔列朗，刚刚卸任外交部长，更在伺机寻找未来的保障。在他们的帮助下，雾月事件的两位主角最终商议达成了密谋。"雾月18日之前的12天或15天里"，罗德雷讲到，"我每天晚上都去波拿巴住处，并曾和他有过一次单独谈话。波拿巴不想在没有西耶斯的情况下做任何事；西耶斯也未能促成波拿巴行动。所有人都睁大眼睛盯着这两人。我们被禁止进行任何单独会见和秘密谈话。塔列朗作为两者的中介人，协调要采取的行动与要保持的品行。我是负责商谈协议的政治条件；我在两者之间传递他们有关要确立的政体及各自在其中的地位的意见；换句话说，行动的策略由塔列朗负责，行动的结果则归属于我。"事实上，西耶斯也是一位身体力行的政治家，在这方面比波拿巴更为老到，或多或少强制实施了他的计划，目的是使得议会自行解除权力。但是波拿巴进行了重要修改：政变目的不是用西耶斯拟订的宪法取代共和三年宪法，而是组建一个三位执政官的政府，负责在议会两院成立的议会委员会的帮助下制定宪法。达成这一妥协之后，行动的时刻就来临了。罗德雷在其叙述的最后如此说道:"当波拿巴和西耶斯之间达成协议后,波拿巴就与立法团两院的主要成员确定了日期;这一日期就是著名的共和八年雾月18日(1799年11月9日)"。

严格意义上的阴谋是由两位主要合伙人身边的一小撮人制订的。围绕着这些人,存在一个数量较为众多的"雾月"政治团体,这一团体在元老院中占主导地位,在五百人院中的多数地位则相对不确定,他们构成了维护革命利益的重要派别,并且事先就同意来一场新的果月18日,如果这一次能够产生一个稳定的共和政权的话。阴谋分子们设想的行动分为两个时间:第一天,以存在"无政府主义"阴谋为借口,元老院投票决定将两院迁至圣克卢,波拿巴将军负责执行这一决定。次日,在圣克卢,两院投票决定自行解除宪法权力,让位于三执政官。

第一天,雾月18日,一切如预想的那样进展顺利。第二天,行动险些失败。

18日黎明即被召集开会的元老院,投票决定将两院迁至圣克卢,并将执行这一决定的任务授予波拿巴。五百人院在吕西安主持下于11点举行会议,已然表现出他们的敌意,但是并没有主动采取措施,而是休会至次日。在此期间,波拿巴在将军和士兵的簇拥下抵达杜伊勒里宫;西耶斯也赶来与其会合。按此前制定的计划,督政府应被控制。西耶斯及其替身罗歇·迪科策划密谋。巴拉斯同意在送交给他的辞职信(并附有一笔钱)上签字,退隐至其位于格罗布瓦(Grosbois)的城堡。剩下的戈耶和穆兰则曾以法律为依据反抗,在卢森堡宫遭军人看管。部长和公务人员们都已归顺，交易所行情上涨，巴黎到处都是罗德雷准备的布告，表明了行动的口号：拯救共和国！此外，上午在杜伊勒里花园，波拿巴在军队的一片欢呼声中，对前来探听消息的巴拉斯的秘书发表了经过深思熟虑的训诫，其中也表明了行动的口号："我留下的是什么状况的法国，我回来看到的又是什么样的法国！我留给你们的是和平，我回来却面对战争！我留下的是征服，回来却看到侵入领土的敌人！我留下的是满满的军火库，回来我却找不到一件武器！我留下无数从意大利带回的财富，现在我却发现到处都是抢劫的法令和悲惨景象！对于我所认识的十万法国人，我的辉煌功绩的战友们，你们做了什么？他们消亡了！"这一讲话中不断重复的"我"表明他是当天的中心人物……事实上，下午，波拿巴在杜伊勒里接见了所有归顺者以确定会面时间。

然而，第二天雾月19日，事情变糟了。全巴黎的头面人物都涌向圣克卢，并且形成了关于这一事件的不确定和阴谋的众多谣言。大量军队驻扎城堡周围。人民代表们对这一情景感到震惊，并开始担心一个新克伦威尔的幽灵卷土重来。当五百人院在午间开会时，新雅各宾派主导了会议。在"打倒独裁！"的喊声中，他们让每一位议员宣誓忠于制度。在他们的旁边，元老院没有前一天那么坚决：在这些议员那里，修补制度的观念重新占据上风，压倒了实行一次真正政变的观念。当天下午，波拿巴在对这些人讲话时表现不好，未能说服他们做出有利于自己的决议。对此托克维尔曾评论道："应该阅读这一不受欢迎的即席发言，从而看到这位杰出的天才在面对种种困难时如何挣扎，而那些想当众发言的俗人在面对这些困难时早就手足无措了；充满激情，但缺乏控制感情和表达自己思想的艺术，从而只会挤出支离破碎的词语；预先准备的思想在打算表达这一思想的人的头脑中没有留下任何痕迹，除了那些本应在最后总结时提出的引人注意的词组……"但是当将军紧接着出现在五百人院时，面对来自议员们的威胁，甚至可能遭到殴打之时，他几乎张不开口。他的副官们赶来救援，将其从雅各宾派代表手中救出。"逐出法外"这样的威胁，像国民公会鼎盛时期一样，是断头台的前奏。正是教士西耶斯提供了实用建议：出动军队。也正是波拿巴的弟弟，五百人院议长吕西安，首先在充满敌意的议会中赢得了时间，随即上马向军队发表了当日具有决定意义的讲话：五百人院议长本人要求士兵驱逐议会中的叛乱分子！最终一幕由妹夫勒克莱尔和未来的妹夫缪拉指挥：他们率领士兵在暮色中驱散了人民代表。

  重新变得顺从的元老院，依照西耶斯的安排行事：由西耶斯、罗歇·迪科和波拿巴组成的三人执行委员会取代了督政府。随后人们去吃晚饭。但是晚餐之后，吕西安又想要五百人院举行投票，以在政变之后赋予整个事件以合法性，而这是计划中曾有的。于是将散落在圣克卢各小咖啡馆中的一百多位议员重新召回，在烛光中结束了这艰难的一天，这一次依据规则进行了一系列投票：首先元老院取消了自己在下午做出的决议，然后让五百人院（或者那里剩下的人）做出提案，再由自己投票通过。这样，三位执政官将由代表议会两院的两个立宪委员会辅佐。顺带地，为了忠于传统，战胜者将62位议员逐出议会。凌晨两点，三位刚刚被授予权力的执政官，在吕西安·波拿巴面前宣誓忠于统一不可分割的共和国、自由、平等和代议制政府：虽然在两部宪法之间的这一新的中断时刻，宣誓这一革命习惯比任何时候都更为必要，但也只是在原则上使用而已。同样的场景在元老院也上演，当其选出两个立宪委员会，并拟订次日的公告之后。拂晓，所有人（平民和军人）回到巴黎。伟大的城市没有任何抗议。从罗亚尔宫开始的法国大革命，在圣克卢终结，好像它也效仿君主制的榜样，为了确立对法国的统治而离开巴黎。

在事件的幕后，当时最聪明的男子之一，也是西耶斯的亲信，甚至在政变完成之前，就马上明白了所发生的一切。19日上午，邦雅曼·贡斯当让人递给他的保护人一封短信："公民督政，在我们获得解救这一消息激起的最初的高兴之后，其他的想法在我脑海显现，可能我夸大了它们的重要性，但还是恳请您读一下：我相信这是自由的决定性时刻。人们提到议会休会，在我看来，今天的这一措施是灾难性的，因为阻止那位昨天与您联合的人的唯一障碍也被摧毁了，而这位人士对于共和国来说是危险的。他的那些宣言，只提及他本人，称自己的回归给人们以希望，相信他将终结法国的混乱局面，而我则比以往任何时候都更坚信，他所做的一切都只不过是为了自己地位的提升。对他来说，将军、士兵、贵族群氓，以及沉溺于激情的一切，都是力量的表象。您为之献身当然也付出很多的共和国，以及代表制，无论其好坏，始终恰当地对个人的计划设置了障碍……"

在有关议会的部分，这一信件有着和西耶斯一样的忧虑，但是当晚这一忧虑就已没有意义了：19日下午行动已经开始。在它的分析部分，尤其是关于密谋者间的力量关系的部分，贡斯当过高估计了自己的朋友在雾月密谋以及雾月之后的影响。他所谈论和面对的法国，是巴黎社会的法国，是学士院院士、议会议员、新贵资产阶级的法国，他们与贡斯当一样认同启蒙运动哲学和喜爱代议制政府。1795年以来贡斯当所喜爱的对话者是其想争取的立宪保皇派。对于民族的深层因素，他并不了解。如"民族辉煌"这一民族最强有力激情之一，是与军事荣耀密不可分的，但贡斯当对此一无所知。他谈及"贵族群氓"，因为在他头脑中，战争是与贵族的社会地位联系在一起的，由此他指出了波拿巴的民望，但是却曲解了其原因。因为这些喜爱华丽军服的场面和乐见孩子在军队中步步高升的"群氓"，并不是"贵族"，也并非所谓的反革命。向远征意大利和埃及的将军致礼的正是革命的军队。在长期掌握政权的那些政客中，群氓支持的人与西耶斯孰轻孰重？

但是在雾月19日上午所做的关于下午进程的判断中，邦雅曼·贡斯当已提前完全理解了这一事件：关键是代议制政府和政治自由主义的终结。随后发生的一切很快证实了他的担心，尽管他懦弱地作为法案评议委员会成员在其中发挥了临时作用。一方面，波拿巴与西耶斯之间力量相差悬殊。另一方面，波拿巴代表了一种新的政府形式：既是个人的，同时又以与民族的激情关系为基础。雾月政变之后的几个星期在执政府机构中展露出来的正是这种形式。

因为雾月18日政变是由得到军队支持的将军实施的，只可能采取军事政变的形式；它并不必然导致军官团体掌权和由军队统治。就其背景而言，这是一个设想出来的阴谋，是热月党政客们制造出来的，旨在在革命后的法国确保自己已获得的利益和制度的持续。在这一阴谋中，波拿巴在最后时刻取代了茹贝尔或是莫罗；虽然安排的变化改变了受益者的顺序，但是并没有改变政治用途。雾月之后西耶斯与波拿巴的斗争并不在于选择文官政府还是军事政府；问题在于应该建立何种形式的文官政府，从而确保革命后国家的政治和社会秩序。

与西耶斯一样，对于这一问题，波拿巴也没有经过长期思索之后的宪法层面上的回应。但是他明白这一问题的紧迫性和意义，这一点是与他的合作者一样，甚至可能更进一步的。他明白，这些胜利赋予自己的革命化身称号，要远胜于前教士的政治艺术所获得的类似称号，但条件是迅速重建国内秩序，这样才能在全国范围内开启自己的美好未来。尽管他没有专门研究宪法，但是他有政治头脑；他看到法国人已对无政府状态、藐视执政者感到厌倦，这使他们不可避免地要求那些在流亡中等待时机的王公贵族们回归。只有他可以在民族与民族的矛盾记忆之间加以调解；只有他可以同时做到确保1789年的成果和重新建立中央政权。舆论状况将波拿巴导向了其性格喜好的观念：共和君主制。

在政变后的几个星期里，两位战胜者之间的争论继续进行；而像此前几个星期一样，主要的中间人是罗德雷和塔列朗，此外还应加上布莱·德·拉默特和多努，后面两位参与了共和三年宪法的制定，在共和八年宪法的起草过程中也非常活跃。二人是雾月19日晚预设的由元老院和五百人院选出的宪法委员会的发言人。在这一时期里，从舆论对其角色的期待以及归顺他的人数来看，明显波拿巴是政变的真正胜利者。很快他开始强制实施自己的看法，因为作为任期十年的第一执政，强有力的行政权集中在他的手上，而另外两位执政则只能提供咨询。至于立法机构，它由西耶斯最初计划中保留下来的部分拼凑而成：议会、元老院、行政法院、法案评议委员会、立法团，这些在法律的制定中有各自的作用，其成员从人民选出的"显贵名单"中选择。由谁来选择？西耶斯已然被迫放弃行政权中的作用，因为只有一个人拥有行政权。由此产生这一设想：西耶斯任元老院主席，并受委托任命最初的元老院成员，随后元老院将任命法案评议委员会和立法团成员。由此西耶斯成为"议会的生身父母"（A.旺达尔语），革命政治幸存者聚集地的守护者。面对第一执政，热月党的代理人保持对立宪机构的控制，分派立宪机构的席位、安插自己的朋友、起草众多文本，代议制传统又重新出现。但是波拿巴已取得作为新人且满载荣誉的优势地位，能够随时召唤整个国家起而反对革命议会中名誉扫地的人。其合伙人获得的任命新议员的特权，其实也是一份险恶的礼物。

经由众多法国人投票而获批准的共和八年宪法，将其所具有的新原则与强大的行政权、虚弱的代议制（因为它已被分成几块，而且事实上不再通过选举产生）并置。从字面上看，它既不是君主制的，也不是专制的：第一执政也可以提出法案，但是他并没有这样做，而且也较少颁布法令。在法案评议委员会的建议下，元老院可以违反宪法的理由将政府法令或议会法令提交给他。此外，在政权的最初几个月里，政界依旧充斥着不确定、赌注和算计。只是在1800年6月中旬的艰难但却具有决定性的马伦哥战役胜利后，凯旋巴黎的第一执政才使密谋者和阴谋家消停下来。7月14日的盛大庆典使其成为共和国无可争议的领袖。他从民族获得的声望也赋予其民主层面的声望，而其对立面则是遭人蔑视的政治界的新任命的立法议会。只有他代表人民，在面对波旁王朝复辟或是重新革命的双重威胁时，能确保人民利益不受损害。

在代议制政府的失败与废墟之上，法国重新确立了一个作为民族意愿唯一代表的统治者，大革命就这样结束了。由此它展现出了最深层的特性，并在完全新的基础上再次接受君主制遗产。因为新的君主认为自己地位的上升只是由于自己的行动和人民的选票，而且他统治的是一个个体平等的社会，其中所有"贵族"团体已被摧毁：虽然民主制赋予他的潜在权力远远大于此前国王的权力，但是通过剥夺他的任期，民主制也可以使同样的权力变得非常虚弱。1800年8月2日，马伦哥战役后仅6个星期，罗德雷已向波拿巴指出缺乏继承人所带来的政治不确定性，并鼓吹实施有利于指定继承人的继承程序：与流亡的前君主制不同，只有革命的君主制能够保护1789年的孩子们！但是波拿巴回答道："关于这一问题我在马伦哥战役前后已做深入思考；我确信现存的不需要做任何改变……您不知道这就是政府，你们其他人，还有您对此并不了解；只有我，因为所处的位置，知道这就是政府。法国人只能由我加以统治。我深信除了我以外的任何人，无论路易十八也好，路易十四也好，在此时都不能统治法国。如果我去世了,这就是灾难!"

这就是通过波拿巴的首要地位所体现的雾月18日的终极意义:一个特殊形势和一位特殊人物的交集。这一交集的魅力,在舆论中是如此深远,并没有随着帝国垮台而消失。它滋养了整个19世纪法国反议会制潮流。直到1851年12月2日政变,才使得人们,包括很多共和派,开始质疑共和八年雾月18日产生的传统。

弗朗索瓦·孚雷

延伸阅读

BAINVILLE, Jacques. *Le Dix-Huit Brumaire*, Paris, Hachette, 1925.

CONSTANT, Benjamin. «Lettres à Sieyès», éditées par Norman KING et Etienne HOFMANN, *Annales Benjamin Constant*, 1983, 3.

LEFEBVRE, Georges. *La France sous le Directoire*, Paris, Editions sociales, 1977.

ROEDERER, Pierre-Louis. «Notice de ma vie pour mes enfants», et «Conversations avec Bonaparte», in *Œuvres complètes* publiées par son fils, Paris, 1854, tome III.

STAËL, Madame de. *Des circonstances actuelles qui peuvent terminer la Révolution et des principes qui doivent fonder la République en France*, Edition établie par Lucia Omacini, Genève, Droz, 1979.

TOCQUEVILLE, Alexis de. *L'Ancien Régime et la Révolution*, vol.II, «Fragments et notes inédites sur la Révolution», texte établi et annoté par André Jardin, tome II des *Œuvres complètes*, Paris, Gallimard, 1953.

VANDAL, Albert. *L'Avènement de Bonaparte*, Paris, Plon, 1907, 2vol.

参见条目

军队（Armée）
波拿巴（Bonaparte）
政变（Coup d'État）
共和国（République）
西耶斯（Sieyès）
热月党（Thermidoriens）

选举
Élections

选举，是法国大革命的重要组成部分，但却被忽视。选举之所以重要，是因为革命时期的各个议会都细致地制定选举法规，体现了投票选举在新政治秩序中的优先地位。选举的重要性还体现在举行的次数和频率上：在大革命的十年中，举办了近20场选举（包括初选和二级选举）。

让人吃惊的是，尽管大革命中选举频率很高，选举引发的争论范围也很广，但历史学家仍然普遍忽视选举，尤其是忽视1789—1792年的选举。相比之下，督政府时期的选举获得了系统研究，如J.-R.苏拉托（J.-R. Suratteau）所做的研究。

大革命初期的选举中，唯一获得细致充分研究的，是1789年春季的三级会议选举。对这次选举表现出独特的兴趣，是为了把这一事件作为两个时代的交接点纳入革命年表。就其最初状况而言，1789年选举既可视为旧制度的最终政治行为，也可以视为大革命的初始行为。但是，在奥古斯坦·科尚（Augustin Cochin）的开创性研究出现之前，历史学家们的注意力都集中在陈情书，也就是说，他们关注的是这一选举中最古老的方面，而不是国民代表的选举本身。然而，如果说陈情书是对旧制度社会的总结，那么正是对这些将陈情书带往凡尔赛的代表们的委任，才为1789年6月17日法国第一个代议制议会的召开做了准备。

相反地，米什莱的特例揭示了19世纪普遍对此漠不关心的原因：米什莱是当时唯一对选举，尤其是1792年选举进行深入分析的历史学家，他也是当时唯一利用大量档案的人。此外，正是围绕着大革命100周年，出现了从"哲学化的"史学向博学的史学的转变，并很快转变为学院的史学。这一学院的史学肩负着将新生的第三共和国所珍视的"伟大的革命"编纂成史的任务，由此对革命选举史进行深入研究成为可能。当时有关"公共精神"的各种研究，以及奥拉尔（Aulard）等人的卓越著作，都对这个主题有所贡献。然而，这些新研究——发掘共和主义共识的起源——所采取的视角，揭示了选举仍处于边缘的原因：研究者利用这些选举的唯一目的就是对大革命时期的公共舆论进行一种既不太可信，也不怎么贴近的间接研究。

不幸的是，即使这些研究有缺陷，这一视角仍只是昙花一现：20世纪的史学研究更注重社会史和超越法律的政治行动，大多忽略选举问题。

对于选举而言，共和三年宪法是很清晰的分界线：此后，选举成为政治生活中的主要因素；在这之前，选举的地位是模糊的，一方面选举无法完成赋予自己的任务，另一方面，它作为一项基本制度，不断被争夺权力的各个派别所侵占。事实上，1790—1793年的选举难以把握，这也在一定程度上可以解释历史学家对选举漠不关心，或者总把其置于边缘、看作轶闻。

传统上，大革命被依照时间顺序划分为君主立宪时期、共和国和恐怖时期、督政府时期和执政府时期。这一划分强调革命是以一系列重大危机、起义和政变为标志的：瓦伦事件，8月10日起义，5月31日起义，热月9日政变，以及最后的雾月18日。这些断裂连接了大革命中的各个重要时期，并构成每个时期的意义。在大大小小的政治变动的发生过程中，选举始终处于次要地位，至少在督政府之前是这样的。当掌权派别发生更替时，选举至多不过是确认业已发生的变化和清洗。

因此，关于大革命有两种并行不悖的历史叙事：第一种是关于断裂的历史，它们的螺旋发展构成主要历史；第二种是关于制度和连续性的历史，其实是勉强成形的但已然妥协的、爆裂的和不连续的历史。在共和三年之前，政治生活的基本要素就是两种合法性的持续混合——由选举赋予的合法性和由"舆论"赋予和剥夺的事实上的合法性：前者带来权力，至少名义上如此；而唯有后者才能维持权力。选民决定当选者，但"人民"会监视这些当选者：尽管在每一次选举中雅各宾派都会尽量使自己的支持者当选，但他们也坚决主张必须要监控那些在"民意"的名义下当选的人，因为选民也可能背叛"民意"。

之所以会出现这种情况，一定程度上是由于敌视政府的大众传统，而纳税选举制度（1789—1792年）限定"积极公民"才有选举权，则强化了这一传统。但是这一解释并不充分，因为在1792年8月确立普选制后，对于选举能否表达公民真实意愿的质疑仍然持续不断。

显然，更具决定意义的是，大革命没有能力使新制度精神获得持久稳固的根基。在制宪议会设计的代议制中，选举的目的并不是将选民的意愿汇总起来编制成册，也不是将选民的意愿综合起来形成公意，它只是要选举出代表，这些人以不可分割的国家之名，不受任何束缚和控制地行使主权。选举，只是一种职责，国家将其交付给那些有能力行使这一职责的知名公民；同时，选举也是一种制度中介，其目的在于组成议会，并将其合法化。

法律规定得很明白：选民们应召集会，验证到场公民的资格，选举职能机构，最后是任命。这些集会禁止商议、颁布政令，不得搭配指令或是协调强制委托，它们之间不能通信联系，一旦目标完成，这些集会就散会了。选举结果一经公布，当选者就与这些选举自己的选民脱离关系了：尽管他们是由这个或那个选区的选民选出来的，但他们的权力来自整个国家。

依照这一理论——在现实中很快就被证明是不切实际的——选举必须在政治真空中进行，尤其是不能出现相对立的候选人和提案公开竞争的情况。确实，选举集会的不断更新，给选民群体提供了某种否决权，使他们可以评判当选者，由此选择继续委托这些当选者，还是终结委托。尽管有这一保留，各次选举的情况还是与1789年选举完全不一样。在1789年选举中，选民们和各团体已经表达了自己的诉求，并且选出最能表达这些诉求的受托人。1789年12月的法令使当选者摆脱了委托人的监督，由此政治关系发生了深刻变化，引发了持久不息的激烈反抗，尤其是在巴黎各区。

政治真空已经成为选举程序的一个规定，事实上这就使得有关政治争端的论辩被边缘化，完全在法律许可之外、在具有与正规选举不同的"民众"合法性的组织中以另外的形式展开。与此同时，政治真空的结果（缺乏政治争论，也没有公开的候选者，法律也不承认国家和个体公民之间存在任何中间团体），使得那些善于在不同选举中把握问题核心和挑选候选代表的人逐渐掌握了选举机器。

不管选举是纳税选举制还是普选制，投票本身都是少数人的事务，"候选人"争取的是他们的选票。尽管存在文献匮乏、分散和不可靠的问题，但人们还是可以概述参与选举的整个过程。

在第一个阶段，除了从有利于传统连带关系的团体投票（1789年）向诉诸公民意识的个人投票（1790年）的转变之外，选举的参与度也是很高的，这或是因为各项改革获得了广泛的支持，或是因为新选举法尽管不易理解，但还没有改变1789年民众动员的局面：总体说来，1790年选举的参与率超过50%，有时候甚至能接近80%或90%，尤其是在农村选区；相比之下，巴黎民众的热情就没那么高涨，只有四分之一的积极公民参加了选举会议。

实施各种重大改革的这一年（指1790年），也是选举史上真正的"黄金之年"。米什莱指出，1793年根本就不是大众参与革命的热情抵达顶点的一年，相反，从1792年底开始，民众就"回到了家里"。事实上，以我们的考察看来，从1791年春天起，就有一些公民从公共事务中抽身离去了：当年6月召开的初级选举会议吸引的投票人数甚至都不到1790年的一半。一年以后的

1792年8月，这种人数暴跌再次出现，尽管此时也是首次实施普选。但是在巴黎这样的出现暴跌的地方，只有不到10%的登记选民前去投票，参与率的下降与选民人数的扩大成反比。

而中级选举——选出第二阶段选举人的选举——并不是唯一受到高弃权率影响的选举：人们注意到市政选举也出现了同样现象，尽管程度要低一些。在之后的年份里，选举参与度一直没有显著增长，除了1793年7月的全民公投，当时为了正式通过新宪法而对投票进行了周密组织。恐怖统治的结束和整个制度回归常态，也没能扭转这个趋势：1795—1799年，投票率普遍低于20%。

如何解释这么高的弃权率？面对1790年最初成功之后出现的不可逆转的暴跌，各种社会学解释都显得力所不逮，例如一种解释认为，城市选票与农村选票之间的对立造成了弃权现象的增加，因为前者比后者更个人化一些；另一种分析方式试图在地方选举与全国选举之间建立利益等级，同样被证明是无效的。确实，人们由此可以解释某一次特定的选举情况，也可以解释不同地区的差异，但对于总体发展——其特点是过早出现的大规模不满——却无法解释。

天气状况，农时，旅宿费用，投票点设在地方政府所在地，冗长会议导致的疲劳，或者因为语言不通导致的问题，这些都是造成弃权率波动明显的原因，但同样难以确定哪一个是起主要作用的解释因素。

米什莱所谓的"沼泽派"始终对公共事务漠不关心，这是像饶勒斯（Jaurès）和奥拉尔所认为的，是由政治教育不足以及人们无法理解新制度的意义和运作方式而导致的？制宪议会已经用类似说法来为依据纳税额确定选举权的做法提供理由，但这样的说法无法解释积极公民的冷漠，这些被看作积极公民的人拥有参与政治生活所需要的智识能力和物质财富！那么，这种漠不关心也许就是拒绝和反对的体现，与政治斗争的激化有关？1792年8月和共和三年果月的选举会议，确实都受到了流放措施的影响，1792年时是针对温和派和保皇派的流放，果月时是针对共和二年实施恐怖政策者的流放。概括来说，从1790年开始，追求一致似乎已成为规则。少数派观点是没有存在空间的：在大多数会议中多数派都占有压倒性优势；如果某一部分人的"候选人"看上去不会胜出，那些人往往就会离开，自行成立一个与现会议平行的会议，而不会接受失败。在督政府时期，这种做法变得很普遍。确实，这种离开并不始终是自愿的，但是运用强制措施只会加速人们拒绝有规则的竞争和舆论多元的趋势，而这两点正是民主选举必不可少的条件。

严格意义上的漠不关心也不应该被忽略，可能是对于以挑选"代议制精英"为目的，而不是宣布某一政纲或是政治方向的正式活动不感兴趣，这一点西耶斯在1799年就指出了。理解了选举暗含的重要性，就必然需要努力去动员那些已对选举竞争感兴趣的人。大部分法国人还未被动员起来——这要等到下个世纪——他们还处于被少数人垄断的政治竞争领域之外。一方面，选举动员程度低，另一方面，聚集起来参与起义、暴动和劫掠的民众数量众多，当时就有人注意到了这一惊人反差。具备启蒙思想的人担心看到法国人蔑视源自1789年革命的合法政治实践活动，转而选择此前"专制主义"世纪所特有的暴力形式。

在政治斗争领域恢复投票选举变成了操纵沉默不语者和利用选举体系中的缺陷。

公共讨论是缺失的,虽然这并不妨碍有争端的语境对选举产生影响,但这意味着,投票中的选择在很大程度上是由地区因素和个体人物决定的:可以说,人比思想更重要。当然,选民团也不是瞎子,他们的决定,尤其是1792年之后的决定,都是根据当时的全国性事件做出的。因为不存在政治派别,选民们首先投票给个人,只有当"半官方的"候选人在思想观点上被迫始终与革命中相继占主导地位的"价值"——1790—1791年是宪法,1792年是平等,1795年是热月的理念——看齐时,选民才会考虑该候选人的观念和选择。不论选行政官员还是议会代表,选举会议的组成都充分证明了广义上的显贵在其中比重很大,与之相比,政治划分则不断变化且处于次要地位。在许多地方,新的代议机构和新的政治话语与地方社会中的旧的划分融合,反而增强了亲族关系和主从关系的作用,不过就是将现代性的外表赋予了古老安排。

然而,最令人震惊的并不是显贵主导了政治生活——尽管只有他们同时具备参与公共事务所要求的见解、时间和财力,而是一个同质的政治阶级的过早形成。"两级选举制"的间接选举模式造成了这一结果,因为它使得次级选举会议成为摇篮:几乎所有的代表和公务人员都是从这里选出来的,尽管法律根本没有如此要求。我们能发现,从1791年起,地方上的前一年当选者往往占据了选举会议中一半以上的席位:一个真正的增选体系由此开始运行,它让一些职务较低的人承担起更为重要的职责,而让一些人,例如许多前制宪议会议员,回到地方行政机构。1792年9月,许多前立法议会议员由于政治立场太过温和,以至于没有被选为国民公会议员,然而却被同一批选民选择担任风险不是那么高的职务。反过来,国民公会中超过85%的议员都曾经担任过行政官员,而且几乎所有人都是次级选举会议选民第一次选出的。革命时期选举体制的这一为人忽视的特点,造就了一个经受考验的、有能力的政治阶级,他们通过这样的"荣耀之路"持续稳定地积累公共事务的经验,然而从负面看,这也反映了一种迈向寡头制的趋势,而寡头制恰恰是当时的革命者们口诛笔伐的。不过应该审慎使用这一贬义词汇,因为1790年的法国有近100万个行政职位是通过选举产生的,尽管经历了各种清洗和放逐,但是这一政治阶级在没有遭受太大损失的情况下度过了那些艰难时期,并最终在督政府和执政府期间完全垄断了政府职位。

革命十年中的选举没有完全遵循最严格意义上的纳税选举制的设计安排,后者突出的特点是显贵的权力:一方面,纳税选举制始终要求选举权的获得应有一定的纳税条件,但纳税选举制是与普选制交替实施的;另一方面,法定的政治真空导致的这些群体的持续存在与政治争论的逐渐边缘化相共存。

确实,尽管在法律上不存在候选人资格证书,但现实中这一资格还是确定的。通常,当选者都得益于或多或少有组织的团体的支持:人们注意到选举会议始终致力于无情地反对那些"阴谋家""阴谋集团"和"阴谋诡计",那些人缺乏必要的支持,只能依靠一己之力，不可避免地采取卑鄙手段，如恐吓或是暴力，舞弊或是贿选。

尽管在选民会议上亮相是最后一个阶段，但决定性的考验却是在这之前，而且在选举制度之外，尤其发生在各个雅各宾俱乐部之中：选举竞争，首先是竞争正式提名，以贴上"公民责任感"标签的形式，同时获得政治信任以及胜利所需要的全部实际资源。这从俱乐部的准备工作就能清楚地得到印证，俱乐部通常会为选举召开专门会议，讨论是否给予候选人正式提名，偶尔也会拒绝或者撤销候选人资格。事实上，给予候选人的，同样也可以从候选人手里拿走，就像1792年8月巴涅尔德比戈尔俱乐部发生的那样。当时，该俱乐部反对自己前一年推选过的代表再次参选，并控诉该代表"与那个叫卢斯塔洛（Loustalot）的人一样，内心卑鄙，行为极不公正，这印证了舆论对他的看法，并使得那些促成其当选代表的人感到懊恼；鄙视他，将他彻底驱逐出法国大家庭，这就是他从我们和社会中所应得的。"这个例子说明，弹性的言语和指控可以在不深究这一否决的动因的情况下撤销信任，而且是以无可争辩的理由说服那些犹豫不决的人。

如果除了享有无可争议威望的本地名人之外，其余的孤立候选人总是失败，那么那些获得组织化的"合法"团体支持的候选人，就可以把自己的意志加诸分裂和盲目的选举会议之上。与其说次级会议的选举结果反映的是"公共精神"和大多数人意见，不如说是反映了压力集团的能力：这在旺代和布列塔尼非常明显，尽管被动员起来的民众支持拒不宣誓效忠的教士，但这并不妨碍"爱国"代表当选，这些代表捍卫国家利益，而不是地方激情。

当时选举的程序也使得它非常容易被操纵。投票时要点名表决。这样做的第一个后果就是投票活动的时间非常长，因为所有在册的选民，不论是否在场，都要依次被点名，在场的起来填写选票并宣誓；每投一轮票，就要点一遍名，不难想象，选民们受到各种暗示和压力的影响，而那些秘密交谈则能对分散和缺乏组织的选民群体中最犹豫不决的人产生决定作用。

尽管法律要求投票选举，但在没有秘密写票室的情况下，人们真的能够做出不记名的、自由的选择吗？在1792年，"不记名"投票选出的近半数代表是在第一轮唱票就被选出来了，而且其中四分之一的人得票率超过90%！表决中高声投票方式的扩大，再次削弱本就不确定的自由，并将无可争辩地加速所设计会议的进程：超过60%的代表会在第一轮被选出，其中一半的人得票数接近全票。有的地方，选举结果并非已事先决定，完全开放的选择会导致有利于少数派的不同寻常现象，尤其像选票奇怪的分散现象，因此第一轮领先的竞选者，尽管得票数量大幅减少，但是在接下来的选举中还是能占据有利位置。

选举制度中的欠缺和站不住脚的预设，为操纵选举现象和少数派策略的大量出现开辟了道路。类似的例子在两个迥异的革命阶段都出现过：雅各宾专政初期，选举被逐渐用于瓦解当时的制度；督政府时期，热月派无视选举结果以维持自己的权力，但很快他们就名誉扫地了。在这两个例子里，选举程式都背离了其法律目的，转而为政治斗争服务。这一政治化并不意味政治斗争的正常化或平息，反而恰恰证明大革命在确立新制度时的无能。

1790年初，通过实施对行政重组的新法律，选举已使大量地方显贵进入各地市政和行政机构。尚处于最初发展阶段的雅各宾俱乐部网络，还只能在地方层面发挥影响以支持某些特定人物。在巴黎，在布里索（Brissot）的指使下，少数选民联合起来成立了"爱国选民协会"，但对选举并没有产生实际影响。

一年之后，雅各宾运动更加壮大了，尤其是在城市中。1791年6月16日召开的提名次级选举人的会议，展现了雅各宾派掌控选举机器的能力。然而，在选举立法议会议员的第二级选举中，雅各宾未能延续初期的成功。可能有两个原因：1791年6月21日路易十六出逃瓦伦，以及7月16日雅各宾派内部的分裂。瓦伦事件之后，次级选举议会延期了；但在这之前的6月16日初级选举会议上，人们一如往常地把票投给了前一年当选的选举人。而瓦伦事件导致7月16日雅各宾派分裂成少数的激进派和多数的斐扬派。我们都知道以罗伯斯庇尔和布里索为中心的少数派，迅速争取到了大多数加入雅各宾俱乐部的团体的支持。但是从选举角度来说，损失已无法挽回：6月初级选举的结果完全反映了瓦伦事件之前的力量关系，也就是说，占多数的是温和派与支持君主立宪的群体。对于少数派而言，8月底开始的次级选举处境相当艰难。在巴黎，两大选举人团体，即所谓的"主教区"和"圣沙佩尔区"社团，在选举会议中重演了雅各宾派与斐扬派之间的分裂，两派为了使自己的候选人当选展开了激烈争吵。"圣沙佩尔"派大获全胜，"主教区"派倾尽全力也只是让布里索和孔多塞得以当选。在外省，雅各宾派的情况相对好点，城市中的选举人往往能使自己的候选人为农村选举人所接受，尽管后者占大多数，但却分散而不团结：745名立法议会议员中有136名属于雅各宾派，264名属于斐扬派。

1791年底的市政选举表明，9月份雅各宾派的相对失利，应该归咎于7月份的分裂和间接选举形式。因为市政选举采用的是直接选举形式，雅各宾派大获全胜。这对于随后的1792年6—7月的政体危机有很重要的影响，市镇在当时成为针对宪法和国王的全面进攻的后方堡垒。这次选举也预示了1792年8—9月那些非常独特的选举，在这些选举中雅各宾派有效控制了选举体制。

1792年8月10日，在国王被停职、国民公会召开在即之时，选举的准备开始了。在巴黎，在雅各宾派、科特利埃俱乐部、巴黎公社以及一些区的控制下，斐扬派和温和派被清洗出了选举会议或被剥夺选举权，由此避免了前一年棘手局面的再次出现。在8月26日初级选举会议召开之前，这一清理工作就已基本完成了。对选举活动的严格控制避免了一切危险：选举必须口头投票；次级会议通过对其成员的代表资格的审查，保留了"修改"初级会议选择的权力。有几位当选者就这样被除名了。在次级选举中，依然是口头投票，为了让选举效率更高，选民们将离开主教厅，前往雅各宾厅，在那里会议将向公众开放。

巴黎的选举就像一场滑稽戏，结果尽在意料之中：俱乐部、巴黎公社、科特利埃的主要领导人都被选入国民公会。雅各宾派不仅将8月10日后在政治上已被击败的斐扬派驱逐出议员行列，还将佩蒂翁（Pétion）、布里索和吉伦特派主要领袖从议员中除名。

在外省，情况则相反，大多数吉伦特派的重要人物还是再次当选。尽管众多选举会议都依照巴黎模式采取了清洗和限制措施，但却没有能够阻止首都新领导派别的强硬对手当选。如何解释巴黎和外省之间的这一反差？一方面，当时的巴黎处于非常状态之中，反对派无法表达自己的意见。但最重要的原因，是雅各宾派实施的双重策略：在首都，他们控制选举以驱逐8月10日起义后幸存的"布里索派"，通过编造一个所谓"神圣联盟"的神话来反对背叛和内部阴谋；与此同时，雅各宾派在国民公会里组建了巴黎代表团，这成为俱乐部在公会中的延伸。在外省，雅各宾俱乐部对于加入团体缺乏信任，认为它们的信念往往过于温和，与巴黎的理解存在差距，所以俱乐部采取了最低限度的策略，只要把斐扬派排除出国民公会，不让选民在雅各宾－巴黎公社与吉伦特派－法定权力之间做选择，而是在8月10日起义的失败者和全体受益者之间选择：这就是当时雅各宾俱乐部和立法议会所广为散发的著名的《对照表》的含义，它把所有在8月8日投票反对拉法耶特的代表，不论雅各宾派还是吉伦特派，当作一个"爱国"议员联盟。这一策略毫无疑问是成功的，因为曾经投票支持拉法耶特的406名代表中，只有5人再次当选；而投票反对拉法耶特的235人里有167人再次当选。

国民公会的选举完全成为雅各宾派的选举：通过巴黎的代表及其同盟者，雅各宾俱乐部得以控制国民公会，在处决国王之后不久，就开始清算吉伦特派。雅各宾派在巴黎和外省的不同处理方式表明了革命时期选举的一个根本特征：尽管选举结果在严格意义上的选举活动之前就已经决定了，但争取正统地位的决定性斗争则是在选举之后才开始。

第二个例子是督政府时期,此时选举成为了政治生活的主要组成部分。J.-R.苏拉托考察了这一时期,将不同的代表归纳分类,按照他们与前一段革命时期的关系划分"党派"。表面上看,1795年宪法并没有改变选举状况。真正让选举成为理解督政府时期的关键的,是1794年热月9日政变所造成的时局,使得六年以来作为合法权力的反对派而存在的各种俱乐部和其他团体组织土崩瓦解。督政府迫切希望自己的统治持续下去,但他们又因为涉及弑君和恐怖而名誉受损,所以,尽管直至督政府时期,选举只是体现了脆弱的合法性,但也成为不断政变的工具或者战利品。在一部允诺了有规律的民主生活的宪法下,选举的闹剧揭示了一个文官政府的无能,从而为军人统治铺平了道路。

根据共和三年果月5日和13日的法令,新的立法机构的三分之二的成员应从任期已满的国民公会议员中选出。热月党人试图以此保住自己在1794年夏天取得的胜利果实。他们也希望能避免1791年惨痛经历的再次出现,当时制宪议会让位给了一个完全由毫无国家治理经验的新人组成的议会①。在恐怖时期结束之后,这些果月法令的基础还是"国家安全"逻辑,依据这一逻辑,大革命必须得到捍卫,为此不惜付出违反大革命自身原则的代价。

不过,三分之二法令在使国民公会本身得以延续的同时,主

---

① 立法议会选举前,罗伯斯庇尔提出"自我回避原则",所有制宪议会成员不得进入立法议会。

要还是有利于那些最温和的议员，而参加过热月政变的人则在选举中遭遇惨败，因为恐怖时期的大多数"极端主义者"也在寻求恢复名誉。选举人团确认了温和化趋势中的这些最初结果，因为新议会的另外三分之一议员中，有一半是公开的王政派。

按规定，议会两院每年都要改选三分之一的议员，所以新的选举在共和五年的芽月（1797年4月）举行。这次选举再次确认了1795年秋天以来的温和倾向。不过，督政府干预了这次选举，以确保选举结果既有利于政治稳定，也符合他们自身的利益。1795年以来去世的议员也被算作离职，于是督政府尽量减少期满离职的议员人数，由此即便选举结果不利，也不至于影响议会中的权力平衡；而在巴贝夫密谋失败之后施行的镇压，确保了将那些怀念雅各宾主义的人排除出去。与此同时，另一个极端，也就是那些回到法国的逃亡贵族，也被禁止投票。但这些措施都是无效的：王政派取得了248个空缺席位中的170席，此后他们控制了两院730个席位中的330席。

选举未能确保的政权中心的稳定，此时则通过武力来实现：督政府在和议会进行了6个月的互相攻击之后，决定采取行动。果月18日（1797年9月4日），在军队的支持下，督政府取消了49个省的选举结果，并将53名代表放逐。议会中近三分之一的议员被清理，近200名温和派和王政派议员成为受害者。

果月18日反选举的政变乃是出于依据革命遗产使法国社会和解的强烈愿望，同时旨在防止新的政治冒险，但它事实上开启了政治制度的新颠簸：当局试图不惜任何代价地获取选民的认可，但选民不为所动。果月政变的领导者是巴拉斯，而在下一年里，面临同样的政治存亡问题的梅兰·德·杜埃，策划了共和六年花月22日（1798年5月11日）反选举的政变，这次是针对新雅各宾党，后者正是由于果月18日政变而获得了重返政治舞台的机会。

在1798年选举里，1795年重新选出的第二批和第三批的"三分之一"国民公会议员要被替换了。考虑到这一变化，督政府采取了行动：地方官员以及中央政府的地方特派员都被免职和替换，并且到处散发表述政府意愿的传单；为了避免出现果月18日那样的选举后的政变，督政府决定提前操纵选举活动：梅兰·德·杜埃和内政部长勒图尔纳向各省派出特派员，名义上是调研各地道路状况，暗地里却是在选举会议的督政府支持者、雅各宾反对派、王党反对派之间预先制造分裂，使得政府可以选择那些有利于自己的人。这一行动有效果，但还不够：尽管在510名新当选者中有370名都经过了督政府的首肯，但督政府在全部807名议员中，只能获得467人的支持。另外，广泛制造分裂的活动还使得当选者人数增加：在大多数省份里，因为同时设立了2—3个相互竞争的选举会议，导致当选代表大大超过了计划人数。这一问题要由议会自己来解决。为了确保这种谋略不至于伤及自身，督政府在准备芽月选举的时候，已赋予了即将届满的议会（已经清除了所有"果月"反对派）审查新当选者资格的权力，由此卸任议员就获得了宣布其继任者选举有效的权力！议会温顺地同意了这一新的强硬措施，并于花月22日取消了106名当选者的资格，这些人基本都是新雅各宾党。

清洗机制最终还是难以为继。共和七年（1799年4月）的芽月选举中，督政府支持的官方候选人惨败。督政府试图重复1798

年5月的做法，但是因为政府失败而变得强大的议会两院这次拒绝就范。1799年6月，督政府因为分裂、失信和内耗而解体：1798年的主导者，梅兰·德·杜埃和拉勒韦列埃－勒波被排挤出政府，而当这个失败政权的最后幸存者巴拉斯升为最高领导人，以及西耶斯重新回到政治生活时，就预示了雾月18日的到来和一段动荡岁月的结束，以及一个建立在合法性废墟之上的现代制度的诞生。

帕特里斯·格尼费（Patrice Gueniffey）

延伸阅读

BATICLE, René. «Le plébiscite sur la Constitution de 1793», *La Révolution française*, t.57(1909), p.496-524; t.58(1910), p.5-30, 117-155, 193-237, 327-341, 385-410.

COCHIN, Augustin. *L'Esprit du jacobinisme* (rééd. quasi intégrale de *Les Sociétés de pensée et la démocratie. Etudes d'histoire révolutionnaire,* Paris, Plon, 1921, avec un texte complémentaire), prés. par Jean Baechler, Paris, Presses universitaires de France, 1979, notamment p. 49-93.

GUENIFFEY, Patrice. *L'Invention de l' électeur. La Révolution française et les élections*, Paris, Editions de l'Ecole des hautes études en sciences sociales, à paraître en 1993.

MARX, Roland. *Recherches sur la vie politique de l'Alsace prérévolutionnaire et révolutionnaire*, Strasbourg, Istra, 1966.

RÉMOND, René. «L'apport des historiens aux études électorales», in Daniel GAXIE(sous la dir. de), *Explication du vote: Un bilan des études électorales en France*, Paris, Presses de la Fondation nationale des sciences politiques, 1985,

p. 35-48.

SURATTEAU, Jean- René. "Les élections de l'an IV", *Annales historiques de la Révolution française,* 1951, p.374-393; 1952, p.32-63.

SURATTEAU, Jean-René. « Les opérations de l'Assemblée électorale de France », *Annales hisoriques de la Révolution française,* 1955, p.228-250.

SURATTEAU, Jean-René. «Les élections de l'an V aux Conseils du Directoire», *Annales historiques de la Révolution française,* 1958, p.21-63.

SURATTEAU, Jean-René. *Les Elections de l'an VI et le Coup d'Etat du 22-Floréal (11 mai 1798)*, Paris, La Belles Lettres, 1971.

参见条目

革命议会（Assemblées révolutionnaires）

布里索（Brissot）

俱乐部及民众社团（Clubs et soiétés populaires）

孔多塞（Condorcet）

政变（Coups d'État）

雾月十八日（Dix-Huit Brumaire）

三级会议（États généraux）

斐扬派（Feuillants）

吉伦特派（Girondins）

雅各宾主义（Jacobinisme）

西耶斯（Sieyès）

主权（Souveraineté）

选举制度（Suffrage）

热月党（Thermidoriens）

三级会议
États généraux

145　　旧制度下三级会议只是一种应对例外情况的特别措施，既没有独立性，也没有持续性。它们的活动如逝水无痕。三级会议的召开必须有政府的提议，后者随心所欲决定会议延续或停止。对于政府事务，甚至立法，它们都没有任何权力。尽管它们参与了一些法令的起草，但国王依旧是王国唯一的立法者，他既是法律的制定者，也是特权的分配者和担保人。直到1789年，这一基本特性仍然是君主制不可触犯的原则：面对特殊形势，君主召集王国的"代表们"参加会议，旨在对国王的政策达成共识，或者更简单地说，就是征收额外的赋税。1483年路易十一去世的时候，三级会议曾受命召开以讨论摄政的组织问题。又过了很长一段时间，弗朗索瓦二世于1560年召开三级会议以解决财政危机，并安抚当时因宗教变革而导致的动荡人心。还有几次三级会议在布鲁瓦召开：1576—1577年，在天主教神圣同盟成立后，讨论当时

146　的宗教问题；1588—1589年也是讨论类似的问题，只是当时的王位继承人是新教徒，这使讨论变得复杂了。在亨利四世被暗杀之后，其妻及摄政玛丽·德·美第奇为对抗孔代亲王的叛乱，被迫

在1614年召开三级会议。再次召开三级会议，则是一个半世纪以后了。

从中世纪末期到大革命，所谓的"代表"的行为，一直保持着统治者和被统治者赋予它的狭窄定义：受人民委托直接向君主反映王国的情况，将人民的意愿、不满和指责呈现给国王。这种行为正好反映了旧制度社会本身的性质：每个个体如果不在某种附属关系——等级、团体、社区和特权——之中，他在政治上是不存在的。所以，在1789年之前，"代表"这一行为，并不意味着必然具有代表性，也不意味着选举。"代表"首先意味着思想一致和传达，为此，选派代表必须严格遵循这一要求，仅仅根据对这些特性的"辨别"来确认哪些人有资格成为代表，将本团体的陈情书带到三级会议。事实上，这种古老形式的强制委托权，使得受委托人并不具有自己的政治意愿，而仅仅是一个信使，小心陈述内容明确的陈情书的发言人，不带任何个人的创造性和自主性。所以在1789年之前，三级会议代表的选举必然是次要的事情，运用选举只是一种形式，不具备后来现代民主所赋予的政治意义。

与过去一样，1788年路易十六决定垂询他的"三级会议"也是由于政治危机。时局凶险、绝对主义危机、18世纪的教育，这一切合起来施压，迫使路易十六召开会议：歉收、民众骚乱、空虚的国库已经无法解决政府财政赤字、公众舆论的重压，尤其是贵族和高等法院的反抗，他们反对一切未经三级会议批准的王国财政改革。但是，当政府同意召开三级会议之后，其他问题和新的角色突然出现在舞台上：第三等级，通过控诉贵族、特权和专制主义，它将民众的愤怒、对自然权利的呼唤和平均主义要求暂时联合起来，形成了共同的愿望：获得相当于前两个等级总和的代表权，按人头而不是按等级计票，从而使自己的人数优势发挥作用。1789年年初，在经过一番激烈的选战之后，法兰西民族开始起草各种谏诤书以及指定代表，这些代表将在几个月之后，获得这个国家的主权。

然而，就像革命中的其他选举一样，三级会议的选举也被19世纪和20世纪的大革命史学所忽视，无论右翼史学还是左翼史学都是如此。这一段历史，往往被干巴巴的几句话草草打发，简化为爱国者们的诉求——合厅议事和按人头计票——与旧制度崩溃之间的某种机械中继站。好像它只是在遥远的结果中才具有了意义并引起人们的兴趣：这样的设定获得较多的赞同，因为选举的结果能够容纳有关革命如何降临的各种不可调和的解释。不论对第三等级的一系列胜利（成立国民议会、8月4日之夜和《人权宣言》）是褒是贬，这些胜利消除了这一咨询会的任何可疑之处。它们充分揭示了它的意义，解释了它的结果，因此没有必要再停留在这个问题了。

因此历史学家的一致沉默和忽视事实上还有更深层次的原因。它表明同时考虑选举和陈情书，选举问题和政治问题是很难的。更大的困难则在于如何将1789年这一根本性断裂和必定让人对这一断裂产生疑问的历史片断加以协调。

事实上，1789年选举既标志着终结，也意味着开端。它是旧制度的最后一次选举，也是大革命的第一次选举。它代表两个时代,因此很难归类:既是君主制的传统程序,也是一次权力的争夺。尽管陈情书只是要求政权改革,但当受委派至凡尔赛参加会议的代表们,以国民主权和人权为由建立新的政治合法性时,这些陈情书也就开启了旧政权的解体之路。

在这场转变中旧王朝尽管无意,但却确凿无疑地起了作用。当它在一个半世纪后重启已经消失的传统时,它也提供了让第三等级得以胜利的法律和政治机制。在奉献第一个牺牲品之前,它确立了第三等级的词语和行动方式。也就是说,大革命在一定程度上也应归因于1月24日的选举规则及其制定者们。

这份文件的存在本身就极其新奇。以往的召集书仅仅是走过场的指定,更多是礼仪上的,而不是司法上的,只宣布会议召开时间。而1789年的召集文件,则是第一次包含了一份真正的选举章程,其细致、复杂,以及对于团结、平等的前所未有的关注,明确显示了公法领域的变化。

然而这份文件也是模糊的、自相矛盾的,处于传统和创新的夹缝之间,试着将传统习惯和新的时代精神并置。一方面,文件借用了过去召集书的框架和形式,规定大城市的居民应该按照职业团体进行集会,并保留了强制委托权这一旧的代表形式,以及陈情书这一传统程序。它以已有特权为名增加了很多例外和特许情况。尤其是它保留了等级之分,并且没有提及第三等级的主要诉求:三个等级共同议事和计票。

但是另一方面,文件至少给予了第三等级代表人数翻倍的待遇,并且认可那些奠定了现代代议制的原则,从这个角度看,1月24日选举规则的开篇语句雄辩动人:"国王向治下各省发去三级会议召集书，希望全体臣民参与代表选举，组成这一伟大、庄严的会议。陛下希望，即使居住在王国最荒远偏僻之处的人，他们的愿望和请求也都能传达到他的面前。"因此陈情的结构得到了延续：国王通过各个团体的请愿书来垂询国民的意愿。但与此同时，纳税人名册上在列的所有超过25岁的第三等级成员都被承认享有选举权。投票权和被选举权之间并没有做任何区分：所有能够参加选举会议的人也同时具有被其他公民选举的资格。过去只是偶然的，取决于某些个人、压力集团的意愿和国王专断的政治平等，现在获得了法律认可：有史以来第一次，人民获得了大规模参与公共生活的权利。

　　与政治平等密不可分的，就是公民资格，它以进步观念之名将王国臣民转化为政治实体（国家）成员。正如内克告诉显贵们的，当一个阶级在商业、工业、科学和艺术等方面与国家的繁荣紧密联系在一起时，你不可能将这个阶级排除在公共生活之外："我们身边到处都是值得珍惜的公民，他们的工作使国家繁荣昌盛，作为回报，国家应该尊重和信任他们"（1788年11月6日）。经济的发展，启蒙思想的传播，以及公民资格的普及，这些都有助于消除以往习俗的永久性，削弱对先前召集方式的参考。对于政府而言，在显贵面前承认这一点，就意味着它听从历史理由的裁决，但从此以后历史理由的化身不再是君主制，而是另一个新的形象，即至高无上的和难以控制的公共舆论。

　　代表人数要和选区人数完全成比例的观念也是这个世纪的产物。权利平等事实上要求一种现代代议制，以此在政治权力形成过程中在代表和选民之间建立起稳定关系。因此，为了防止会议的各种宣言仍然以"古老的习俗"为依据，它同样决定大量增加各个等级的代表数量：文件规定是1000人，这几乎是1614年席位的两倍了。但是，按比例选举的原则是与强制委托权观念相矛盾的，根据后者，委托人表达的意愿远比受委托人的数量更重要。从那些最不通融的贵族算起，当时有那么多的人，都强烈地支持强制委托权和按比例选举这两种原则，确实充满了悖论。

与一个半世纪之前一样，人们以所谓的"巴伊管辖区"（le bailliage）（或是塞内夏尔管辖区（la sénéchaussée））作为选举单位①，而这些司法管辖区在旧制度末已经完全废弃了。贵族直接指定其代表在辖区首府召开全体会议。所有第二等级的人，不论是否拥有土地，都有选举和被选举权。那些拥有土地的人挨个发通知召集，可以在他们直接或通过代理（尤其当贵族是女性或未成年时）拥有领地的任何地方投票。而没有土地的人则通过张贴的海报召集，并且只能在他们居住的地方参加选举会议。

对于教士等级，存在两种不同的选举登记制度。红衣主教、大主教、主教和所有有职俸教士与堂区负责人直接参加选举。议事司铎和修士则要经过两级选举。通常，每个修会都指派一名代

---

① 巴伊管辖区和塞内夏尔管辖区因其长官巴伊（bailli）和塞内夏尔（sénéchal）而得名。早在12世纪末，巴伊和塞内夏尔便以某种王权总监察员的身份出现，13世纪则建立了永久性的固定辖区。一般而言，巴伊管辖区存在于北方，塞内夏尔管辖区存在于南方。起初，巴伊管辖区和塞内夏尔管辖区法庭负责的事务非常广泛，涵盖司法、财政、军事等方面，后来其权力逐渐限于司法领域。

表去"管辖区",这就确保了低阶教士在选举会议以及随后的三级会议上都拥有明显的数量优势(在三级会议里,至少有204名本堂神甫,而主教和助理主教是50多人,代理主教18人)。

第三等级的选举有多个阶段,至少两个,大多数时候是三个,有时四个。在乡村,初级选举以教区为单位开会,200户的教区(包括200户以下)选举两名代表,300户三名代表,400户四名代表,以此类推。市镇和小城市都一律选出4名代表。大城市则采取两步走的方式:每一个职业团体每100人选举一名代表;而与文化艺术相关的职业团体或者不属于任何团体的自由居民则每100人中选两名代表。所有这些代表组成了该城市的第三等级会议,并从中选举产生参加管辖区会议的代表。

在管辖区层面,由于存在两种不同类型,从而使得选举程序变复杂了。一种叫作"首要管辖区",可以直接委派代表参加三级会议:辖区内各地选举出的代表在首府集会,起草第三等级的陈情书,并选出三级会议代表。另一种,则是由好几个管辖区组成,其中包括一个"首要管辖区",以及一个或几个"次级管辖区"。在这种情况中,各个管辖区首先独立进行各自的选举程序:在将各自的陈情书合并为一份之后,每个管辖区会议选择四分之一的成员前往"首要管辖区"首府,参加会议的最后一个阶段,选出参加三级会议的代表。之所以要选出四分之一成员(选举的补充阶段),不仅是为了"防止参会人数过多","减少长途跋涉的辛劳和费用",也是要确保筛掉初级会议中选出来的文盲。

巴黎是4月底才投的票,而且是在一个特殊的体制下进行的:

60个区，这意味着60个区的初级会议，它们的代表参加全市会议，最终选出20名代表参加三级会议。在巴黎，结合了财产和身份的选举资格明显比外省更严格，对于所有那些不是被正式要求参与的人——获得学位者、担任正式或临时职务者以及职业执照拥有者，至少要缴纳6利弗尔的人头税才有选举资格。

最后，政府采用的是以多轮投票、每轮绝对多数票当选的形式，选举多位代表：选民们对候选人逐个投票，而不是对候选人名单整体投票。因此，代表是一个一个选出来的，而且每个成功的候选人都要获得绝对多数票。在这一选举等级的较低层面，投票是公开的，但是最后阶段的选举，投票是保密的。

特权阶层被指定参加选举人会议，而第三等级则参加一场准普选，这两个特点造成了将"组织性"和"民主性"结合至反常程度的选举过程中的种种矛盾。但是，整个选举过程还是展现出非常大的一致性，这一点使人联想到现代选区选举制度。

事实上，当时的人原本应为迅速公正划分选区做出真正努力。然而他们还是未能克服那些由于对过去会议召集方式的匆忙调研而产生的不确定问题：数量、人口、纳税额，以及最难以搞清楚的——各管辖区的权限。当大法官和地方官员被要求明确指出所管辖区域的轮廓时，他们往往面露窘境。当时的法国，存在大量的裁判管辖区（juridiction），其区域界线与巴伊管辖区（bailliage）的假定界线并不必然完全重合。在400多个管辖区中，大多数都与邻近的辖区共享教区，或是为了教区归属争执不休，因而很多被指派的代表往往在同一天出席两个甚至更多的会议。这些代表"为了保持影响力"，毫不犹豫地增加了出席会议次数。

例如卢丹地区的一个村镇，就同时派代表至希侬、索米尔和卢丹，而该村镇在卢丹只管辖其中一户人家。

这些混乱充分展现了政府在使旧选区与新选举规则相适应问题上的无力。因此，当各种抗议从四面八方传来时，政府被迫不断地根据这些修改规则。至少从这个角度来看，我们可以说选举规则的存在，并没有对过去召集会议中一直存在的讨价还价和妥协活动产生大的改变。

众多特权者——城市、团体、个人——都将会议举办的规章看作没有任何强制力的指导意见。从发布著名《指令》的奥尔良公爵开始，到某些想要照顾贵族和高级教士的内阁大臣，都是如此。那些大臣对本堂神甫在选举会议中的优势地位暗自担忧。

在其他地方，因为选区划分的缺陷，内克所订的选举规章变得无效、荒谬，甚至不公平。每一份单独的纳税人名册都有权有两位代表，结果两个或三个偏僻的小村庄的代表数量加起来能抵上一个管辖区首府的代表人数了。同样的，还有人指出了这些问题：某一教区、无人居住的地方，或是只有一户人家的地方，仅有的选民被认为在商议（如果这种情况下也能称为"商议"的话）、撰写陈情书，并且竟然选出两名代表。

一方面是代表超过比例，另一方面是"虚幻"村镇：这种不平衡显得更加不合理，因为它既与选举规则相一致，又与其基础之一，即比例代表制原则相悖。

在法国农村地区，各个教区的选举会议情况往往相同。尽管会场里总是坐满了农民，但主持会议的却是其他人：会议主席将司法权限转变为政治野心的工具。选举程序中的这种本质上是法官决断的框架——在选举等级制中的每一个层级都存在——既是合法的,又是出乎意料的。因为要求所有初级会议都由当地法官主持,如果他不在场,则需要一位公职官员主持,这就意味着规则允许某些人到处担任主席。这也使得地方司法人员不仅仅增加对会议决议和陈情书的起草的影响,还可以影响选举本身。不过,这种影响力的提升也是有限的。尽管陈情书往往参照过去的文本,但绝非逐字逐句照抄。隐藏在法律和公证文书之后的始终是大量请求,其内容和精神都是不会搞错的。农村中的小人物们对于公共事务心不在焉,他们最大胆的要求也仅限于社会秩序和行政秩序。他们确实不如托克维尔想象的那么"革命",但远非泰纳(Taine)所认为的胆小怕事,也不是如人们想象的,尽管农民在数量上占压倒优势,但是他们在选举中的作用可以忽略不计。

事实上,前往管辖区的是最富裕和最有文化的人:自耕农组成农村社会的"政治"阶层,而法律人士和官员则成为了他们的代言人。相反,那些非技术工人、葡萄种植者、农村短工则几乎消失……对于了解农村显贵控制选举进程方式的人来说,这一切是可以预见的。但是,这一平淡的事实并不是故事的全貌:因为在咨询的这一初级阶段,人员筛选更多的是通过商定,而不是无法预料的竞争;更多来自于下层的同意,而非上层的"操纵"。由此,可以在被代表者与代表之间建立和谐的分工:一方享有陈情请愿的特权,另一方则获得了代表的荣誉;一方面是团体的呼声,另一方面是个人的野心,在王室命令下,两种代表制的逻辑毫无原则地结合在一起。

尽管管辖区（首要和次级）会议的出席记录还很粗略，但从今以后还是可以自由使用了：三级会议的直接选民（所有等级加在一起）数量为105000—110000人之间。其中仅第三等级就占了40%，教士和贵族分别占三分之一和四分之一左右。单从人数来说，特权等级占据"选民总数"的六成左右，这主要是因为，在首要管辖区和次级管辖区合在一起的地方的第三等级选民被削减到只占四分之一。相反，在没有次级管辖区的首要管辖区，第三等级的人数优势很明显。显然，特权等级的总体人数优势不可能对严格意义上的选举活动产生影响，因为原则上各个等级是分开议事和投票的。不过，这个人数优势同样能与三个等级共同议事和投票的要求产生独特共鸣。在这一假设下，如果政府坚持第三等级必须依照等级进行选举，那么第三等级会发现在众多选举会议中都处于少数派地位。

正是在管辖区层面上，1789年的选举与以往的会议召集迥然不同。在这个层面上，没有事先安排好结果的选举，每一次投票都充满了辩论、争吵和意外。小册子、口号、秘密活动、前所未有的结盟、"看不见的"候选人和意外当选者：最终阶段的选举动员为奥古斯坦·科尚的分析提供了无数例证。科尚的研究表明，将"民主"投票与"传统"的咨询方式结合在一起的程序的根本悖论，在于意见的分裂与愿望的一致间的对立。原则的混乱导致不可避免的结果：三个等级分开投票，这就使贵族丧失了原有的影响领域；而在第三等级实施的一系列淘汰，可以说抵消了传统显贵们的影响力,给那些专业的、不知名的、强有力的新人留出空间。这些人熟谙清洗和排斥机制,选举像通常那样没有候选人,没有纲领,也没有对于观点和计划的必要对比,会让他们的任务变得更容易。正是在这一真空里,新的权力网络和"民主社交"的鼓吹者们出现,而这些鼓吹者是在联谊会、俱乐部、学园、爱国社团、阅览室和共济会支部等有机社会边缘的"思想社团"中培养形成的。在召集会议所开启的对抗舞台上,只有这些团体可以提供"现成的组织架构、方法和人员";只有这些"直接民主"的实践者才知道怎么动员舆论,如何"制服"讨厌的对手,以及如何"筛选"一群无组织的选民。

这些分析表明,选举动员和舆论宣传之间、文件的分量和机构的分量之间的关系是模糊的、不确定的和矛盾的。尽管有各种名为《观察》《指令》《回忆》的小册子,但这一海量文献(对于它们在当时的大众接受程度,我们还知之甚少)都不足以解开当时选举的谜题。相反,这些文献往往掩盖了真正的问题,这些问题尽管更平常,但却更不容易察觉。

可以说,平等主义话语远没有达到能在任何时候和任何地方都确保获得代表权。到底有多少绝对主义的激烈反对者、改革的鼓吹者和政治异见者,在选举决定命运的时刻输给了不知名的,甚至不在场的候选人?有多少在制宪议会工作中没有起到任何积极作用,并且远离政治争论的默默无闻的代表——第三等级当选代表中有约70%的人是这样,他们的当选是源自早在1789年之前就形成的团体意识?如果科尚的分析是对的,那么可以说,旧制度在崩溃之前,已经组织了法国大革命的第一场清洗。

朗·阿莱维(Ran Halévi)

延伸阅读

BRETTE, Armand. *Recueil des documents relatifs à la convocation des Etats généraux de 1789*, 4 vol., Paris, 1895-1915.

CADART, Jacques. *Le Régime électoral des Etats généraux de 1789 et ses origines (1320-1614)*, Paris, Sirey, 1952.

CHARTIER, Roger et Denis RICHET (sous la dir. de). *Représentation et vouloir politique. Autour des Etats généraux de 1614*, Paris, Editions de l'Ecole des hautes études en sciences sociales, 1982.

COCHIN, Augustin. «La campagne électorale de 1789 en Bourgogne» et «Comment furent élus les députés aux Etats généraux», *L'Esprit du jacobinisme* (réed. quasi intégrale de *Les Sociétés de pensée et la démocratie. Etudes d'histoire révolutionnaire*, Paris, Plon, 1921, avec un texte complémentaire), prés. par Jean Baechler, Paris, Presses universitaires de France, 1979, p. 49-93.

FURET, François. «Les élections de 1789 à Paris, le Tiers Etat et la naissance d'une classe dirigeante», in Albert Cremer (sours la dir. de), *De l'Ancien Régime à la Révolution français*, Göttingen, Vandenhoeck & Ruprecht, 1978, p.188-206.

HALÉVI, Ran. «Modalités, participation et luttes électorales en France sous l'Ancien Régime», in Daniel GAXIE (sous la dir. de), *Explication du vote. Un bilan des études électorales en France*, Paris, Presses de la Fondation nationale des sciences politiques, 1985, p. 85-105.

参见条目

旧制度（Ancien Régime）
俱乐部及民众社团（Clubs et sociétés populaires）
平等（Égalité）
选举（Élections）
路易十六（Louis XVI）
绝对君主制（Monarchie absolue）
内克（Necker）
选举制度（Suffrage）

联邦主义
Fédéralisme

1793年10月,当布里索在接受审判时,被问到孔多塞的"斐扬派"宪法的问题,他抗议道:没有比这部宪法更民主的宪法了,还加上了一句"我可以指出,美国宪法也远不如这部宪法"。革命法庭的庭长抓住这句不恰当的话当作供词:"有关这些被告试图在共和国实行联邦制的最有力证据,就是刚才布里索提及了美国宪法,这是所有被告都不断援引的宪法。"

在革命者中,真的有人接受联邦制观念吗?诸如"联邦共和国""联邦宪法"这样的术语,对于洛克、马布利、孟德斯鸠和卢梭的读者来说并不陌生。这类术语在外交同盟或是国家联盟中尤为常见,后者用孟德斯鸠的话来说就是"多个社会组成的社会"。这些作者对这个"全新的主题"都很感兴趣,而在卢梭看来,其基本原则还有待建立。而且,制宪议会的成员对《联邦党人文集》也很熟悉,经常引用。1792年法国还出版了该文集的两个新版本,同年8月26日立法议会将汉密尔顿和麦迪逊纳入"人类公仆"的名单。

不过,对于革命者来说,除了比佐(Buzot)这样的少数例外，能否理解美国创始人确立的"邦联"与"联邦"之间的微妙差异，值得怀疑。在"邦联"体制下，决策会因为仅仅一个州的投票反对而搁浅；而"联邦"体制，则是以各州与联邦政府之间的分权为基础的。这一点从革命者将"联邦"和"邦联"无原则地混用就能看出来。而且，他们对美国模式的喜好，很快就被对法国模式的赞叹所取代：怎么能将妥协的例子与全新建立的政体和社会体制相比较？令人吃惊的是，自有关省份划分的讨论开始，对于任何形式的"联邦体制"的怀疑就早早地出现了，而且几乎是当即对任何外省或地方的愿望都表示不信任。据拉博·圣艾蒂安（Rabaut Saint-Étienne）所说，西耶斯描绘的蓝图之所以让人热情高涨，就是因为它确保了王国的统一，从而消除了任何"联邦共和国"的威胁。9月7日星期一，维里厄（Virieu）这样描述"联邦共和国"必然会带来的不幸："一些省份会受到邻近强权省份的压迫，其他省则受到边境省份压迫。"在维里厄看来，划分省份显然就是联邦制。即使是联盟运动——其产生时并没有官方命令，是独立的，并是法兰西深层因素的显现（蒲鲁东认为这是高卢人古已有之的联邦思想的突然重现），也更多地表现出向心倾向，而不是离心倾向。米什莱出于对"我们成功的中央集权"的喜好，还夸大了前一种倾向。不过，他认为联盟派将法国的各个部分放到了平等地位上，这一判断是准确的。在他看来，这些联盟派的命运就是自相否定："别再有什么联盟派，他们是无用的。我们只需要一个东西：法国。"

因此，尽管有山岳派的指控，但真正有待解释的，不是联邦主义的吸引力是什么，相反，是联邦主义作为起初那么有吸引力，也得到很多权威支持的模式，它在思想层面到底遇到了什么障碍，导致人们很难接受它？两种明显对立但又根深蒂固的观念组合，影响了革命者对于联邦制的认识：一种将联邦主义与民主制联系在一起，另一种将其与贵族制联系在一起。民主制的经典问题是它是否实际可行，18世纪对此的经典回答是：民主，指的是法律形成过程中所有人的直接协作，这种制度只适合那些封闭在狭小空间的国家；这个意义上的民主与古代共和国紧密联系在一起，代表着已逝去的政治时代；最后，这种民主几乎不可避免地会产生派别。正如西耶斯在1789年9月的争论中所言，如果各个巴伊管辖区（baillages）和塞内夏尔管辖区（sénéchaussées）都可以直接参与制订法律，"分别表达各自的意愿"，那么很快"有多少管辖区，就有多少国家"，法国将"陷入混乱和无政府状态"。西耶斯不信任纯粹民主，不信任地方利益和特殊利益的表达（这里包含着对美国体制的不理解，而该体制恰恰是将此类利益交给地方立法机构处理），也不信任联邦主义，这些在他看来是一个东西。他指出法国"根本不是也不能是民主国家"，紧接着说："法国也不能是一个联邦制国家，即通过政治纽带联系在一起的多个共和国。"法国作为一个幅员辽阔、文明开化、商业发达的国家，应该采取君主政体（在1789年9月，没有任何人对此提出异议）；因此，西耶斯以主权不可分割为依据，认为法国君主制和联邦制是无法共存的。这两者的相斥性给时人的印象是如此深刻，以至于比佐在《回忆录》中还愤怒地问道：到底要精神错乱到什么程度，才会指控吉伦特派同时具有保皇主义和联邦主义思想？"这两个词放在一起确实让人十分惊讶。"这是雅各宾主义为了论战而编造出的怪物。

另外一种情况是自动把联邦主义与贵族制甚至封建制联系在一起,这里说的贵族制和封建制,可以被视作同义词。巴朗特转述鲁瓦耶-科拉尔(Royer-Collard)的玩笑说:"如果封建政府有自己的哲人,他们将会预言封建制中孕育着美国宪法。"对封建制和联邦制的怀疑,已使得巴纳夫(Barnave)产生这一观念,即封建秩序是联邦秩序的无意识草图:"联邦是共和主义的封建;封建是君主制的联邦。"在巴纳夫看来,封建体制的特点是保守和领地意识;它使个人受制于地方依附关系,并屈从于大家族的影响,这些家族自视为守护者、多样性的保卫者。因此,巴纳夫坚决反对所谓的"分邦建州"(canton)的做法,而且深信法国存在着对统一的志愿和审慎的需求,其目的是防止"南北分裂为两个国家"。在他看来,似乎只有"君主制的巨大能力"才能确保统一,而议会很难确保并维持法国的各个部分保持一致。

不论民主社会的宗派还是贵族社会的派别,联邦主义似乎始终蕴含了解体和不平等因素。与此相反,君主制——正如米拉波向路易十六夸耀的,大革命刚刚为其增添了奢华的礼物,即从此以后"没有高等法院,没有三级会议省,没有特权团体,没有教士,没有贵族"——能够同时致力于领土统一、公民平等和理性。大革命虽然监管着君主制,但是也刚刚杜绝了贵族制的混乱,并担心民主制的混乱,所以对联邦主义的思想倍加排斥。

因此,在法国大革命期间,只有一个非常短暂的"联邦主义"时刻,它既不是联盟节时期,也不是吉伦特派反对巴黎的时候。这一时刻是瓦伦事件之后,当时阻碍人们接受联邦观念的思想障碍之一刚被消除。一旦君主制被定罪，至少当时人们在思想上是这样看，联邦主义观念以及这个词就在"社会俱乐部"（Cercle social）中涌现出来，还是采取了各民族的联盟的形式。直到1791年底，作为中央政府和个人之间的中间权力形式的联邦主义才出现，当时比约-瓦雷纳起草了一份出人意料的法案。比约——被指控为联邦主义的吉伦特派后来少不了对他的记忆——赋予83个省政府"法令批准权"，任何法令，如果没有获得这83个省份中超过四分之三的同意，都没有法律效力，这是他提出的解决大国中共和制的可行性的体系。这和比佐的看法一模一样，但这只是个人观点，而非吉伦特派的共识：联邦主义适合领土广阔的国家，能够把"对内有序的自由和国家一切对外力量的有力组合的优势"结合在一起。

然而，也许是因为战争重新引发了分裂的危险及人们对分裂的恐惧，对联邦主义解决方案的兴趣持续时间很短。自1792年9月起，甚至在宣布共和国前夕，雅各宾俱乐部一直在讨论联邦主义问题，沙博已经将其描绘成了复辟王权的"布里索方案"。而布里索在两个月后，才论述了这一方案的真正含义。布里索如此描述其方案："将法国各省团结起来，一直延伸到自然为其确立的疆域，从而超越联邦共和国的环形带。"这是一个统一的法国，覆盖了所有天然边界，并且受到结盟的共和国组成的缓冲地带的保护：布里索的联邦主义局限于此，既没有君主制的踪影，也不涉及什么联邦国家。因此，人们彻底误解了布里索的用意，而法国大革命的整个历史只是加深了这种误解。

不过,沙博等人猜疑的延续乃至加剧,确实是吉伦特派自己造成的。自1792年9月23日起,比九月屠杀更让人震惊的是,为了缓解屠杀造成的冲击,罗兰呼吁议会要尽力阻止此类事件的发生。那依靠谁来阻止?韦尼奥(Vergniaud)、朗瑞奈(Lanjuinais)和比佐三人异口同声地说,要依靠各省的力量,通过各省召集公众武装。这马上引发了拉祖克(Lasource)和丹东之间的争论。前者认为要提防首都巴黎带给革命的暴政和"阴谋"。而丹东一如既往,以极端的言辞回击:处死那些试图分裂法国的人,但他的激烈言辞背后是趋向温和的想法:也许死刑威胁可以"消除那些荒谬的主意",在丹东看来,联邦主义显然是痴人说梦。此时,比佐加入了争论,他站在守势发言:召集各省军队的目的是为了消除"联邦分裂"。这样,就把总结争论的有利位置让给了罗伯斯庇尔。他把以下两类人混合在一起进行谴责:那些攻击巴黎公社,挥动土地法红色文书,似乎该法案已通过的人,以及那些怀有"建立联邦共和国目的"的人。事实证明,这种混淆在一段时间内很有效。他利用了国民公会渴望一致的心态,让大家为了共和国的统一和不可分割而投票,赢得了决定性的一局。团结,是所有人的愿望,但是现在召唤各省武装力量就明确地被打上可耻的印记,因为这是与刚刚进行的投票结果背道而驰的。

因此,自1792年9月起,一切因素都齐备了:吉伦特派自身也对"联邦主义"一词产生了怀疑,这一怀疑是如此强烈,以至于曾经辉煌的"联盟"一词已经变得不合时宜,只有夏天进驻巴黎的各省联盟军还激动地使用该词;吉伦特派和山岳派之间互相指控对方具有联邦主义思想;双方都运用了历史隐喻,吉伦特派将巴黎与罗马帝国的罗马相比较，山岳派则重提克伦威尔："通过在你身边布满侍卫，你就被推为独裁者了"；在吉伦特派这边，迅速产生新的想法，即找一个城市替代巴黎，使其成为温和革命的首都，以此对抗无政府革命的首都（这种观念表明吉伦特派和山岳派一样，都是中央集权的积极拥护者）；最后，随着外省义勇军不断进驻巴黎，对于边境守备空虚的恐惧不断增长。这一恐惧的理由——山岳派完全利用了这一点——是如此充分，因为当人们认识到难以招募30万男子入伍时，它就变得无法抗拒了，以至于布瓦耶-丰弗雷德亲自出面，劝说响应号召的各省义勇军踏上回程之路。

在这一整年里，最让人震惊的，莫过于一方面各省发布大量向巴黎进军的致词，宣布招募军队并开拔，另一方面最后成行的却很少。尽管各省行政委员会开始在各地征兵，命令部队开拔，制订士兵薪资标准，甚至在1792年冬天有小股部队已经抵达巴黎。但是从一月起，在关于是否赋予各省政府对公共财政预算的投票权的问题上，山岳派成功地推迟了相关辩论。2月，议员康邦（Cambon）提出，各省招募的军队应该接受执行委员会指挥，其提议获得通过。3月，在军事失败和旺代起义造成的恐慌氛围下，吉伦特派退缩了。直到5月31日，外省军队依然是核心政治难题，并且在联邦党人反抗这些灾难出现之前，就已经展现了省政府的无能为力。这些省政府确实可以在已与社团总部断绝联系的俱乐部中引发些许动荡，召集国民卫队，在官僚机构的协助下获得下属政府的支持。但它们组建部队非常艰难，而这也是可以预见的困难。

各省动员温和群众，激发他们发布可怕的宣言，可以说十分成功，但是在这方面是否能找到使他们备受抨击的地方主义思想？事实上，这种躁动所产生的各种文本中鲜见地方观念的痕迹。有人会说，这是那些预感到联邦主义指控对自己而言是致命的人采取的一种策略，而且他们必然提前进行了掩饰。但是如果存在强烈的省籍意识，那么这些预防措施是不够的。事实上，除了涉及土地和气候等因素区分外（山区和平原，北方和南方），仅有的涉及地方特性的都与刚刚消逝的过去以及大革命本身有关（马赛人的共和使命，布列塔尼人的反专制勇气），仿佛地方自豪感已变为促进国民情感的形成。菲尼斯泰尔省的官员们甚至蔑视巴黎人，认为自己虽然"过去是"布列塔尼人，但具有国民意识，而巴黎人忘记了作为法国人的品质。因此，正是作为对手的山岳派，也只有他们，在温和派政府活动中发现了分裂意愿。杜布瓦-克朗塞作为特派员前往伊泽尔省，报告称看到当地行政官员胆大妄为："将法国地图摊在桌上，说从地理上就能证明，南部不需要北部。"与此观察相呼应的，是罗兰夫人在其《回忆录》中泄露的一个秘密："考虑到当时糟糕的情况，以及对北方专制的担心，我们设想过一个预案，在南部建立一个共和国。塞尔旺研究了军事据点，我们则根据河流、山川和城市的分布，在地图上标出界限。我们还讨论了区域内的生产和资源情况。"不过，上述这段话，并不是什么地方主义的观念，更不要说什么分离主义了，这只是一种试图在白纸上重建政治的孩子气的热情。

更有力的证据是当时人们对巴黎的仇恨。在外省的请愿书里，巴黎有时候是反叛的、统治的和傲慢的城市，是公社的城市，有时候是受辱的、驯服的国民公会的城市，总之，它被看作一个与众不同的城市，真正的联邦城市。历史学家罗歇·迪皮伊（Roger Dupuy）分析了伊勒-维莱讷省代表团通信中与巴黎相关的所有文本，发现代表们敌视巴黎公社甚于山岳派，敌视马拉甚于罗伯斯庇尔，敌视一小撮野心家和疯子甚于街头本性不坏但遭到操纵的巴黎群众。此外，雷恩的法官们以自己的文化范畴来解释这支人数众多的武装群众的存在：对他们而言，巴黎变成了罗马共和国晚期的罗马城，深受庶民的要求和平均主义不断高涨之苦。他们认为特派员像治理罗马行省一样治理各省。他们所表达的更多的是反对雅各宾的中央集权，而不是所谓对巴黎的蔑视。

还是对巴黎的这种仇恨，在1793年春天激起了温和的自治区运动。在巴黎各区要求从1793年4月起驱逐吉伦特派议员之后，作为回应，外省出现了要求维护温和派各区稳定不变的运动，整个这场骚动是针对特派员的干涉：特派员们于春天到达各省以确保大规模征兵的顺利进行这件事，在各地都被视为一种挑战，外省所有的仇恨都集中到了这些人身上。在一些城市，温和派仅仅是发布一些文字请愿，但在马赛和里昂这样的城市，温和派主导了市政事务，逮捕雅各宾党人，洗劫雅各宾俱乐部，已使自己处于违法境地。甚至在巴黎，也有些区在这个"温和主义的春天"摆脱了山岳派的控制。从这场运动的存在我们可以得出结论：所谓的联邦主义叛乱不能被简单理解为是对1793年6月2日政变的回应。5月23日，第戎的公民们就曾通报大声呼喊联邦主义的"狼"来了的国民公会，他们这样做，最终真的会使"狼"出现：各省联合以回应巴黎公社的最终政变，在变成现实之前，这个设想已经被讨论过无数次了。

当1793年6月2日政变的消息传至各省的时候，它首先似乎印证了第戎公民们的预言：给了所有零星的反抗以理由，推进了这些反抗，并使得这些反抗目标更为明确。首先它决定了反抗行动的地理范围。巴黎周边的省份仍然保持着冷静。除了这些受巴黎影响的省份，还可以加上北部省、加莱海峡省这样的边境省份，以及洛林省和阿尔萨斯省，它们有些迟疑不决，但是其反抗运动因为内部纠纷而偃旗息鼓，因此，法国东北部依然忠于国民公会。法国中部也未见骚动，尽管布尔日会在未来成为新国民公会的首府。因此，有关联邦主义运动的传统史学编纂认为只有30个省是忠诚的，大约三分之二的省份在反抗国民公会的歪曲。历史学家饶勒斯称之为"令人绝望的联邦主义"似乎实现了。

但当时吉伦特派和山岳派都夸大了联邦主义运动的范围，吉伦特派希望围绕着运动创造一种成功的谣言，而山岳派则希望为镇压措施提供理由。这场叛乱，和前几个月的骚乱一样，由各省行政官员主导，他们是一群非常温和的资产者——尽管1792年选举已变为普选，但当时的选民通常还是挑选了与此前选民选择一致的人——希望和平以及金融安全。在得知政变的消息之后，外省行政官员在省会召集全部或部分法定社团开了特别会议。当时，各种情况都是可能的。有些地方的反叛因为特别会议存在分歧而失败了：例如在奥恩省，由瓦拉泽主导的省政府与卡昂的吉伦特派关系密切，但是忠于国民公会的阿让唐市政府反对好斗的决定，主张采取观望态度，并最终使整个特别会议陷入瘫痪。在其他地方，反抗更为深入一些：特别会议建立了公共安全委员会，逮捕了国民公会的特派议员，并且尝试召集武装，不过他们还是给予法律程序足够的尊重，将自己采取的这些措施都报告了国民公会；这是卡昂最初发生的情况。最后，还有一些地方，与国民公会一刀两断，并派联络员到邻近省份商议共同措施：最后这一尝试使得联邦主义成为现实。

在公开宣布反叛的五个中心（卡昂、波尔多、马赛、里昂和土伦）里，有两个被轻而易举地扑灭了。卡尔瓦多斯省的会议在卡昂召开，当时的卡昂已经成为6月2日政变后逃亡吉伦特派领袖的庇护所，会议商讨一周后决定，在国民公会重获自由之前不放下武器。其首先采取的行动是逮捕马恩省的国民公会代表罗默和普里厄，禁止向巴黎运送给养。然后，该会议成立了西北省份反抗委员会。会议在招募志愿军上遇到了很多困难。在一系列拖延许久的准备工作之后，7月12日，一支部队在没有等到菲尼斯泰尔省军队的情况下从埃夫勒开拔。这次出征一开始就士气不高，在共和国军队的突袭下，1793年7月13日就在布雷库尔耻辱地溃散了。进军巴黎就此告终。朱利安在《关于叛乱政府的报告》——山岳派指控叛乱的权威依据——中提到卡昂行动的目的是要模仿瑞士，建立一个联邦共和国，面对这样的指控，被告们还是比较容易辩解的。但是要洗刷他们领袖面临的保皇主义指控，则是非常困难的：温普芬只是一个暂时的雅各宾派，而皮萨伊很快投奔旺代。

波尔多的情况也差不多，6月7日在特别会议内部产生了一个大众委员会，首先废除了最高限价法，并向周边各省派出了宣传专员。与卡昂类似，招募省武装遭受重挫：一方面，征集志愿兵很难，另一方面，逃逸人数居高不下。尽管波尔多成立了军事委员会，但是连预定的1200人规模的部队都没有组成：最后成军的只有400人，在50公里的行军后，最终于7月31日在途中的葡萄园溃散。该地方运动的结局与卡昂类似。尽管保皇主义在波尔多的影响很小，两地还是有很多相似之处。两地的运动都是对政变的回应，都与被驱逐的吉伦特派相关（波尔多是吉伦特派的老家，卡昂则是他们的避难地）。两地春季的自治区运动都缺乏力度，而同时，即便在穷人中，雅各宾激进思想的影响也是有限的。最后，两地的"联邦主义"都缺乏民众支持。

另外三个叛乱中心的情况则迥然不同，它们的持续时间更长，更难以扑灭。在马赛、里昂和土伦，叛乱运动并非对吉伦特派被开除的回应。冲突由来已久。早在1792年9月之前，马赛就发生过雅各宾派对批发商和教士的绞刑屠杀。雅各宾派控制的区曾设立群众法庭，实行特别审判。1793年春季，中央特派员的到来又重启了新一轮对富人的征税和撤换官员运动。温和派控制的区的回应是，赶走特派员，并宣布起义。在里昂，1792年11月的选举之后，在担心革命措施的省政府和相当激进的公社委员会之间始终存在分歧。整个冬天冲突一直在持续，雅各宾派与温和派双方互有胜负。这一动荡在5月29日爆发，其时间点早于巴黎的政变，目的是终结雅各宾派掌权的市政府，摆脱沙利耶的独裁统治；血腥的反抗，由于沙利耶被处死，而使得冲突不可调和。最后，土伦长期以来就是各种严重冲突、清算、逮捕和苛政的集中地带：自1792年7月起，雅各宾派掌握的市政府就实施了对省政府官员的屠杀。

因此，以上三个城市都长期深陷政治斗争。雅各宾派在这三个城市都已长期控制市政生活，而且引发了诸多反对，甚至一些反对来自下层民众。三地的武装反抗都卓有成效。其中马赛尤为突出，组织了一支3500人的省武装，尝试与里昂军队会合，并在此过程中取得了几次出击的胜利。在进军巴黎的路上，这支马赛军队还于7月7日占领了阿维尼翁，不过十天后，卡尔托将军又将它夺了回来。而且，又经过了两次战斗后，马赛的叛军才被消灭。至于里昂和土伦，也是经过了艰难且血腥的围困之后才投降的。

另外，与前两个城市不同的是，这三个城市的叛乱运动中都清晰可见保王党的身影，尽管保王党并非从一开始就参与。按照约瑟夫·德·迈斯特的说法："保王党根本没有参与里昂叛乱，那是两个共和派的争斗"。但是里昂的地理位置是个交汇城市，与聚集了大量流亡贵族的瑞士相邻，保王党很容易渗透进来。当里昂遭到围困的时候，它必须要找到一支防卫军队，而且最后这支军队的统帅就是一名保王党。在这糟糕的数周中，保王党的影响力不断上升，这也就是为什么，和波尔多相反，里昂的各区反对给阿尔卑斯方面军输送给养，因为他们公然指望皮埃蒙特地区对法国的攻势。土伦则是叛国的典型例子，当地各区组成的总委员会在一段时间的相对独立之后，终于在8月向英国人投降，此后的秋季，土伦只是执行英国人的命令，直至12月18日被法军攻陷。

最后，从这三个城市的情况我们可以得出结论，叛乱持续的原因更多的是由于对另一场革命的恐惧，而不是要违抗中央特派员:这种恐惧的导火索是有关土地法和向富人征税的传言。另外,虽然保王党参与了叛乱,他们并非叛乱的始作俑者:反雅各宾派运动的源头正是共和派掌管的区,以及爱国者团体,正如马赛的情况所显示的,所谓的"联邦派"之前都是雅各宾派。在以上三个工商业城市的叛乱中,批发商和食利阶层这样的城市精英扮演了重要角色,店主、手工业者——在巴黎这些人就是无套裤汉——和更为下层的民众也参与了叛乱,就像马赛所发生的那样。简言之,革命中真实的联邦派叛乱,其性质与人们曾认为的资产者叛乱有一些距离,与保王党叛乱相距更远,而且绝不是"吉伦特"派叛乱。这场叛乱之所以是不可调和的,是因为它所爆发的地区中冲突早已存在,激进俱乐部的残暴加深了当地的反雅各宾主义,而地方显贵无法取得对其城市的控制权。联邦派叛乱的成功就在于地方政治的激烈。

随着土伦的投降,联邦派叛乱于1793年年底结束。紧接着是无情的镇压,起义者被枪决,房屋被拆毁,叛乱城市被重新命名。这场运动快速溃败的一个原因是,山岳派掌权的国民公会迅速通过了新宪法,这对那些犹豫不决的省份产生了决定性的吸引作用。即便在最明确一致反雅各宾的地区里,也出现一些区和市镇向国民公会发送请愿书表示支持,甚至一些联邦派的省份,如吉伦特省,也同意就新宪法组织全民公投。各省之间的联系迟缓,使得国民公会可以利用各省的观望等待,及时向各地紧急派遣干练代表以防止决裂发生。粮食危机也在这始终对供给能否持续的恐慌年份里起到了抑制作用。对背后外国军队和旺代叛乱的担忧,使得很多省对与山岳派决裂开始迟疑。最后,各地的广大农民对城市的各种运动始终漠不关心。正像 E. 福克斯在其精彩著作中所作的对比分析一样，在"联邦派"的失败中，我们可以看到港口的、海洋的、商业的、自由的法国，相对于陆地的、农业的、威权的和中央集权的法国时的持续失败。

博多[①]在其《回忆录》中写道："我知道，救国委员会多次提出起草关于联邦主义的报告，而这份报告总是由于缺乏证据而延期。然而在这个时代，人们并不难找到辩护证据。"我们同意博多的说法，反对历史学家阿尔贝·索布尔的说法，即"各省和各地特性的持续存在这一现实，在1793年引发了联邦派危机。"在危机的起源中，人们并没有发现什么"特性"，各地都是拒绝雅各宾派的措施，以及执行这些措施的人，即特派员。

但是这一误解的影响是持久的。法国的地方主义运动不断受到关于这些反叛地区的记忆的影响，认为在祖国处于危急之时，这些地区开辟了第二战场，甚至不惮于寻求外国力量的帮助。这些城市对雅各宾政策的反抗成为威胁国家统一的代名词。即便面对最温和的地区要求，人们都会不断激起有关联邦主义的回忆。正如雅各宾精神或雅各宾激进主义始终享有拯救祖国的盛誉一样，地方诉求始终被怀疑在暗地里挑战国家的统一和不可分割性。这就是为什么在我们200年来的历史进程中，地方诉求总是那么微弱。拉勒韦利埃-勒波告诉我们，督政府时期，左右两派串通一气，"强烈谴责联邦制"。在对联邦制同仇敌忾的气氛中，

---

① 马克·安托万·博多（Marc Antoine Baudot, 1765—1837），法国作家。

甚至出现了所谓的"右派雅各宾主义",这是与法国革命时代完全不符的政治形态。至于有些派别,因为自身的地方渊源(例如激进派),或者自身的政治主张(例如基督教民主派),对地方诉求抱有同情,但面对其领导人的雅各宾主义,以及被战争激发的民族主义,它们也无法表达这种同情。直至不久前,法国政治还在不断地发明"联邦主义者"敌人,这可谓雅各宾派的第二项胜利。

莫娜·奥祖夫

延伸阅读

BAUDOT, Marc-Antoine. *Notes historiques sur la Convention nationale, le Directoire, l'Empire et l'exil des votants*, Paris, 1893.

BUZOT, François-Nicolas-Louis. *Mémoires sur la Révolution français*, Paris, 1823.

DUPUY, Roger. «Aux origines de fédéralisme breton. Le cas de Rennes, 1789-mai 1793», *Annales de Bretagne et des pays de l'Ouest*, n° 3, 1975.

EDMONDS, Bill. «Federalism and Urban Revolt in France in 1793», *Journal of Modern History*, n° 55, mars 1983.

FORREST, Alan. *Society and Politics in Revolutionary Bordeaux*, Oxford, Oxford University Press, 1975.

FOX, Edward Whiting. *L'Autre France. L'histoire en perspective géographique*, Paris, Flammarion, 1971; éd. originale: *History in Geographic Perspective: The Other France*, New York, W.W.Norton, 1971.

GOODWIN, Albert. «The Federalist Movement in Caen in the Summer of 1793», *Bulletin of the John Rylands Library* (Manchester), n° 42, mars 1960.

HERRIOT, Edouard. *Lyon n'est plus*, 4 vol., Paris, Hachette, 1937-1940.

La RÉVELLIÈRE-LÉPEAUX, Louis-Marie De. *Mémoires*, 3 vol., Paris, 1873.

NICOLLE, Paul. «Le mouvement fédéraliste dans l'Orne en 1793», *Annales historiques de la Révolution française*, 1936.

VOYENNE, Bernard. *Histoire de l'idée fédéraliste*, 3 vol., Paris et Nice, Presses d'Europe, 1973-1981.

WALLON, Henri-Alexandre. *La Révolution du 31-Mai et le fédéralisme en 1793 ou la France vaincue par la Commune de Paris*, 2 vol., Paris, 1886.

参见条目

贵族（Aristocratie）

巴纳夫（Barnave）

布里索（Brissot）

中央集权（Centralisation）

巴黎公社（Commune de Paris）

孔多塞（Condorcet）

宪法（Constitution）

民主（Démocratie）

省（Département）

联盟节（Fédération）

封建制度（Féodalité）

吉伦特派（Girondins）

孟德斯鸠（Montesguieu）

罗伯斯庇尔（Robespierre）

卢梭（Rousseau）

西耶斯（Sieyès）

联盟节
Fédération

联盟节的声誉和所有含义——这一词往往被漫不经心地用于指1789年夏秋季国民自卫军的集结行动,或1790年春季的联盟运动,抑或1790年7月的全国联盟节——源于它是整个法国大革命中争议最少的历史片断。正是这一特点使之具有多项功绩:首先,它在整个法国的传播,成为一种自发的、同时的和一致的意愿的证明,饶勒斯这样写道:"同一直觉同时提醒所有公民团体和城市注意到,如果自由仅仅停留在国民议会,那么这种自由是不稳定的和虚弱的;自由应该像进入市镇那样进入各个家庭";其次,它实现了博爱,对于米什莱来说,就是回归作为"人性基础"的社交性,因此真正发明了"一个普世的教会,它的教堂就是天穹,从孚日山脉到塞文山脉,从比利牛斯到阿尔卑斯";最后,也是最重要的一点,它是法国爱国主义的诞生证明:按照米什莱的论述,联盟节是法国和自己的婚礼,似乎消除了地方和地区之间的差异(米什莱还说,联盟节是"地理的终结");这是有史以来第一次人们获得力量摆脱乡村视野和乡土观念(路易·勃朗(Louis Blanc)说,人们离开了"他们孩子出生时敲响的大钟，以及保佑他们祖先遗骸的木头十字架"）；确立了巴黎的中心地位。结盟运动同时体现了法国人追求团结的热情，以及与中心趋同的情感：因为结盟明确意味着拒绝地方主义，并且具体阐明了各省向巴黎行进的路线。即便是对联盟节的描述最为克制的泰纳，也承认1790年7月14日的参加者们"激情迸发，狂喜至忘我的地步"。

确实，要补充的是，这只持续了一个早晨，只是一次拥抱和一次宣誓的时间：第二天，"他们就恢复原样"。从泰纳开始，对联盟节的批判反思始终是对此前史学研究赋予其的美好描述提出质疑。这些反思有的对联盟节的一致性提出怀疑，指出国民自卫军这一联盟节的主角，远不能代表整个民族；有的对联盟节的自发性和热情程度提出异议，依据是在节前有辛苦的准备过程，并强调联盟节与骚乱和大恐慌之后恢复社会秩序的努力有关；有的则嘲笑仪式安排，指出它是艰难妥协的结果，而并不是让人激动人心的团结一致的体现；最后，有人反思联盟节的结果，指出它对未来众多冲突都有决定性影响，并列出这些冲突的清单。围绕着联盟节这些争执展开的讨论，促进了对于国民自卫军和联盟运动的认识，尽管相关研究还存在空白。但是这一讨论并没有解决联盟节提出的重要问题，即象征的力量和传奇的真实性问题。

联盟节的主角是1789年7月16日由拉法耶特命名的国民自卫军。命名于这一天，足以说明它与骚乱和控制骚乱的必要性之间的联系：国民议会代表团（共88人，包括拉法耶特和巴伊）在7月15日周三来到巴黎，发现已成立了一个常设委员会，一支已成形的资产者自卫队,拥有一千多手持武器的男子。拉法耶特被推选为资产者自卫队的指挥官。计划是解除这些威胁社会秩序的人的武装,但要保留一支公民部队,以应付王室军队的威胁。在巴黎军事委员会的协助下,这一计划迅速达成。自7月31日起,自卫军开始组建(巴黎的60个区每个区出400人),由选举产生的总司令指挥。由于规定自卫军成员必须自付武器和漂亮的三色军服的费用,这就在事实上将参军资格限制在了富裕公民中。因此,在巴黎组建这一自卫军的用意很明显:让巴黎从起义状态回归正常。

在外省,情况更复杂一些。在1789年7月14日之前,骚乱已经持续了一段时间,各地都成立了资产者自卫队,名称各异,有叫"公民卫队"的,也有叫"第三等级义勇军"的。正是在这已有充分准备的领域,攻占巴士底狱的消息引发了一场拿起武器运动,其表现形式各不相同,有的是反抗市政当局,有的则是支持市政当局(有些地方的旧市政府已被废除,有的地方则保留下来,还有些地方甚至是两个对立的市政府艰难共存),有的是反对军事当局,但最普遍的则是获得军事当局的同意,从它那里获得武器,从而将坚固的城堡交给军事当局。然而千差万别的地方形势并未掩盖这一本质,即自卫队在法国各地同时涌现。因此,虽然这场拿起武器运动的起源并不是大恐慌,但是大恐慌显然推进了这场运动,导致在7月25日至8月初这段时间里,各市镇匆忙征集民兵:各地男子都拿起武器,组织起来敲响警钟,设立岗哨,组织巡逻。当职业士兵描述这些临时军队的时候,他们强调其杂乱无章:埃佩尔奈的一位上校在谈及当地民兵时说:"这种军队绝没有任何纪律、服从和训练可言。"

资产者自卫队的混乱无序，以及他们喜爱逾越市镇区划界限的行动，解释了为什么从1789年8月10日起，议会代表们就请求国王颁布法令，承认国民自卫队的合法地位，给市政当局安排任务——要求自卫队反对那些破坏民众安宁的骚乱分子，并辅助军队驱散聚集的骚乱者。但是，这项法令根本没有解决自卫队与市政当局之间的权力分配问题，因为自卫队只对指挥官宣誓（巴纳夫认为当"从属关系似乎已被打破"之时，这种宣誓是必不可少的），而不是市政当局。不过，该法令还是明确阐明了自卫队的治安功能，并且赋予其密切监视"那些没有归属、没有工作或职业的人"的行为的使命。

这场拿起武器运动在法国各地的蔓延，提出了众多问题，而对这些问题的解决程度各不相同。真的是如革命史学所断言的，这是一场新出现的运动吗？它是城市运动还是农村运动？如何征召自卫队？它与市政当局保持什么关系？

资产者的自卫队、夜间巡逻队和军团不是大革命的发明。旧制度下自卫队就表现为一支有组织的力量，有时被赋予礼仪功能——仪式队伍和施放烟花，有时承担治安工作。但是革命冲突远不只是使其重新活跃，还使其彻底变样。罗杰·迪皮伊以雷恩为例，指出国民自卫军相较于过去资产者自卫队的新颖之处：由于年轻人的激进行动——1789年1月26日和27日在雷恩制造了骚动，雷恩的国民自卫军早在1789年7月14日之前就出现了。这些年轻人写就的宣言令人吃惊，其中已经出现了同盟（confédération）一词和观念，以及未来国民自卫军的座右铭和徽标。1789年7月14日之后,这些骚动的年轻人重新上场,想继续此前短暂存在的"国民军",然而市政当局很快就迫使他们守规矩(对这一创造的回应就是国民自卫军条例),但是国民军这一名字本身就是反对与自卫队相连的那些记忆。这群年轻人想要强调的是,第三等级掌握了军队。

各地同时出现这一运动,使人想到第三等级代表们协商后的暗中影响。但是1789年7月18日的议会辩论时,王政派不出意料地明确反对不受王权控制的革命自卫队遍布法国,第三等级代表也没有显示出统一的阵线:这也就解释了为什么辩论很快就陷入了僵局。例如,米拉波就希望先把市政当局组织起来,从而更好地确保自卫队不受旧的势力集团的控制。巴纳夫虽然在议会态度暧昧,但在写给格勒诺布尔通信者的信中,他指出"自卫队应该准备进军"。这些人的犹豫不决表明,即使第三等级事实上想控制这场有可能越出界限的运动,但在这个问题上内部并没有形成明确的意见。

这场运动,是否像大革命史学史几乎一致认为的那样,本质上是一场城市运动?保尔·布瓦(Paul Bois)认为,正是运动所具有的城市特征,成为农民反抗大革命的原因之一。因为在乡村,国民自卫军各营的主要构成人员是小资产者和手工业者,而日常农活事务阻碍了农民参加自卫军,所以在农村观念里,很长一段时间是把这些穿蓝色制服的民兵与资产者相等同的。这个看法,尽管从统计数据上看是对的,但还是应注意其中的细微差别:因为有一些乡村地区的人加入了附近首府的运动;有些乡村国民自卫军的指挥官就是农民。另外,在乡村进行的旨在保护领主的镇压活动中，不是所有地方都有自卫队参加，并因此而被等同为镇压者：国民自卫军参与攻打城堡或是突然转而支持"煽动闹事者"的例子很多。情况如此复杂多样，足以证明自卫队并不可靠，其功能也是不确定的。此外，在自卫队内部也存在分裂，同一个城市里，可能既有爱国派连队，也有贵族派连队，这就解释了为什么有些地方的国民自卫军会倒向反革命的一方。

正是由于这种分化，国民议会力求尽快使国民自卫军正规化。议会首先想控制住征募环节。大恐慌之前征募的自卫队人员的社会构成是相当狭窄的。但是危险的警报往往使得自卫队敞开了大门，直至像图卢兹那样，"上至主席，下至手艺人，所有人毫无区别"都可以加入。一旦警报解除，各地就重新开始限制加入自卫队，设置不同的纳税标准，往往预示了积极公民和消极公民的区分。有些地方只让地产主加入，有些地方则要求一定的纳税额，还有些地方只要在纳税清册上即可。佣人显然始终被排除在外，有时"需要每日劳动以维持生存的公民"也不包括在内。1790年6月12日的法令终结了这种招募标准各不相同的情况，规定只有积极公民及其儿子才能加入国民自卫军，而且报名参加成为他们的义务：尽管制宪议会不敢将那些在危机时刻参加自卫军的"消极公民"解除武装，但是志愿参加自卫军的阶段结束了，向最贫穷的公民敞开大门的阶段也结束了。至于自卫队的指挥权，则仍然属于贵族（往往根据其军事经验来指派），或者是从事自由职业、行政管理、金融业的上层资产者。

制宪议会还颁布一系列法令，试图削弱自卫队的自主权，确保他们服从市政当局的调遣：从1790年2月2日起，市政当局对

"组织为武装连队的公民"有了支配权。在某种程度上，结盟运动正是对市政层面的这种权力丧失的回应，通过结盟，国民自卫军将能够要求在地区事务中发挥作用，进而在国家事务中发挥作用。

那么，联盟节这个观念是从哪里来的？是像米什莱和饶勒斯所认为的，联盟节是自发产生的吗？对于第一个所属权问题，有很多争论：有人认为联盟节起源于1789年11月2日弗朗什-孔泰省内的14个管辖区城市缔结的约定；另有人认为源于1789年11月19日多菲内省和维瓦赖山（Vivarais）国民自卫军的联盟宣誓；还有人认为源于1790年1月15日布列塔尼的69个市镇的自卫队在蓬蒂维的集会。对于这一问题有不同的回答，这取决于人们是考察"全国联盟"，还是仅仅考察联盟观念。正是在蓬蒂维集会的发言中首次提到了全国联盟："新秩序不是要求你们扩展盟约，并在首都也被公众接受？"但联盟的观念出现很早：1789年8月8日，博纳尔为市长的米约市政府与所有居民一起倡议"与罗德兹市、维勒弗朗什市以及其他所有希望加入的市镇结成联盟"。同年8月9日，阿列日省的一个小镇向当地镇政府提议，和周边的城市与村庄缔结"联盟约定"。因此，这些是因为大恐慌而出现的大量地方行为。但同样可能的是，自1789年冬季起，尚未大规模扩散的恐慌已足以产生联盟的需求以及"联盟"这个词本身：1789年2月，雷恩的第三等级年轻公民用这个词来命名与布雷斯特、安茹的年轻人缔结的盟约。

事实上，正是通过所有这些带有不安情绪的运动，"联盟"

一词才逐渐为人所接受。为了表述城市之间达成的盟约，记录的编撰者们在很长一段时间里使用各种术语："同盟""和解""城市同盟""博爱与爱国主义的仪式""联盟"。长期以来，最后一个词"联盟"处于废弃不用状态，为18世纪的词典所忽略，但它在政治学论述（例如孟德斯鸠、马布利、卢梭和杜邦·德·内穆尔的著作）中重新获得使用，并在美国重获新生："联盟"（fédération，又译"联邦"）、"同盟"（confédération，又译"邦联"）这些名词的普及，以及对于那些结成"同盟"的民族的赞赏的传播，美国经验起了很重要的作用。不过，这些新词想要为人所接受，也并非易事。一方面，它们包含贬义，因为盗匪就聚集起来结成"地狱联盟"（所以自卫队觉得有必要自称为"神圣联盟"，"博爱、荣誉、团结和援助的联盟"）。另一方面，面对"联盟"一词，有时也会出现后退：1790年3月20日，布列塔尼和安茹的一支特别代表团来到国民议会时，一些议员想要阻止他们宣读宣言，其理由（或许是有道理的）是宣言中提到的"联盟约定"使他们感觉到了联邦主义的威胁。不过，最后这些议员们还是接受了议会主席的说法：这份宣言正式放弃了布列塔尼人和安茹人的名称，因此正好相反，它其实是"永远消灭了联邦制度"。我们能看到，"联盟"一词的词义含糊不清，并且能窥见在未来"联盟"和"联邦主义"之间的复杂纠葛。

"联盟"一词最终还是为人所接受了（由于其简单而战胜了同盟（confédération）一词）。因此，此后出现了联盟派和地方联盟，其人数在1790年春季不断增长，并且在议会中获得爱国派的支持。显然，这些联盟更容易接受俱乐部的指令，也成为自卫队避开贵族掌握的市政府的手段;因此同时成为被控制的对象和实行控制的工具。联盟的双重目标可能也体现了这种二元性:既针对民众暴动,也针对贵族威胁。确实有一些联盟明显偏向其中某一类目标:例如,蓬蒂维的联盟只针对"当下法国重生的敌人",而对镇压农民运动只字不提。但是,大多数联盟同时具有双重目标,在"土匪"和"将公民与贵族相区分开的人"这两方面之间谨慎保持平衡。

用词和目标的模糊不清,以及在蒙托邦和尼姆等地遭遇的实际反抗(既有市政府与国民自卫军的对抗,也有两支国民自卫军之间的对抗),都让人自然而然地产生这一想法,即国民自卫军远非在各地都是促进团结的因素。那些发明出来的仪式试图打消这一怀疑,从而使联盟协约得到确定。这类仪式的安排没太多新意:这是军人节日,正规军军官和国民自卫军军官一起列队行进,持剑在手共同宣誓,在户外望弥撒,面对旗帜祈福;这是男性的节日,显贵的节日。在祖国祭坛和市政府之间人们起草联盟协约,并在上面签字。但是,在这相当僵化的仪式中,还是有很多演说热情洋溢地表达了寻求同一性的愿望。把这一运动解释为"外省的"(就像前面我们提到的,议会已有这样的想法,而且米拉波称联盟节的中心人物拉法耶特为"外省人")是完全没有看这些演说。勒托瓦堡的自卫队宣布:"我们不再是多菲内人,你们也不再是朗格多克人,我们全都是法国人",蓬蒂维的布列塔尼人和安茹人则宣称放弃"他们的特权",以示回应。联盟活动的参与者——无论演说者还是会议记录的编写者,他们设想的是完全相同的个体的联合,以这些文本中常出现的比喻来说,就是一条不可摧毁的链条中可替换的环节。1790年1月4日，拉图尔迪潘（La Tour du Pin）就清楚地说过，联盟并不是一种"独特的联合体系"。巴黎试图对联盟加以控制，并不是为了要限制"外省主义"。

相反，这种控制思想的产生，是由于国民自卫军的影响蔓延到正规军所激起的恐惧。正是在这种"正规军和国民自卫军联盟"的背景下，为了控制国民自卫军，巴伊以巴黎公社的名义提出建立"大联盟"，时间定在7月14日。该提议正合拉法耶特的心意，因为他当时正与爱国党（parti patriote）渐行渐远，需要一个机会来增强自己日衰的人气。巴黎公社曾考虑让平民参加这一周年节庆，但最终还是排除了这一考虑：塔列朗的报告说道，这是"武装起来的法国的聚会，而不是全法国开会"。因此，只有士兵才能参加节庆活动。在准备阶段，这类排他措施进一步强化：参会的国民自卫军要经过两级推选，而正规军方面，只有资历最深的才能参与，当时人们还起草了一份正式誓言，在列沙白里哀（Le Chapelier）的建议下，还想办法节省开销，早已不再是最初自卫队之间订立协约时的幼稚和混乱了。

联盟节的整个过程本身也体现了这些保守和胆怯的措施。1790年7月14日，在30万群众的注目下，5万名士兵冒雨在马尔斯校场列队行进。节庆中的唯一创新就是增加了儿童和老人组成的队伍，整体场面显得有些拖沓：无休止的军人游行队伍；"祖国祭坛"上的弥撒，尽管有300名教士帮助塔列朗，但他们也淹没在马尔斯校场这一巨大的剧场中；还有国王发表的非常漫不经心的誓言（没人能够说服路易十六前往祭坛宣誓，米拉波也没能做到）。只有在联盟派违背仪式命令，迎着狂风跳圆舞时，仪式才展现出了热情，整个仪式的胜利者似乎只有拉法耶特一人。

既然如此乏味，那联盟节是如何获得超凡的象征意义的？首先，我们要注意到，米什莱这样的对联盟节做了充满感情之描述的历史学家，他们强调的是7月14日在**外省**举办的各种联盟节活动。然而这些活动能够不受限制，是因为巴黎已经不再关注向各地发送相关指令。因此外省的周年纪念活动和巴黎一样，也都包括军人列队游行、"纪念圣人"、举行宣誓，然后组织者还能即兴发挥：添加一些出人意料的角色，如妇女和女孩。或是像斯特拉斯堡那样，依据旧的行会制度，让园丁、渔民和耕作者参加游行；在"祖国祭坛"上举行婴儿的洗礼和公民婚礼仪式；无厘头地借用古代形式、异域和寓言图案来发明仪式中的布景；在露天点燃节日之火；放飞气球。与其说是新的仪式发明，不如说是互不相干元素的欢乐混杂，包括其中词语和视觉的混合，迷惑了众多历史学家。

这些历史学家们首先喜欢强调的是这些活动的同时性：外省纪念活动必须遵循的唯一要求就是同时性，因为联盟宣誓必须要在"正午，帝国的各个地方在同一时间一起举行"，这一同时性对当时人的精神产生了极大影响。历史学家随即注意到的是聚集的动力，这一点在联盟派向巴黎的进军中得到清晰体现：根据上千份证词可知，对于行走在路上的联盟派（对有些人来说是人生中第一次旅行）和在突然变得拥挤的道路边看他们走过的路人而言，言语本身就是流动的，展现出一幅充满活力和异常忙碌的法国的景象。通过打破古老分界的亲身经历，行军的参与者和围观者开始体会到了法国领土的一致性。路易·勃朗对此认识得很清楚："1200多个国内分界线消失了，山峰似乎降低了高度，河流变成了将漫长时期里一直相互分离的法国人联系起来的纽带。"即便旅程的终点和中心巴黎所具有的神圣性，也未能否定这种亲身经历的一致性。因为如果说联盟派像基内指出的那样，进入巴黎犹如进入了一座"圣城"的话，那么还应该指出的是这座城市还有国王，这些旅行者往往承认自己带着宗教情感来"仰望"国王，这也表明国王依然拥有人民的爱戴。但让米拉波感到不利的是，他不知道如何利用好这一点。这些旅行者惦念着旅途的另一端，即他们必须回去的城市，他们将满载徽章、旗帜等各种珍贵的纪念品踏上回程的路，回乡之旅与前往巴黎之旅同样重要：正是在这一意义上，联盟节在活动参与者的来回旅程中很好地展现了法兰西的每一寸土地具有同样的尊严。

　　同时性，地域平等，充满活力的聚集景象，以及可能像饶勒斯所说的，将革命热情传递给原本不热心革命的正规军，以上这些，就是为什么联盟节能对民族想象持续产生深刻影响。能在其中加入"一致性"吗？显然，这涉及爱国一致，它排除了贵族，正是通过与贵族的对立，爱国者自身才得到明确界定。这也涉及资产者的一致，它将"消极公民"排除在外。然而，我们要注意的是这一双重排除并不是蓄意作弊：第一种排除是功能性的，没有它，联盟节就不可能存在；对于第二种排除，我们感到不快只是因为所处时代不同，身处1790年的人几乎不会有这种感觉：联盟节的参与者是在1790年经过选举获得推选的；聚集在马尔斯校场上的是积极国民，是合法的参与革命的国民。饶勒斯写道："当制宪议会能够召集400万人投票时，它就可以设想自己召集了整个国家。"这一说法同样适用于联盟节。

因此，"一致性"并不是刻意的谎言，而是普遍的幻觉，或者说得好听一点，是一种许诺：事实上，在城市和乡村，平民百姓通过强行打破显贵的阻碍而要求"结成同盟"，它也确实是被如此解释的。因此，它可能是一次令人失望的聚集，一次聚集的运动，一次关于社会联系的不完美体现，以及"一个民族曾有过的关于未来的最高愿景。"这就是联盟节传奇中的真相。

也正是这种象征意义，使得它并没有仅仅成为大革命史中的一个短暂休止符。因为确实不像它的准备工作因各种预防措施而变得模糊不清一样，它的未来将充满冲突。1790年的联盟派既爱戴国王本人，又对革命充满热情，但他们很快就将成为革命激进化的代表。1791年4月18日，正是国民自卫军不顾拉法耶特的斥责，阻止国王迁往圣克卢。也正是由于自1792年7月8日起联盟派抵达巴黎，拉开了8月10日革命的序幕，正是这些联盟派提出国王停职和选举国民公会。如果说联盟节的意义并不局限在联盟这一历史插曲中，那么同样要明确指出的是它也包含了不稳定因素。正如饶勒斯所写的："敏锐而执着的人，应该穿透节日的幻象和整个世界的赞叹，洞察混乱、怀疑和暴力的诱因，这些因素会影响未来。"

莫娜·奥祖夫

延伸阅读

ARCHES, Pierre. «Aspects sociaux de quelques gardes nationales au début de la Révolution, 1789-1790», *Actes du 81ᵉ Congrès national des sociétés savantes, Rouen-Caen, 1956,* Paris, Presses universitaires de France, 1957-1960.

CARROT, Gérard. «Une institution de la nation: La Garde Nationale, 1789-1871», thèse de la Faculté de droit et de sciences économiques, Université de Nice, novembre 1979.

DUPUY, Roger. *La Garde Nationale et les débuts de la Révolution en Ille-et-Vilaine.* Paris, Klincksieck, 1972.

LAMBERT, Maurice. *Les Fédérations en Franche-Comté et la fête de la Fédération du 14 juillet 1790*, Paris, 1890.

LECLERCQ, dom Henri. *La Fédération (janvier-juillet 1790)*, Paris, Letouzey et Ané, 1929.

THORÉ, P.-H. «Fédérations et projets de fédérations dans la région toulousaine», *Annales historiques de la Révolution français,* oct.-déc. 1949.

参见条目

巴纳夫（Barnave）

联邦主义（Fédéralisme）

大恐慌（Grande Peur）

拉法耶特（La Fayette）

路易十六（Louis XVI）

米拉波（Mirabeau）

孟德斯鸠（Montesquieu）

卢梭（Rousseau）

大恐慌
Grande Peur

在革命最初几个月里发生的大恐慌，因其独特的方式，一直是让历史学家难以应对的一段历史插曲。大恐慌是1789年发生的出人意料的事件之一，在当时就令人吃惊，更别提留给后世研究者的困惑了。很难将大恐慌整合进革命起源的叙事之中，因为它常常表现出复古的样子，这好像与国民政治意识的觉醒形成了反差。也正是因为如此，大恐慌没能在19世纪主要的大革命史著作中占据一席之地，长期只有一些地方学者对其感兴趣，后者也只是在狭窄的区域研究框架中来考察它。大恐慌长期没有遇到理解它的历史学家——在这种情况下也没有获得任何地位和相应的阐述——直到1932年乔治·勒费弗尔出版了其综合性的杰作。半个多世纪过去了，他的著作仍不可取代，其结论也不需要大的修改。所以我们可以从勒费弗尔的经典分析开始。

勒费弗尔首要关注的是，细致地区分1789年春天和初夏农民运动的不同方面。严格说来，大恐慌是这场农民运动的尾声，我们需要认识其独特性。不过首先，我们要重建当时的大背景，不能离开此背景孤立地理解大恐慌。

我们先要从农村地区的情况谈起，这些地区的形势严峻，但这似乎并没有令凡尔赛、巴黎和各省省会的政客们采取措施。在旧制度的最后一年，农村的形势异常紧张，造成危机的近因、远因汇聚，并且其影响互相叠加。从短期因素来看，1788年农业严重歉收，和以往一样，歉收导致了物价上涨，以及大多数省份的粮食短缺。再加上当时的谷物贸易政策犹豫且前后矛盾，不可避免地造成了囤积居奇的情况。从中期因素看，整个18世纪的经济大趋势是增长的，但被18世纪70年代开始的经济衰退打断了。对于一些特定的农业生产领域（例如葡萄种植）和某些经济活动的参与者、自耕农或雇佣劳力，经济衰退的影响尤甚，他们面临的不仅仅是消费的衰退。最后，综观整个18世纪，经济增长带来的某些效果并非好事，尤其是人口飞速增长带来了不可承受之重。简单地说，用历史学家米歇尔·德尼和皮埃尔·古贝尔的话描述："前天的繁荣、昨天的停滞和今天的危机交织在一起。"1789年7月，在下一轮收获前，紧张的情况达到了极点。同时发生的，还有与以前一样飞涨的粮食价格，而这次涨价尤显残酷，因为当时人们正处于收入周期的低点。人们越来越焦虑不安、疑心重重，反对囤积居奇者不顾人民的苦难而发财致富。路上出现越来越多的流浪汉，寻觅本来就很稀缺的粮食。这些流浪汉有些是没有武装的乞丐，还混杂着一些处在社会边缘的工人，流浪汉的增多加重了普通居民的担忧。对于本来已经糟糕的局势，人们的恐惧无疑会火上浇油。由此出现了第一批粮食骚乱，其形式与过去的骚乱无异，而且不仅仅发生在农村。

与上述紧张局面同时存在的，是三级会议召开前夕漫长的政治讨论。诚然，大多数农民与陈情书的起草关系不大，也没有参与选举过程。而当时其他人显然并不关注农村的穷困，更别提农村穷困可能带来的政治后果了。但是，1788—1789年准备选举的过程确实激发了巨大的期待。人民开始希望，君主终于要关心臣民的疾苦，而且他会提供饱含同情的救助，还会恢复王国的秩序，补救过错。在农民心目中，国王是善良的、乐善好施的，与之相反的是他们不得不忍受其控制和掠夺的人，尤其是"忙着压榨农民血汗"的领主们。尽管当时农民表现出了超于过往的勇气，但是农民抗议本身并不新鲜。正如历史学家皮埃尔·德·圣雅各布、埃马纽埃尔·勒华拉杜里等人先后发现的一样，革命前夕的农民骚乱与半个世纪前的骚乱没什么本质区别，只是在旧制度末年越发激烈。

我们还是需要在长时段的演进中考察短时段的因素。这样，我们就能理解，为什么尽管人们对于1789年的政治机遇不甚理解，但立刻就由此激发起了种种希望和要求。不仅如此，还采取了行动：早在8月4日之前，就有人相信，鉴于已经出现针对不公正的封建义务和地租的公开的暴力抗争和罢工，现在应比较容易废除这些义务和地租了。毫无疑问，选举集会加速了此类信念的传播，也增强了抵抗行为的组织程度。特权者（有时还包括税务官）成为农民发泄怒火的对象。1789年3—5月，普罗旺斯、多菲内、埃诺、康布勒瑟斯、皮卡第和巴黎等地区都成了暴力反抗封建秩序的舞台，弗朗什-孔泰、里昂、香槟省和朗格多克等地也发生了零星的暴力骚乱。这些行动经常与饥民骚乱一起发生。

1789年初夏，这场运动越发激烈，针对领主封建权利的抗议越发激进。7月下半月，在诺曼底的博卡日、弗朗什-孔泰、阿尔萨斯、埃诺和马孔等地同时爆发了真正的起义。这些起义的暴力程度不一（镇压起义的暴力程度也不一样）。参与起义的人自发地动员起来了，他们有着不同的背景，其中包括雇佣劳动力、自耕农、手工业者，甚至还有乡村的小贵族。政府将起义视为抢劫犯的劫财行为。但起义者的打击目标往往是社会压迫的证据和象征物。他们烧毁土地赋税簿籍、领主法庭的记录，并且攻击税务机关。有时候他们还攻击城堡或修道院，坚持要求其主人宣布放弃封建权利。风向标和鸽舍都被毁坏。尽管这类暴力行为态度坚决，令人印象深刻，但是并不太血腥（这一点与泰纳的描述不同），而且很容易转变成某种欢庆。

笼罩法国农村地区的第三种情绪是恐惧。恐惧的情绪，也是多种因素交织带来的结果。对饥荒的恐惧增加了人们的怒气。流浪汉越来越多，这唤起了对那些臭名昭著的盗匪的记忆，甚至与更久远的入侵者的记忆联系了起来，他们造成的威胁是无法忍受的。欧马勒周边的一个田产所有者写道："我们连上床睡觉都战战兢兢，晚上来的穷人折磨我们，更别提白天来的穷人了，数量更大。"随着收获时间临近，人们越来越害怕这些乞丐会抢走大家渴望已久的粮食。春季的骚乱进一步加强了人们的不安全感。在某种程度上，整场运动是自我推进的。它在城市也引起了反弹，市民很快武装起来，防御所谓的"第四等级"。恐慌从一个城市传到另一个城市，不断扩大增强，似乎整个王国都被盗匪侵扰。最后，凡尔赛和巴黎也产生了政治层面的担忧。国民会议

6月23日的危机①让人们预测特权阶层会采取坚决的反击,其行动模式也可以想象。7月14日的革命事件以及贵族开始大量移居国外之后,人们更加相信之前的预测。人们想起了军队,尤其是外国军团,还有匪帮。贵族阴谋对付第三等级的谣言是从政治中心传出来的,该谣言看起来完全与当时的事件互为印证。谣言在各级省、市、镇政府传递,当它抵达农村的时候,与当时反领主运动一拍即合。国王最近已经与人民重归于好,那些违背国王意志、企图阻碍进步的贵族,与过去三个月农村地区反抗的贵族是同一批人。因此反抗是合法的,但威胁似乎也是真实存在的。

确切地说,正是在这种情况下出现了大恐慌。我们不能脱离前面提到的诸次运动来孤立地理解大恐慌,因为大恐慌延续了前面运动的主题、片段和敏感性。但也不能将大恐慌完全等同于前面的历次运动,因为大恐慌是自成一体的一系列事件。自1789年7月20日开始,恐慌从一些各自独立的中心向外蔓延:从弗朗什-孔泰向东北部扩散,同时也向东南部发展,直达地中海沿岸;从莫热、普瓦图蔓延;自梅因扩散;从克莱蒙、苏瓦松传到北面的巴黎;从香槟地区扩散;从南部的普瓦图经过阿基坦再到比利牛斯山脉。恐慌一直持续到8月上旬。在东北部人们的恐慌与农村骚乱有千丝万缕的联系。在西部,饥荒和政治焦虑的影响更大。不论"最初的恐慌"是怎样的情形,恐慌总是很快释放,并有了自己的规律。勒费弗尔像流行病学家一样,追踪了"可怖

---

① 6月23日国王与三个等级的代表一起召开御前会议,路易十六宣布,未经他同意的法律均是无效的,并命令散会。但国王离开之后,一部分代表坚决拒绝离场,并重申了此前议会的各项决议。

的假消息"在全法国的流行传播（其中大部分地区——尤其包括反对领主叛乱最为公开的地区——是未受影响的）。他的结论很清晰：尽管一开始，大恐慌一定程度上反映了真实情况，但它很快变成了一种自发的理解，很多人受大恐慌影响，大恐慌成了他们看待现实的一种方式。在巴士底狱陷落之后，关于特权阶层伺机报复的谣言传遍了法国。人们以为自己看到了，或者很快确信自己看到了英国、意大利皮埃蒙特和德国的雇佣军，正是特权阶层叛徒们把法国出卖给了这些雇佣军。据说还有人抓到了流浪汉大军，后者正准备收割还没熟的小麦，或者劫持甚至屠杀整个村镇。随着谣言不断传播，各种细节不断增加，反过来让谣言变得更加真实可信。突然间，所有的征兆都不约而同地成为了在乡村蔓延的谣言的证据。

很多时候，人们不仅仅是传谣，还会采取行动应对威胁。他们组织起来，用身边任何可用的工具武装起来，对想象中的敌人严阵以待（有时这会让混乱有增无减）。人们相信关键就在此刻，前几个月的斗争和希望所造就的团结情谊会进一步加强。人们团结面对的敌人，是贵族领主，他们是一切问题的源头。恐惧造就了反领主的同盟，随着乡村居民想出各种办法应对危险，恐慌扩散到了之前未受农村骚乱影响的地区。

这就是农民参与革命的方式，且参与的规模非常大，但没有人想到农民会参与进来。外省的资产者对此感到忧虑，他们喜欢秩序，也经常参与封建剥削、谷物投机和财政管理。巴黎和议会对农村问题也倍感紧张。能否允许农村起义不断扩散？政府是否应该施以镇压？但无疑会把主动权交给国王；那议会是不是应该通过农村运动的支持来维持自己的主动权？8月4日之夜的目的就是要在两种方案中做出选择，其回应既巧妙又含混。

在很长一段时间里，大恐慌让大革命历史学家感到不知如何处置。就在勒费弗尔的著作出版之后，马克·布洛赫问道：这到底是因为"大恐慌真的无足轻重，还是因为大家一直认为大革命的决定性事件都发生在大城市的街道上？"当法国大革命庄严开启法国政治新篇章时，大恐慌的插曲显得很复古；它似乎更多转向了久远的往昔，而非面向理性的新时代。到1964年，历史学家德尼·里歇仍坚持认为，要认识到法兰西的重负，即"法国的大众心态依旧是非理性的"。这种阐释并不新颖。19世纪的历史学家在遇到1789年夏季农村发生的戏剧时也感到茫然无措。不论对群众情绪异常敏感的米什莱，还是路易·勃朗，都没有对大恐慌给予足够的重视。而不那么感性、更加多疑的梯也尔则倾向于认为这是一次阴谋，他的同代人就有将"阴谋"作为理解谜一样的大恐慌事件的钥匙："这场计谋促使全国上下都武装起来，让7月14日的革命普及开来，似乎所有派别都与之有关，但能从中获益的平民派，被认为要负主要责任……令人称奇的是，密谋远比犯罪更阴险，一个密谋的人却能逃脱责任。"饶勒斯在其著作《社会主义史》中，没有对大恐慌的自发性产生疑问，并且强调了它的重要性。但他还是尽量调和大恐慌中看似矛盾的各个方面，并以（当时尚不存在的）阶级意识的出现来勉强做到这一点。在顶尖学院派历史学家中，奥拉尔和马迪厄都没有关注农村骚乱的问题。在勒费弗尔之前，只有泰纳在其著作《当代法国的起源》

（1878）中用大量文采飞扬的篇幅关注过大恐慌。但这是因为泰纳将大恐慌看作革命初期，在王权废墟之上"自发产生的混乱"的例证，是令人憎恶的现象。在充满力量、近乎偏执的文字里，泰纳以大恐慌为切入口，控诉了社会纽带的解体、动物本能的复苏，以及共同体弃绝良知的行为，随着事件的发展，以上三种因素混合在了一起。因为泰纳的视角非常特别，所以他成了第一个认真对待大恐慌的历史学家，而没有简单地把农村的骚乱看作8月4日之夜的前奏。而勒费弗尔半个世纪后写作《大恐慌》一书，以及其开创性的论文《革命群众》（1934年），他要回应的对象也正是泰纳。直到勒费弗尔，大恐慌终于得到了与其历史地位相称的对待，并在一定程度上改变了我们对大革命起源和开端的认识。

　　首先，勒费弗尔指出，要重新评估农民的角色，因为革命时期的同时代人和后代历史学家常常将农民看作消极被动的民众。将大恐慌归结为很可能受到幕后黑手操纵而产生的惊恐现象，这种看法不过是附和了上述解释。因为农民没有参与三级会议的准备工作（最敌视封建和领主权利的陈情书都出自城市地区），还因为他们的请愿多半是通过地方显贵代为传达的，所以农民长期被认为受制于集体惰性。1789年春夏的农村运动却非常复杂，甚至互相矛盾，由此必须对上述观点加以修正。尤其需要指出的是，1789年春夏的农村运动使得历史学家要追溯18世纪反领主的抵抗行为的开端，尤其是法国东北部地区的情况。农民逐渐确定了共同的目标，形成了斗争的模式以及有组织地表达诉求的方式。诚然，并不是所有地区都有这样的趋势。而且，近年来"领主的反动"的论点已经被严重削弱。毕竟，例如在勃艮第等地区，不仅仅是最贫穷的农民意识到了自我群体的共同利益，农村精英也意识到了这一点，因为法国乡村的贫困化，他们是最终为税赋买单的群体。继圣雅各布之后，历史学家罗特发现，除了暴力和罢工之外，抵抗运动也颇为超前地把权利作为自己的阵地。当然，旧制度下各地的压迫形式各有不同，农村造反（仅限于我们知道的地方，全国的图景还未完成）在18世纪也不是均匀分布的。1789年的觉醒，陈情书范文的传播，农民骚乱的消息以及恐慌的疯传，都进一步统一了全法国的期待和行动。从这个角度来说，这次凝聚是否源于一场谣言，已经不那么重要了。人们之所以信谣，是因为谣言看起来有板有眼，因为谣言提供了似曾相识的说法，使人们可以理解眼前不曾遇到过的情况。与此同时，原本纷繁的农村地区在第三等级的大旗下聚集了起来，而且至少聚集了一段时间。

　　暴动和恐慌的流行模式引出了需要考虑的第二组问题。当时法国的消息传播本来就滞后，再加上连日混乱，消息传播更是不便，对于这种情况下发生的大规模集体行动如何理解和认识，是极其困难的。当时很多人共同的第一反应就是有阴谋：为了惩罚起义，贵族们密谋要血洗法国；或者认为，议会为了胜负未明的斗争事业，密谋号召边远地区的人民，其幕后主导者很可能是奥尔良公爵、西耶斯和米拉波这样的大人物；还有人认为，是囤积居奇的投机商人密谋让人民挨饿以便大捞一笔；还有说法是城市打击农村的阴谋，或者流浪汉和雇佣军的阴谋。对于当时人们的这些解释，大多数历史学家过分轻易地信以为真，也许勒费弗尔研究的首要价值就是对之做了正确的处理。通过追踪大恐慌的进程，勒费弗尔能够在细节上重建大恐慌的历程，让读者理解消息是如何以及为何传播开来，人们为什么认为这样的消息是可以接受的，以及消息怎么影响一个地区。只有很少数的革命事件得到过如此细致的考察。尽管阴谋论只是谣言，仍然是一个值得关注的主题。正如学者马塞尔·戈谢（Marcel Gauchet）所说，处在旧秩序和新生民主社会的双重想象之间的困境表明，一个想控制局势的群体是多么难以理智地理解当前事件。

大恐慌的举动和呼声，长期被认为与更传统的农民抵抗方式相关，后者与非理性的恐慌、饥馑的记忆以及盗匪的传说紧密相联。如果上述认识正确的话，那么大恐慌属于一个"政治时代之前的政治"世界，但上述认识需要修正。确实，勒费弗尔的研究明确指出，大恐慌中农民的目标与利益是恒久不变的。1789年夏季事件中的农民们知道自己在对抗谁，也做好了斗争的准备，即便他们把衣着华服者当成了对手，而且给他们赋予了假想的同盟。此外，尽管在很大程度上，大恐慌属于有着长期传统的农民抗争，但不能因为它没有用政治语言来表达，就否认它的形式和象征符号具有政治维度。贝尔塞（Y. M. Bercé）的研究表明，更早的骚乱也是如此。布捷（J. Boutier）的研究表明更晚的骚乱——例如1789—1790年冬天阿基坦的骚乱，还有勒费弗尔自己提到的大恐慌之后反复出现的恐慌，以及19世纪早期的农民暴力行为，也都符合这个特征。因此，所谓传统和现代二元对立的结构并不适用。尽管农民运动中的符号系统变化不大，但不能就此推论出他们的行为没有改变，更别提局势的变化了。1789年夏天，农民群体经常一致抵制领主，他们过去常这么干，这是一个基本事实；但另一方面，各地正在出现新的团结，以针对新的敌人，这些敌人包括：食利的资产者，谷物商人，城市社区。泰纳只看到集体暴力的乖戾无常。现在，学术趋势恰恰相反，人们强调高度仪式化的行为中有哪些东西是不断重复的。但行为模式并非一成不变，它塑造了普遍的行动，为行动提供了场景和清晰易懂的目标，并且能够用人们理解的语言，表述新出现的现象。这种情况甚至不限于农民群体，例如无套裤汉，他们也借用传统团体的术语。（广义上的）大恐慌的有趣之处在于，它让我们看到，革命初期的政治懵懂期，充满了复杂与矛盾。

雅克·雷韦尔

延伸阅读

CONARD, Pierre. *La Peur en Dauphiné (juillet-août 1789)*, Bibliothèque de l'histoire moderne, t.1, fasc.1, Paris, 1904.

LEFEBVRE, Georges. *La Grande Peur*, Paris, Armand Colin, 1932.

LEFEBVRE, Georges. «Foules révolutionnaires», in CENTRE INTERNATIONAL DE SYNTHÈSE, *La Foule* (Quatrième semaine internationale de synthèse), Paris, F. Alcan, 1934; repris in LEFEBVRE, *Etudes sur la Révolution français*, Paris, Presses universitaires de France, 1954, et rééd. 1963.

参见条目

封建制度（Féodalité）

八月四日之夜（Nuit du 4-Août）

革命日
Journées révolutionnaires

法国古代也有一些具有历史标志性的日子,尤其是街垒日:1588年5月12日街垒第一次出现①,1648年8月26—28日再次出现②,整个18世纪,街垒已经成为司空见惯的传统。1731年阿尔让松侯爵写道:"国王对巴黎的安保太不在意了,这往往对其权力造成重大影响。我们看到自从吉斯公爵以来,这项发明(指街垒)就广受欢迎,始终被使用,巴黎人到现在一直记得它。一旦有机会他们就会使用街垒(……)。一切都可能在这些资产者中引发骚乱:稍高的食品价格,大学宿舍法令,大众喜爱的人物遭受批评。"不过,从晚祷至晨经的"夜晚"时段,是一切集体情感爆发的有利时机:圣巴托罗缪之夜就是例证。③④

---

① 巴黎群众拥护天主教同盟首领吉斯公爵、反对国王亨利三世的宗教政策的起义事件。
② 1648年8月26—28日,巴黎群众反对政府抓捕高等法院法官的起义事件。
③ 法文journée,与英文的day一样,有白天、日子和特殊日子几个意思。因此,这里论及"夜晚"。
④ 第一版在这里还有一句话,第二版删去了:拉辛的悲剧里那些血腥的、火把闪烁的夜间场面就反映了这种对夜晚的迷恋,这种迷恋纠缠了一代又一代。

大革命在两个方面进行了革新。首先，革命动员了大众，并将他们组织成纵队。其次，除了1789年7月13日这一短暂时刻，以及共和三年芽月的圣安托万郊区以外，大革命在其他时候都未使用街垒。应该对此感到惊奇吗？人民已经控制了街道，而这就意味着控制了主权。当下层民众采取主动攻势时，街垒（防御策略）还有什么必要？巴黎在四年中都是一个开放的城市。具有历史标志性意义的日子（journées）一词，既没有出现在米什莱或菲勒蒂埃编纂的词典中，也没有出现在《法兰西学院词典》的前五版中。准确地说，它在出现时，只是被当作战役的同义词：可以说罗克鲁瓦日（la journée de Rocroi），而不会说1588年5月的日子或1648年8月的日子（les journées de mai 1588 ou d'août 1648）。人们也许会问，所谓的"革命日"，是否就是某种将政治生活戏剧化的机会，也就是把舞台转移到了街道。这与把"杜歇老爹"①引入大革命是一回事。让群众在巴黎发挥作用，就是将大街上的表演扩展到整个巴黎。

　　依次考察1789—1793年的重大日子，会发现它们预先符合三节拍类型。从1789年7月14日到1792年8月10日，群众动员是为了反对国王。1793年5月31日、6月2日以及"9月事件"，议会代表成为了靶子：这是对1789年制宪议会目标的严重破坏。接下来是退潮期，自共和二年热月9日之后开始显现，到共和三年芽月和牧月起义后确凿无疑。权力不再属于街头，执政官的御用

---

①　杜歇老爹原为18世纪法国集市上的一个代表普通人、喜欢讥讽世事的虚构人物。法国大革命期间巴黎平民活动家艾贝尔创办以"杜歇老爹报"为名的激进报纸。

军取代了巴黎各区武装。

在1789年7月巴黎狂热的氛围中，认为革命的最初进展受到"贵族阴谋"威胁的观念尚处于萌芽阶段。巴黎群众还没有想到去解救国民议会。他们考虑的是自己，以及王室部队对首都的威胁。然而，7月12日星期天中午左右，巴黎群众获知，前一晚国王开除了财政大臣内克，并将其逐出法国，而内克的声望（尽管有点欺世盗名）与奥尔良公爵的声望是联系在一起的。奥尔良公爵把他位于罗亚尔宫的花园开放给了公众。这个星期天天气不错，在罗亚尔宫，人们聚集在那些前一天还默默无闻的演说家（例如卡米耶·德穆兰）身边，之后人们举着内克和奥尔良公爵的半身像列队游行。在路易十五广场，他们与德意志人组成的王室骑兵发生冲突，这使得法国近卫军①走出兵营，加入了游行队伍。当天晚上，巴黎王室部队的指挥官贝桑瓦尔男爵命令部队退守至马尔斯校场。但巴黎群众满心恐慌（有传言说巴黎会遭到炮击和洗劫），因此没有认输。他们砸毁了入市税征收处，赶走总包税所的职员，之后他们开始搜寻武器。13日一整天，他们都聚集在巴黎市政厅周围要求获得武器。与此同时，还自发产生了市政革命，为筹备三级会议而被选出的巴黎各区选民指定了一个常务委员会，并组织了一支资产者自卫队负责公共安全：情况与两个世纪前的街垒相似，巴黎一方面想保护自己不受王室部队伤

---

① 法国近卫军（Gardes Françaises），驻守巴黎的部队，在1789年7月就倒向了革命者。

害，另一方面又要防止流民阶层起来反抗，从而威胁地产主的统治秩序。国民自卫军的诞生就是一场革命。14日上午，人们在荣军院拿到了步枪。随后人群涌向巴士底狱，毫无疑问也想在那里获取武器。更深一层的原因当然是这座把住了通往圣安托万郊区的入口的阴郁的堡垒，象征着人们想要摒弃的政体。要塞司令洛奈手里能指挥的守卫部队人数少得可怜：80个残疾军人和30个瑞士雇佣军。他原本准备谈判，要求如果群众没有进攻，士兵不能开火。但下午一点钟左右，群众进入了巴士底狱的大院，洛奈慌张之下让士兵开火。当场倒下100多人。五点钟左右，带着从荣军院获取的四门大炮，并补充了法国近卫军的群众队伍回到巴士底狱。洛奈想投降，但群众没有接受，并冲进了监狱。三名长官和三个士兵被杀。洛奈先是被带到市政厅，后在格雷沃广场被杀死。当天晚上，巴黎市商会会长弗莱塞勒也被杀死。此二人的头颅被砍下插在长矛上游行，直至罗亚尔宫。今天，我们能够知道这些进攻者的社会构成：尽管是巴黎社会的缩影——其中有师傅、学徒和商贩，但圣安托万郊区的手工业者明显占主导地位。贝桑瓦尔与其部队撤到了圣克卢宫。

　　巴黎成为自由的城市了吗？没有任何奇迹能立刻平息恐惧，在一个多星期里骚乱仍在持续。巴黎监察官贝尔捷·德·索维尼和他的岳父富隆·德杜埃也被抓获并绞死。尽管阿图瓦伯爵和孔代亲王试图反抗（后来流亡国外），但路易十六本人已经妥协。15日他在议会宣布撤回驻扎在巴黎周边的军队。16日他又召回了内克。17日他亲临巴黎，在市政厅接受了蓝、红两色的帽徽，这是巴黎城市的象征色彩。拉法耶特被任命为国民自卫军总司令，巴伊被任命为巴黎市长,巴黎的权力交到了新的一群人手里。一场律师的革命非其所愿地被攻占巴士底狱的行动所拯救。但是,国王和议会还在凡尔赛。

* * *

1789年10月5日和6日的事件结束了这种与时代不符的二元权力状态。10月事件的发生有三点原因。其一,7月以来,法国经济困难不断加剧。尽管夏季收成尚可,但不足以弥补青黄不接,尤其是面包因为紧缺而价格奇高,各个家庭对此都深有感触,家庭主妇们的不满日益强烈。其二,贵族开始向海外移民,影响到了劳动力市场:巴黎人赖以生存的奢侈品手工业遭受沉重打击。其三,最关键的原因还是政治层面的。路易十六一直没有批准8月4日的法令以及《人权宣言》。议会中的温和少数派,即王政派,希望赋予国王"绝对否决权",遭到国民议会的否决,后者赋予国王"延缓否决权",并希望它不被用于8月4日法令或《人权宣言》。然而国王并没有让步。"爱国派"的报纸——马拉在9月份创办了《人民之友》报——广泛宣扬的"贵族阴谋"观念,在最微小的事件中找到依据。8月末,罗亚尔宫的演说家们已经提出向凡尔赛进军的计划。尽管有拉法耶特坐镇(还有7月份以来征召的3万国民自卫军),巴黎的新秩序还是很脆弱。只需要一个小小的谣言,就能引爆堆积的炸药。10月1日,在国王卫队军官款待刚刚抵达凡尔赛的弗朗德军团军官的宴会上,三色帽徽遭到了践踏,象征王后的颜色则受到拥戴,而此时王后与整个王室成员都在包厢里。3日,消息传到了巴黎,各区要求撤走弗朗德军团，并要求国王批准议会的法令。

十月事件的起义前肯定有准备工作，但我们对此并不清楚。正是来自圣安托万郊区和中央菜市场区的妇女，构成了向凡尔赛进军的最初队伍。在巴黎，当警钟响起的时候，上午才赶到的拉法耶特徒劳无益地劝说那些想要跟随妇女们的国民自卫军冷静。他不得不顺从部队的意愿，大概下午四点钟左右，第二支游行队伍（包括15000人的国民自卫军和资产者、手工业者）向凡尔赛进发。与此同时，第一支游行队伍已经抵达（大概4点半左右），正在狩猎的路易十六匆匆赶回，接见了妇女的代表团。他承诺会保证巴黎的粮食供应，说了一些安抚的话把妇女们送走。一部分妇女踏上了返回巴黎的道路，但大部分还在宫殿外面等待。宫殿里面，以穆尼埃为首的11位议会代表在凡尔赛宫等待路易十六批准法令。为了避免新的危机，路易十六最终妥协了。但拉法耶特率领的游行队伍——随行的有两名巴黎公会指派的特派员——的到达突然改变了局势：特派员要求王室回到巴黎。路易十六将决定推迟至次日，所有负责人——拉法耶特、穆尼埃和路易十六——都去睡觉了，但群众没有睡。第二天早晨六点，群众冲进了凡尔赛宫的庭院。拉法耶特惊醒后，与国王、王后以及年幼的王太子一起，出现在大理石庭院的阳台上。群众大喊："去巴黎，去巴黎"。路易十六再次妥协："朋友们，我会和妻儿一起去巴黎：正是我的善良忠实臣民的爱，使我决定把自己最珍视的东西托付给它。"议会决定跟随国王去巴黎。下午一点左右，人数众多、成员混杂的队伍向首都进发；30000男女，队伍前列是国民自卫军，随后是手持长矛的妇女们护送的运麦子的四轮车和炮车，然后是拉法耶特陪同的王室四轮华丽马车、议会代表们的四轮华丽马车，最后则是广大民众。"我们带回来了面包师、面包师的老婆和面包店的小伙计"：民众的这一叫喊声已然铭刻在我们的集体记忆之中，似乎围绕着食物的各种象征足以表达十月事件的意义。但情况截然不同了。太阳不再如路易十四所希望的那样在凡尔赛宫耀眼地单独休憩。十月的雨将国王带回杜伊勒里宫，而他此后离开这里就是去往监狱，以至断头台。

* * *

211　　然而，他想过逃跑。1791年4月，当他想像历年那样离开杜伊勒里宫前往圣克卢宫时，群众迫使他原路折回。在民众俱乐部（其中最重要的是在科特利埃修道院成立的人权与公民权协会）和各地互助协会（各地自发结社，在1791年5月围绕着一个中央委员会结成同盟）的鼓动下，革命者对国王的怀疑产生，并由于国王的姑妈等贵夫人流亡海外而进一步加深。民主派的报纸，尤其是马拉的报纸，不断地讨论国王逃跑的危险。我们知道，国王后来在6月20日确实逃往了瓦伦。在群众这边，有愤怒：破坏了国王的半身像和百合花徽，更多的则是恐惧：害怕由流亡贵族和外国列强操纵的贵族阴谋，这些人只是在等待瓦伦的报警信号以实施阴谋。当国王25日回到巴黎时，大批沉默的群众在那里等他。作为议会派去接路易十六的特派员之一，佩蒂翁描述了这一奇特场景："聚集的人群众多。好像整个巴黎及其附近的人都来了。屋顶都坐满了男人、女人和孩子，栅栏和树上都满是人。所有人都头戴帽子，全场肃穆，鸦雀无声。"国王出逃，意味着放弃了王权。另一个国王，即人民，在一旁横眉冷眼视之。

面对瓦伦事件造成的权力真空，议会和巴黎市府的大多数成员都赞同一个说法：国王是被"绑架"了。只有一小部分人或是主张共和，或是支持由奥尔良公爵担任摄政官，或是像马拉建议的，建立罗马式的独裁官统治。罗伯斯庇尔希望避免提出有关政体的问题。7月15日，议会任命的事件调查委员会提交了调查报告：国王是无辜的，有罪的只是那些组织和实施绑架的人。不过，科特利埃俱乐部和各地互助协会并不认同这一报告。他们要求听取人民的意见，并惩罚路易十六。他们呼吁17日在马尔斯校场游行示威，并在那里向祖国祭坛提呈请愿书。罗伯斯庇尔及其领导的雅各宾俱乐部以尊重法律为由，拒绝参加游行，而这一游行遭到了拉法耶特率领的国民自卫军的镇压。马尔斯校场事件当天并不是真正的"革命日"：它缺乏一致性。它也不是一场"屠杀"：不知从哪儿来的一枪过后，出现了15个受害者。但这是资产者民兵第一次向人民开枪。这也是法国历史上第一次出现红旗，意味着戒严令的旗帜。

瓦伦事件有两个矛盾的后果。短期来看，事件增强了温和派与保皇派的力量。而且，当路易十六9月14日向宪法宣誓从而复职，10月1日立法议会召开之时，人们有理由相信革命停止了。但是，实际上根本不是这么回事。从1792年春季开始，战争和经济危机（由指券和殖民地食物价格暴涨引起）将那些人们开始称之为无套裤汉的人再次动员起来，提出经济、政治和意识形态混杂在一起的各种诉求：限定物价，打击"囤积居奇者"，对有与国内外敌人串通之嫌的资产者议会加以控制。法国在战争中的最

212

初失利,以及国王否决两项法令(一个是关于拒绝宣誓效忠的教士,另一个是预备由巴黎组建一支两万人的联盟军),再次引发骚乱。5月20日,圣玛索郊区在"就快好了"(ça ira)①的歌声中行动起来。6月20日是组织起来庆祝网球场宣誓三周年的大日子。这一活动的发起者既不是吉伦特派——被排除在君主立宪政府之外,但是和平宴会的参与者,也不是罗伯斯庇尔——他的策略始终是捍卫宪法,而是那些当时还默默无闻的人,例如圣安托万郊区的啤酒酿造商桑泰尔。巴黎市长佩蒂翁受到此前十月事件的启发:仿效拉法耶特,用国民自卫军对付群众,希望在没有对其造成真正威胁的情况下,威吓宫廷。他的希望落空了。6月20日是一场失败。这一次携带武器的无套裤汉清晨就从巴黎各郊区出发,抵达议会所在地骑术大厅,并在那里让他们自己的代表进入,与此同时,手持长矛、头戴红帽的人群在周围街道聚集。随后群众撞破骑术大厅和杜伊勒里宫花园之间的大门,占领卡鲁索广场,进入了城堡。被困在窗洞中长达两个多小时的路易十六,镇静地听到请愿群众大喊:"取消否决。"尽管他接受了红色帽子,举杯祝愿祖国繁荣昌盛,但也第一次没有在群众的干预下让步。当天晚上,人们都撤离了杜伊勒里宫。虽然接下来的一周,在圣安托万郊区还有骚动,但是起义已平息。这只是暂时的中止。保皇派与温和派,如杜邦·德·内穆尔和拉法耶特来到议会要求解散俱乐部和互助协会。他们以为可以从路易十六的坚定行动中获益,使得资产者舆论发生完全

---

① 法国大革命期间流行的一首歌,用于鼓舞和展现群众的革命斗志。

改变。这是"大错特错了"。

无视国王否决的巴黎各区,在外省市政委员会的支持下,决定召集外省民兵,即联盟军来巴黎,理由是7月14日庆祝活动。尽管这一提议并非出自议会,但它还是同意了,并于7月11日宣布祖国处于危急中。于是,一场既针对国内敌人,又针对普鲁士军队的民众动员开始了。从7月8日起,联盟军云集巴黎,他们所属城市对待行政权的态度比巴黎还激进。6月27日,马赛市政委员会不是就已经呼吁罢免这一行政当局,由人民任命一个新的?7月30日,来自马赛的军团唱着鲁热·德利勒①的歌曲进入巴黎:由于曲名的指认错误,《马赛曲》诞生了。《马赛曲》真正诞生的日期,应该是8月10日。

8月1日,巴黎得知了敌军统帅不伦瑞克公爵签署的宣言,该宣言威胁说如果王室受到一丁点儿羞辱,就会使巴黎遭受"军事处罚和全面破坏"。已然陷入狂热的首都,听闻这一消息后,对联盟军的支持大大增强。7月17日,联盟军就请愿要求悬置国王,通过普选选出新一届国民公会。巴黎各区也经历了一场新革命:到处都有消极公民——被宪法排除了选举权——涌向各区议会,往往还掌握了其领导权。他们在市政厅建立中央办事处,负责与联盟军中央委员会的联系。这是一场精心准备的起义。议会中的爱国派代表是如何反应的?这次事件导致未来的吉伦特派与山岳派彻底分道扬镳。当布里索的朋友们幻想国王重新掌权可以

---

① 鲁热·德利勒(Rouget de Lisle, 1760—1836),法国军队军官。1792年4月他创作了歌曲《莱茵军团战歌》,8月10日马赛义勇军高唱此歌而得名《马赛曲》。

避免冲突,从而与王室关系密切之时,罗伯斯庇尔改变了策略。这位"宪法的捍卫者"意识到运动不可逆转,其结果是不可避免的。在7月29日的著名演讲中,罗伯斯庇尔重复了联盟军和巴黎各区的口号:废黜国王,通过普选选出国民公会。但罗伯斯庇尔本人和雅各宾左派的其他领袖,都没有参与群众的革命日起义。脏活儿留给了其他人做。

215   8月9日晚至10日晨,当警钟响起时,代表各区的委员们陆续抵达市政厅,拂晓他们在市政厅成立了起义公社,取代之前的市政委员会。国民自卫军的首领芒达被解职,并遭到处决。桑泰尔取代了他的位置。杜伊勒里宫遭到两支队伍的夹击:一支队伍来自圣安托万郊区,另一支队伍则来自塞纳河左岸,同时还有来自马赛和布雷斯特的军队。圣安托万的队伍首先抵达。忠于吉伦特派的巴黎总检察长勒德雷尔劝说路易十六离开城堡,带着家属去骑术大厅寻求议会庇护。但路易十六离开之后,留在城堡的瑞士雇佣卫兵和贵族们未能阻止示威人群涌入。国王临走前命令留守的人员投降,但示威者拒绝了投降,并杀害了50多名瑞士卫兵。在示威者这边,有376人死伤。其中约四分之一是联盟军,都是外省大城市的资产者。小商贩、手工业者和雇佣劳动者同样出现在巴黎,其中主要是各郊区的居民。立法议会没有保护国王。面对群众和长矛的压力,议会决定悬置路易十六的国王身份——新公社将其囚禁在丹普尔堡,一个临时执行委员会暂时取代国王的位置,他的最终命运将由普选选出的国民公会做出。法律上,他还没有被废黜。政治上,他已经被废黜,确定无疑。

同时，8月10日事件也是对代议制权力的第一次打击。一部分代表——巴纳夫和拉法耶特的朋友——看到了这一点，并离开了这个注定要消亡的议会。其他人——"民主派"代表——继续待在位置上：他们还要等着看完日落。

革命走上了偏离的道路。在第一次恐怖——1792年9月屠杀——之后，确实有停顿，这既是因为国民公会最初几个月出现的短暂平静，也是因为1792年秋和1792—1793年冬季共和国所取得的胜利，使得吉伦特像之前的斐扬派一样认为最糟糕的时期已经过去了。然而，1793年春是悲惨的春季：对外战争失利，国内旺代起义，由于物价上涨和通货膨胀，巴黎群众又开始骚动。国民公会在3月10日至5月20日实施的最初恐怖措施并没有解决权力之争。巴黎无套裤汉希望除掉吉伦特派，因为后者越来越公开地倾向温和派及保守派的主张。佩蒂翁在4月底发布的一封"给巴黎人民的信"中说："他们在煽动有产者和无产者之间的战争。"国民公会中的左派山岳派，在对无套裤汉的要求感到迟疑的同时，也看到了被孤立的危险。在写给巴雷尔的信中，让·邦·圣-安德烈[①]承认："如果你想让穷人帮你完成革命，那么现在非常急切的就是帮穷人活下来。"对无套裤汉来说，唯一的出路就是：一个新的革命日。吉伦特派伊斯纳尔[②]无意中重复了不伦瑞克宣言。5月25日，他在回应公社委员会时说："万一

---

① 两人皆为雅各宾派重要领导人。
② 马克西姆·伊斯纳尔（Maximin Isnard, 1755—1825），吉伦特派代表，时任国民公会主席。

国民公会遭到贬低,万一这些不断重现的起义中有一场对国民代表造成损害,那我以全法国的名义向你们宣布,巴黎将被毁灭;不久以后,人们将在塞纳河两岸搜寻以确认巴黎是不是真的存在过。"这是对着公牛挥舞红头布,不可能不受到惩罚。

5月31日起义的倡议由老城区一些不知名的煽动者提出,他们在5月28日就要求其他区派特别代表到主教府,一个官方选举人委员会已在那里工作好几周了。29日,33个区(共48个区)的代表在那里与一个神秘的六人委员会会面,这个六人委员会包括工程师迪富尔尼,他是这场革命日起义的真正组织者。整个过程,巴黎和国家领导层是知情的。丹东试图阻止起义。罗伯斯庇尔则宣称:"当所有的法律都被违反,当专制主义到达顶点,当真诚和廉耻遭受践踏之时,人民必须起来反抗。这一时刻到来了。"但是他的结论回到了严格的议会制度框架内:"我敦促所有的山岳派代表集合起来反抗贵族,在我看来,他们只有两种选择:要么竭尽全力反抗阴谋,要么辞职。"也就是"精神上的"起义,而并不是武装起义。在公社这边,市长帕什被怀疑倾向温和主义,而在塞纳-马恩省这边,总检察长吕里耶是罗伯斯庇尔的朋友,他们都试图阻止或至少使运动变得缓和,但徒劳无功。5月30日至31日晚间,起义委员会解散了巴黎公社,然后立刻重组公社:无疑是要确认主权属于革命人民。入市税征收员昂里奥指挥"无套裤汉区"(植物园区)的起义部队,并且被推选为国民自卫军的统帅。但巴黎各区的主张不再一致。有几个区,例如玛莱区,就谴责这场运动。其他有些区则满足于不参与运动。在雅克·鲁和瓦尔莱的指挥下,起义者在晚上约五点时控制了国民公会,并提交多份请愿书：逮捕22名"上诉"代表——这些人在国王审判时曾投票要求诉诸人民①；逮捕吉伦特派设立的委员会②中的12人；组建无套裤汉军队，投票权暂时由无套裤汉垄断。议会中的大部分人愿意解散十二人委员会。但对于起义而言，这是一场失败。

起义者没有放下武装。5月31日至6月1日的夜间，起义委员会逮捕了那些它曾点名的议会代表。经过精心准备之后，6月2日成为所有革命日中最为壮观的一天。当天是周日，很多雇工和手工业者都空闲。8万人组成的队伍，带着150多门大炮，在午后包围了国民公会。

大部分代表支持巴雷尔和埃罗·德·塞谢尔③，想效仿罗马元老院议员，列队走出来与起义者见面。手持军刀的昂里奥质问当时的议会主席埃罗，议会是否准备交出那些"罪犯"。代表们被迫又回到了座位上。勒瓦瑟尔的《回忆录》向我们展现了当时议会厅的气氛。"整个议会都惊呆了。我们这些山岳派代表，看到起义群众攻击唯一一个能拯救祖国的宪制机构，也不可能不感到悲痛。没人要求发言，也没有起草任何决议。"库东建议逮捕29名吉伦特派代表和克拉维埃④、勒布伦等政府部长。通过这一主动切除，山岳派得以保留他们的权力基础：国民公会。6月8日，起义委员会被废止，取而代之的是救国委员会下面的一个部

---

① 由全民公决的方式来审判国王，是此前吉伦特派拖延国王审判的策略。
② 吉伦特派成立的专门调查巴黎公社和雅各宾俱乐部行动的委员会。
③ 埃罗·德·塞谢尔（Hérault de Séchelles, 1759—1794），雅各宾派领导人之一。
④ 艾蒂安·克拉维埃（Étienne Clavière, 1735—1793），时任财政部长。

门委员会。

1793年6月2日标志着法国大革命史中的一次重大转折。在此之前，整个这场资产者的革命，即使是它的民主梦想，都是以代议制的信条为依托的。这是18世纪末的创新。通过唤醒传统的民众直接参与政治的热情，6月2日对议会制造成了致命打击。议会变成了囚徒，不论是被巴黎各区控制，还是几年以后被军队控制，其实区别并不大。米什莱清楚地看到了这一点，6月2日预示了"果月政变①和雾月政变②。"这不仅仅是吉伦特派的失败。这是整个大革命的失败。热月党人就一直是这么认为的："是的，吉伦特派是共和派（……）。是的，放逐他们是一场灾难。"（勒瓦瑟尔）蒂博多③也提到"5月31日事件违背了（他们的）议会代表的不可侵犯性"。一旦议会当局接受了对代议制原则的侵犯，那么它也就否定了自身的合法性。

6月2日并没有终结"无套裤汉"的骚动。这些骚动由所谓的"忿激派"——瓦尔莱、雅克·鲁——领导，因通货膨胀（指券的纸面价值已经贬值了70%）带来的生存危机而变得剧烈。骚动主要围绕以下几个要求：控制食物价格（5月4日通过了谷物《最高限价法》，但没有真正实施）、处死投机商和囤积居奇者。7

---

① 果月政变，指1797年果月18日，共和派通过武装暴动，将通过合法选举占据议会大多数席位的王党赶下台。

② 雾月政变，指1799年雾月18日，拿破仑发动兵变，接管了政府。

③ 安托万·克莱尔·蒂博多（Antoine Claire Thibaudeau, 1765—1854），法国政治家。

月和8月，由于共和国在旺代和各个对外战争前线的失败，在科特利埃俱乐部（"埃贝尔派"）的支持下，出现了新的要求：限价呼声中掺杂着恐怖政策的要求，例如逮捕嫌疑人、审判罪犯，以及大量征兵。人们担心8月10日这一革命节日会成为又一个群众革命日的借口。救国委员会通过向巴黎供应生活必需品，以及让马拉的遗孀谴责忿激派来阻止运动。但到了9月初，人民的愤怒情绪还是到达了顶点。旱情让食物短缺更加严重。9月2日，人们获知土伦被英军占领，开始准备在9月4日和5日再次革命。起义在9月4日早晨打响。工人和陆军部雇员（核心是埃贝尔派）们聚集于城市主干道，涌入格雷沃广场。人们大喊："要面包。"山岳派左派也加入了这场运动。肖梅特①代表巴黎公社宣布："现在富人公开对穷人开战了，他们想摧毁我们；好吧，必须抢在他们前面：我们必须摧毁他们。"埃贝尔也大喊："所有人明天向国民公会进发。"

一场新的6月2日即将发生？9月5日，武装起来的巴黎各区群众包围了国民公会，帕什和肖梅特以群众的名义要求组建革命军队，逮捕嫌疑人，清洗革命委员会。国民公会同意了所有这些要求，并将恐怖提上"议事日程"。整个9月，在无套裤汉的压力下，政府开始实施恐怖措施和统制经济措施。政治上，救国委员会增补了新成员比约-瓦雷纳和科洛·德布瓦，这二人曾支持埃贝尔派。但是，与6月2日不同的是，救国委员会掌控了权力。

---

① 皮耶尔·加斯帕·肖梅特（Pierre Gaspard Chaumette, 1763—1794），埃贝尔派重要领导人之一。

它逮捕了忿激派领袖,并限制巴黎各区大会每周只有两天开会。它还组织了特别政府(10月10日),赋予其控制所有宪制机构的权力。因此,9月事件对于"无套裤汉"运动领袖来讲可谓成败各半。此后,巴黎公社、各区、科特利埃俱乐部和其他各俱乐部的重要性都大为降低,并处在救国委员会和国民公会的密切监管之下。短期而言,这是街头压力的终结。科特利埃俱乐部——文森和陆军部办公室官员在其中发挥的作用越来越突出——在1794年2—3月还试图发动一场新的革命日,而物价高涨和粮食短缺引发的大众不满使其可能成功。3月4日(风月14日),科特利埃俱乐部用帷幕蒙住了《人权宣言》,卡里耶①呼吁展开"神圣的起义"。但因为准备不充分,且没有得到巴黎各区以及肖梅特、帕什的支持,起义彻底失败。科特利埃俱乐部的领导人在风月23日至24日晚(3月13—14日)遭到逮捕,并于芽月1—4日被审判:埃贝尔、文森、龙桑、摩莫罗(Momoro),以及稍后的肖梅特,都被判处死刑并斩首。从此以后,自治组织在巴黎消失了,罗伯斯庇尔派掌控的新的公社只是一个传达上面命令的组织。米什莱颇具洞察力地评论:"巴黎的精神随着公社一起消失了。"

这就是为什么,在共和二年热月9日(1794年7月27日)②当天,尽管警钟敲响,并向各区发布了命令,但是公社和昂里奥仍然无法动员群众来拯救罗伯斯庇尔、库东和圣茹斯特。巴拉斯拥有了对武装军队的指挥权,还有巴黎西部和中部各区征召的部队

---

① 让-巴蒂斯特·卡里耶(Jean-Baptiste Carrier, 1756—1794),共和国陆军军官,以血腥镇压旺代革命闻名。

② 热月政变,推翻以罗伯斯庇尔为代表的雅各宾政权的政变。

的支持,而面对这一情况,公社和昂里奥只获得了全部48个区中16个区的支持。这些部分也逐渐溃散了。并非像人们常常写到的那样,因为下雨导致热月9日那天群众反应迟钝。正如圣茹斯特所见,这是因为大革命被"冻结了"。

热月党人又两次经历"革命日":共和三年芽月12日(1795年4月1日)和牧月1—4日(5月20—24日)。这是反抗的最后挣扎,此后面对已经接受了丰富政治教育的议会,反抗已然无能为力。

1795年的冬春季,法国局势恶劣。纸币已经彻底崩盘,以固定收入为生的人难以维持生活。大众舆论所希望的取消最高限价法,导致物价上涨、物资短缺。之前,人民把问题归咎于限制政策,现在,又归咎于自由政策。社会差别从未如此明显过。乔治·杜瓦尔回忆,他当时每天都买100法郎一块的松甜面包,但是三苏①一块的面包却无处可寻。"舞会照常,粮荒也依旧,当一个人在午夜至凌晨1点离开舞厅时,他第一眼看到的就是面包店门口已经排起的长队。"在海报上、集会中、请愿书上、殴斗中,都能感到人们对热月党国民公会的不满,这些不满于芽月10日在各区大会、郊区和历史上起过重要作用的中心位置(巴黎的主要交叉口)爆发:要面包,要1793年宪法,以及释放被关押的爱国者。但巴黎已经分裂了,就像它在热月9日政变中所表现的那样。西部和巴黎交易所周边各区呼吁惩治四名"恐怖分子"(巴雷尔、科洛·德布瓦、比约·瓦雷纳和瓦蒂埃),国民公会在一片喧闹

---

① 苏,当时法国的货币单位,约等于1/24法郎。

中已开始对他们的诉讼。芽月12日的起义从西岱岛开始。从上午开始，妇女开始聚集，并引发男人们在巴黎圣母院前集会。在那里举行的革命会议决定向国民公会进发。来自四面八方的不满群众不断加入队伍，他们在下午一点多冲破了杜伊勒里宫的大门。示威者冲入国民公会所在大厅，在那里待了4个小时，宣读请愿书，并大声呼喊"要面包！要面包！"最终他们听从山岳派代表的劝告，撤离了会议厅。但在杜伊勒里宫外，愤怒的人群还在不断聚集。在大约六点钟左右，来自巴黎西部的军团驱散了人群：没有一人死亡。议会中的右派代表利用这次"胜利"加强了镇压，然而各地的骚乱仍然不断。

牧月1日（5月20日），骚乱再起，这次有了纲领和口号。纲领是：实行1793年宪法，逮捕反革命，重新选举。口号是："要面包和93年宪法"。在警钟的召唤下，大革命史上起过重要作用的郊区圣安托万和圣玛索郊区开始行动，运动扩散到东部和中部各区——格拉维耶区、兵工厂区、阿尔西区。这次又是妇女率先行动引发了男性的参与。这一次，人们注意用长矛和大炮武装自己。此时国民公会会议已经开始（大概11点左右），宣布"聚众的领袖"不受法律保护，并号召"所有好公民"拿起武器。议会委员会下令，巴黎周边的驻防部队到萨布隆军营集结，并调动了国民自卫军：事实上，在这些国民自卫军中，即使其首领支持国民公会，很多士兵还是带着煽动闹事者的徽章。下午3点半到7点之间，起义者攻入议会大厅（公会代表费罗遭手枪击中身亡）。当示威者一份接一份地念请愿书时，议会委员会派拉费去调动巴黎西部的军队。到11点30分，一切都结束了：起义者从门口和窗户四散逃逸。在接下来的几天中，起义逐渐偃旗息鼓，而委员会决定彻底摧毁"起义机器"，调集了20000人，在梅努将军的率领下扫荡圣安托万郊区。尽管建立了诸多街垒，圣安托万郊区最终还是在牧月4日屈服了。委员会和国民公会圆满完成了镇压行动，清洗了巴黎各区，一些人被囚禁，另一些人则被剥夺了所有权利，国民自卫军被重组，最贫穷的公民被驱逐出国民自卫军。所有人都必须上缴他们的长矛。

一年前以处决埃贝尔派开启的退潮过程，经过共和三年的芽月、牧月起义而终结。"阶级自律"——乔治·勒费弗尔曾如此写道——加强了资产者的团结，这一团结既是暂时的，又是持久的。持久，是针对街头骚动时；暂时，则是因为政客内部的分歧依然存在。因此，他们用来对付街头运动所需的军队，就能够发挥仲裁作用。革命日（*journées*）结束了：让位于政变。王党分子认为葡月13日（1795年10月5日）事件是严格按照"群众"起义进程展开的。但是他们失败了，正如斯塔尔夫人曾向他们预言的："说到人民主权，你们完全是新手；你们结结巴巴地使用这一语言，而他们比你们更擅长这一语言，这是他们为了自己的使用需要而锻造出的一套话语。"从更长的视角来看，19世纪的"革命日"——1830年7月、1848年2月和6月、1871年5月——再现了法国大革命的场景。但是这些街垒战的革命日，与攻陷巴士底狱、前往凡尔赛寻找国王、把国王赶出杜伊勒里宫和强迫代议制机构自我切除的男女群众没有多少相同之处。

德尼·里歇

延伸阅读

BRAESCH, Frédéric. *La Commune du 10 août 1792. Etude sur l'histoire de Paris du 20 juin au 2 décembre 1792*, Paris, 1911.

LEFEBVRE, Georges. *Quatre-Vingt-Neuf*, Paris, Maison du livre français, 1939.

Mathiez, Albert. «Etude critique sur les journées des 5 et 6 octobre», *Revue historique*, 1898.

MATHIEZ, Albert. *Le 10-Août*, Paris, Hachette, 1931.

PITRA, Louis-Guillaume. *La Journée du 14 juillet 1789. Fragment des mémoires inédits de Louis-George Pitra, électeur de Paris en 1789*, publie avec une introduction et des notes par Jules Flammermont, Paris, 1892.

RUDÉ, George. *The Crowd in the French Revolution*, Oxford, Clarendon Press, 1959.

SOBOUL, Albert. *Les Sans-Culottes parisiens en l'an II: Histoire politique et sociale des sections de Paris, 2 juin 1793-9 thermidor an II*, La Roche-sur-Yon, H.Potier, 1958 (aussi Paris, Clavreuil, 1958; rééd.1962, avec sous-titre *Mouvement populaire et gouvernement révolutionnaire*).

TONNESON, Kare D. *La Défaite des sans-culottes. Mouvement populaire et réaction bourgeoise en l'an III*, Oslo, Presses universitaires, et Paris, Clavreuil, 1959.

参见条目

巴纳夫（Barnave）

俱乐部及民众社团（Clubs et sociétés populaires）

巴黎公社（Commune de Paris）

丹东（Danton）

忿激派（Enragés）

联盟节（Fédération）

吉伦特派（Girondins）

埃贝尔派（或科特利埃派）(Hébertistes（ou Cordeliers））

拉法耶特（La Fayette）

路易十六（Loui XVI）

马拉（Marat）

山岳派（Montagnards）

内克（Necker）

罗伯斯庇尔（Robespierre）

无套裤汉（Sans-culottes）

主权（Souveraineté）

恐怖（Terreur）

瓦伦事件（Varennes）

八月四日之夜
Nuit du 4-Août

1789年8月4日这个星期二的夜晚,是法国议会史上最著名的日子:它标志着几个世纪以来,由不同等级、团体和群体构成的、以特权为标识的法律和社会秩序的崩塌,取而代之的是一群平等而自由、服从于法律普遍权威的个人,以新的方式组织起来的社会。8月4日的辩论是在夜晚,然而所有代表都强烈地感到,自己见证着黄昏的暮色,也看到了黎明的曙光。但即使这样的经典比喻都不足以准确描述这个重大事件的参与者的感受,他们觉得自己仿佛神奇的机械师,在这几个小时之内创造了这一不可思议的伟大场景,暮色和曙光正是他们自己的杰作。

摧毁"封建制"的参与者都激情万丈;但是大部分20世纪研究者的解释都强调,这是不得已而为之:事实上,8月4日的议题,是议会针对突发情况,修改议程,然后做出的临时反应。

7月中下旬,从春季就出现的乡村居民的不满情绪,逐渐演变成一场起义。在当时的法国,暴动的消息扩散缓慢,而且容易走样,巴士底狱沦陷的消息几乎在所有地方引发了历史学家所谓的"大恐慌":大量的谣言泛滥成灾,传说阴谋无所不在,必须战胜阴谋,才能使三级会议和国民议会选举所开辟的新时代取得胜利。农民们相互商量并尽可能地武装了起来。在诺曼底博卡日、埃诺、阿尔萨斯、勃艮第、弗朗什-孔泰等地区,他们冲进最近的领主城堡,在院子里烧毁那些使他们受奴役的文件——也就是"地籍册",领主们在上面记下他们的封建权利、年贡、实物地租、土地转移税等等记录,这些都是封建法律明确规定的领主权利。

暴动针对领主的财产,城堡相当于封建制的"巴士底狱",但暴动同时也仅仅威胁到财产。不仅仅因为18世纪末很多法国平民也拥有部分领主地产和不动产,同时也因为劫掠和焚烧城堡引发了财产保护的问题,此外还因为"封建"捐税及权利本身是一种有悠久历史根源的、不可动摇的财产类型。18世纪的启蒙思想和治国理论常常批评封建捐税及权利的"野蛮无理";但唯一能摧毁它们的方法是将个人之间的自由契约推而广之。农民把地籍册烧掉,完全是用暴力把封建捐税及权利一笔勾销了。

这让国民议会感到为难。他们在7月中下旬得知,尽管资产者组成了民兵组织,但遍布农村地区的骚乱还是没能控制住。代表们本来是在讨论《人权宣言》与未来宪法之间的关系,但骚乱的消息迫使他们不得不改变议程。8月3日晚,特设报告委员会的发言人难以粉饰太平:"各省的消息显示,现在各种财产都遭到了最可恶的强盗的洗劫。各地的城堡被焚烧,修道院被摧毁,农庄也惨遭劫掠……"委员会重新起草决议,再次宣明各项财产和权利的有效性。当晚稍后,王政派的代表马卢埃,提出了通过体系化的救济部门解决穷人问题的大政方针,但是在所谓的"爱国派"代表眼里，第一个解决方案将把议会引上镇压人民的道路，会让王室军队重拾力量，让国王回到仲裁者的位置。而第二个提议是个长期方案，对于当前的紧急状况用处不大。

8月4日的思路——把封建财产与其他类型的财产区分开，将封建财产中的合法部分转化为资产者的不当财富——就是为了化解困境而产生的办法。该想法也许是在前一个夜晚（8月3日夜到4日凌晨）在布列塔尼俱乐部讨论会议上产生的。自5月开始，一小群第三等级代表形成了这样一个习惯，即在议会辩论前先汇聚在布列塔尼代表团周围进行商讨。对此有一个关键证据，来自奥布河畔巴尔的代表帕里索，他在8月5日写就的信件中提到8月3日晚发生的事情："我们大概100人左右，组成一个非官方的委员会，几乎讨论了一个通宵。大家决定要采取一种魔法般的手段，悬置目前的政体，目的是要摧毁所有阶层、省份、城市和团体的特权。昨天傍晚五点，我们正是怀着这样的意图走进议会大厅的。只有我们这个委员会的人心中揣着这个秘密。"

在法国大革命议会史中，我们通常对于开会前的秘密讨论了解甚少，8月4日的会议也是如此。对于整场会议，我们没有逐字逐句或者确凿的报告：由某位议会秘书起草的会议报告于次日提交，并且伴随着情势的变化一直讨论到8月12日。不过，这份报告和当时的报纸一直都是研究这一事件最基本的材料。会议晚上8点钟开始，讨论前一晚起草的法案，法案旨在强调尊重财产和人身安全。但是两个人的突然干扰瞬间改变了讨论的方向，一个是诺瓦耶子爵，另一个是艾吉永公爵，两人都属于自由派贵族：前者是家族中无财产的幼子，后者是富有的大地主。二人认为，骚乱的农民是犯了罪,但他们的罪行可以被宽恕,因为他们长期遭受领主及其管家们的压迫。辩论开始后,诺瓦耶子爵把讨论的焦点从财产和人身安全转移到农民的愤怒上,并指出了一条能让议会脱离困境的路径:赎买种种封建权利,无偿废除领主劳役和其他的人身束缚。艾吉永公爵也谴责许多世纪以来法国农民所遭受的"欺压",但他还是谨慎地提出了一项"30倍贡金"赎买的草案(意思是,封建杂税的赎买价格应该是年均贡赋的30倍,年均贡赋相当于每年3.33%的资本收益)。

两人的发言指出了当下危机的政治出路,也奠定了辩论的基调:大家都认为,"封建制度"是法国历史中最大的诅咒,非但没有带来团结,反而导致了国民的分裂。崭新的国家怀着集体的兴奋要推翻特权的"哥特式"大厦,这种集体的兴奋也伴随着持久的思虑,即考虑怎么把即将废除的"封建义务"——至少其中的一部分——变成真正的资产者的金钱。历史学家们——尤其是20世纪的历史学家——看到存在这种双重主题,有时感到吃惊。他们脑子里充满社会主义思想,从8月4日之夜中,只能看到资产阶级的不平等取代了贵族制的不平等。但现实是:在当时的社会中,金钱大大推进了外在条件的平等,是摧毁特权和旧有的等级社会的工具。正是这种从此向所有人开放的新财产的普世性,才是当时人们的兴奋点;这才是8月4日之夜让代表们感到欣喜若狂的世界。

要理解议会讨论中始终洋溢的"爱国"情感,我们只需要想象一下,这些活跃分子是怎么看待自己的。长期以来,大量的著作,包括一系列哲学和法律著作,都在告诉他们封建制的累累恶行，这里的"封建制"，不单是残留的封建采邑权利，而是君主制重塑的以各种团体作为基本结构的社会整体。重农学派思想的基石就是，把财产变成同一类型，使之成为国家合理的基础，与此同时它提示了对绝对主义加以改革的前景。西耶斯是最后一个体系化地表达重农学派思想，而且使之适应1789年形势的人，在《论特权 第三等级是什么》的小册子中，他提出"我们要回到原则本身"，他还说，要用理性的权利对抗数百年来虚伪的权威。

8月4日之夜，人们满怀兴奋地庆祝理性的胜利：这是一个非同寻常的现代事件，它表明，人们完全相信这个议会可以通过自己的政治意志改变国家的历史。会议一直从晚上8点进行到凌晨2点，议程凸显了18世纪的文化特征：教士、贵族和第三等级的与会代表，把议题从封建权利扩展到团体、城镇和省份的特权，从土地扩展到社会，从社会问题扩展到整个国家的问题。他们依次登上讲台，把选举他们的特权团体的权利献祭给"民族"。此外，正如很多代表心怀焦虑地提到，列队登台的举动使得一个古老的观念黯然失色。这个观念便是，议会代表应根据强制委托权（mandat impératif）对选举人负责。凌晨两点，拉利-托伦达尔（Lally-Tollendal）最终把路易十六的名字与这次会议的精神联系了起来，旧社会的整个结构被抛弃了：不仅仅是种种封建权利，还有曾被国王确认的各团体的特权组成的社会秩序，包括城镇、省份和教会特权，还有狩猎特权、什一税和卖官鬻爵制。所有职位向每个人开放，由此确认了法律面前的人人平等，而人人平等是在国家中将所有人联合起来的前提条件。所有这些历史性的决定都是在8月4日之夜做出的,之后代表们才各自回去休息。有些代表写信征求选举人的同意,信心满满地期待肯定的答复。但在第二天,8月5日,困难来了:怎么以恰当的法律条文来颁布8月4日的决议?

接下来,8月5—11日的辩论,基本上和8月4日之夜的精神一致。有两点需要指出。第一点涉及行会:8月4日只提出了"各行会管事会的改革",传统的劳动者组织暂时不受这几日颁布的法规的影响,直到1791年行会才被废除。第二点涉及什一税,在旧制度下,这是教士的基本收入,按一定比例从农业收益中征收(1/15—1/20)。8月4日之夜原本声明要对什一税赎买赔偿,而最终什一税是无偿废除的。这个问题引起了激烈争论,参与辩论者包括米拉波和西耶斯,此二人是8月4日缺席议员中最重要的角色。8月6日,就有代表对赎买赔偿表示不满,其观点为,教会财产是属于国家的。米拉波8月10日的发言最具代表性,他说:什一税不是一种财产,而是回报教会公共服务的捐赠,这笔捐赠确实太多了,他建议用不那么昂贵的东西取而代之,尽管他没有给出进一步的详细做法。在同一天,西耶斯也发表了一个著名演讲,他与米拉波的观点不同。与其说西耶斯是捍卫教士的(至今仍有人这么认为),不如说他是站在法律面前人人平等的角度来阐述。西耶斯聪明地指出:与许多其他种财产的起源相比,什一税的起源既不是更清晰也不是更模糊。无偿废除什一税,对于地主来说是一笔不义之财,因为什一税传统上就是从他们的购地金中抽取的。

关于8月4日决议的最终文本,是在8月11日周二晚间的会议中表决通过的，其主要作者是杜邦·德·内穆尔①。文本的第一句话开门见山："国民议会彻底摧毁封建制度。"后面的条款都是8月4日代表们已经通过的内容：无偿废除导致人身奴役的封建权利，其他封建权利可以赎买。但事实上，在接下来的十九条法令条款中，被废除的并非都是严格意义上的封建权利。拥有鸽舍的特权、狩猎权、领主法庭、年贡和实物地租，这些确实是封建权利（条款2、3、4、6）；但是条款6还无补偿地废除了一切什一税，同时要求在"寻找到其他补贴神圣事业的方法之前"保持什一税，也就是说，在议会制定出其他维持教会运转的方案之前，什一税还是要继续征收的。所以这一条法令的前半部分是不现实的；而后半部分则放任议会代表们从1789年秋季到1790年7月对曾经的第一等级强取豪夺、彻底重组。单纯地废除什一税的条款，字里行间暗暗表明要由国家来支配教士等级的资产。

和什一税一样，买官制也不属于封建制，这是一个直到17世纪初叶才确立的制度，君主制以出售司法、财政以及市政等各级官职来充实国库。8月11日颁布的第七条法令废除了买官制，同时确认了司法程序不收取任何费用的原则。革命以新原则的名义，解决了旧制度王权曾经想解决但最终妥协、退让的问题：1771年（此时进入路易十五统治的最后时期），司法大臣莫普就曾通过废除高等法院买官制以及司法审理费用，压制高等法院的反抗；但路易十六在1774年继位之后，对高等法院的抗议选择了退让。1789年的代表们将高等法院的终结描述为新原则落实之后

---

① 重农主义学派代表人物，主张扫除行业、地域壁垒，统一国内市场。

的结果，事实上，整个王国的旧团体结构都将终结，革命以此化解了旧制度的矛盾：旧制度既施与特权，同时自身又受到特权威胁。不过，大革命仍忠于财产所有权的观念。议会宣布，所有官职都可以赎买，这带来了关于估值与补偿的长期争议。

随着各类团体的废止，附加于它们身上的权利也随之废除了。国王臣民的权利，被每个公民的权利替代，后一种权利与平等息息相关。第九条法令规定，"永久"禁止……在"津贴"方面的"种种经济特权"，不论属人的特权还是属物的特权，这有助于对税收进行规范统一的规定。下一条法令则废除了王国中占据一定领土的实体——包括省份、地区、城市和居民共同体——所享有的一切免税权或特权。因此，对于全体法国公民，将会只有一套普适的法律，不再有任何介于个人与法律公共领域之间的中间团体或充当幕布的机构。第十一条法令则规定："所有公民，不论出身，都有资格担任任何神职、公职和军职，任何有价值的职业都不应受到贬斥。"

这是一份带有清算性质的文件，构建了一套新的社会契约，甚至包括如下承诺：在第十五条法令中，议会承诺会看管国王的一举一动，包括路易十六颁发的年金、赏赐和津贴，目的是清理旧制度下国王滥发的奖赏。第二年，当赏赐名录被公开时，重新引发了人们对于王室的憎恶。因此，法令最后宣布——就像拉利-托伦达尔急切要求的那样——路易十六是"法国自由的恢复者"。这种"王政派"口号是与"白板说"（table rase）的理性主义精神相冲突的，它到底能不能反映当时议会代表的总体态度，这很难说清楚，不久的将来会揭晓答案。但是，在当时来说，这种"王政派"口号确实不失为一种暂时有效的尝试,它可以使国王个人和王权制度与对"封建制"的清算区分开。

事实上,不论国王还是他的追随者,都不赞同议会在8月4—11日做出的决定。国王在9月份正式获得了对于议会决议的搁置否决权,他几周以来都不愿意批准议会摧毁旧社会的决议。9月18日,就在宪法草案刚刚给予国王搁置否决权之后,路易十六将一份由内克撰写的长长的意见书转给了议会。国王同意对领主权利进行赎买的原则,但是对那些不经补偿就要废除的权利保留意见;国王反对议会对于什一税的做法,他倾向于保留的是:农民交给领主的年贡以及售卖土地需要向领主缴纳的土地转移税,他认为这样有利于维护小地主的存在:通过保留一些传统的特权,实际上防止富有的地主不断扩张自己的土地。这是个有趣的想法,与内克的社会思想是一致的,但却与当时的思潮背道而驰,后者想要的是在一块白板上重新合理地勾画社会图景。到10月,当国王被一群暴动的群众从凡尔赛挟持到巴黎时,他不得不妥协了。在8、9两月中,国王对于8月4日决议的态度是巴黎乃至全法国争论的焦点之一。

对于8月4日之夜的关键决议来说,最重要的是,它们一直保留下来了。法国大革命中出现过很多短命的立法和制度,但8月4—11日的决议被列入了现代法国的奠基性文件。它完全摧毁了贵族社会,包括贵族社会的结构和特权。取而代之的,是现代的原子化的个人,他们可以做任何法律没有禁止的事情。8月4日清除了个人与整体社会之间的一切中间力量。这一努力的最终完成,是1791年通过的禁止结社的《列沙白里哀法》。所以,法国大革命很早就显露出激进个人主义的特征。

这也是一种有产者的个人主义。八月法令完成的法律革命，除了针对教会的冲击，根本算不上是掠夺；大部分领主权利的废除都以赎买为条件，官职也应按照市场价格补偿。社会主义的历史学家会就此认为，8月4日不过是将旧时代的财产简单转换成了资产者的财富，并因此低估8月4日的重要性。然而，官职的赎买经过漫长的程序才终于实现；领主权利则因为遭到了农民消极或暴力的抵制而从未被赎买，1792年8月至1793年7月，它们未经补偿就被废除了；至于什一税的直接废除，则是教会财产国有化的前奏。8月4—11日的法令意义深远，它们摧毁了整个社会的法律与行政结构，剩下的只有平等和自由的个人，这些个体需要建立一套新的政治体制。在这短短的几天里，代表们毫不妥协地创造出了一个完全现代的个体社会，后来大革命为旧王国制定可持续存在的新宪法时候，遇到的重重困难，不可能与这段时间的决定无关。毕竟，8月11日之后，面对这个由自由平等个人组成的社会，需要考虑的事情不仅是他们的自由，更需要搞清楚在新的国家里，这些个人应该如何组织在一起。

8月4日之夜，即8月11日法令的前奏，是1789年最关键的日期之一。在这著名的一年中或者说在翻转法兰西历史的1789年5—10月，贯彻着一种普遍的精神。8月4日之夜也具有和体现了类似的特征：对过去的否定，以理性原则改造社会的雄心，掺杂着革命形势下的政治管理的哲学激进主义。8月4日持久且不可逆转的影响是它开创了大革命的民事立法，确立了法律在社会领域里的普适性。历史学家基内对这个意义上的立法非常重视，并以这一奠基性文件的稳定性对比一部部政治宪法的脆弱性。(*La Révolution*, IV, 6.)在他看来,8月4—11日庄重通过的法令很大程度上是启蒙思想的结果,甚至可以说是启蒙必然到达的历史顶点。人们围绕着自由、法律面前的平等以及财产权形成了深厚的共识,正因受益于这种共识,之后革命议会和执政府的民事立法始终基于这"历史性几日"确立的立法框架:废除贵族制,平等的继承权,对于遗嘱的法律限制等等,这都是顺乎8月4日精神的结果。固然,国民公会辩论和执政府关于1804年颁布的民法典的辩论,存在较大区别,但是1789年8月确定了两者的共同原则。在某种意义上,8月4日,革命已经完成。但是革命还需要铭刻在人民主权之中,在这个意义上,8月4日,革命不过刚刚开始。

弗朗索瓦·孚雷

延伸阅读

AULARD, Alphonse. «La nuit du 4 août», *La Révolution français,* 1913.

HIRSCH, Jean-Pierre. *La nuit du 4 août*. Paris, Gallimard-Julliard, coll. «Archive», 1978.

JAURÈS, Jean. *Histoire socialiste de La Révolution français*, éd. revue et annotée par Albert Soboul, préface par Ernest Labrousse, avant-propos par Madeleine Rebérioux, Paris, Edition sociales,1969, t. 1.

SIEYÈS, Emmanuel. *Essai sur les privilèges* (1788) *et Qu'est-ce que le Tiers Etat?* (1789), réed. Paris, Presses universitaires de France, coll. «Quadrige», 1982; réed avec une préface de Jean-Denis Bredin, Paris, Flammarion, coll. «Champs», 1988.

SIEYÈS, Emmanuel. *Vues sur les moyens d'exécution dont les représentants de la France pourront disposer en 1789*, s. l. n. d. [1788?].

TOCQUEVILLE, Alexis de. *L'Ancien Régime et la Révolution*, 2 vol., t. 2 des *Œuvres complè*tes, Paris, Gallimard, 1952; rééd. avec une préface de Françoise Mélonio, Paris, Flammarion, coll. «GF», 1988.

参见条目

贵族（Aristocratie）

民法典（Code civil）

教士公民组织法（Constitution civile du clergé）

平等（Égalite）

封建制度（Féodalité）

大恐慌（Grande Peur）

路易十六（Loais XVI）

米拉波（Mirabeau）

内克（Necker）

重农学派（Physiocrates）

西耶斯（Sieyès）

审判国王
Procès du roi

在1792年8月9—10日的动乱之夜，路易十六及其家眷寻求正在杜伊勒里宫马术厅集会的立法议会的庇护。此时，巴黎公社负责看守这些王室囚徒，并将他们拘禁于丹普尔堡。立法议会则很愿意暂时悬置行政权，并将国王的命运交给普选产生的国民公会来处理，这意味着把一堆麻烦都留给了新一届议会。

对于8月10日的起义者来说，路易十六的罪行是无可争议的。他们确信，任由外省的联盟节代表登上杜伊勒里宫的阶梯，只是为了让那些王室的瑞士护卫屠杀他们，从而故意将原本用来展现团结的地方变成杀戮的现场。当起义者要求为其死难者复仇的时候，他们获得了许可，8月17日召开了"8月10日事件审判庭"以裁决那一日犯下的罪行，怎能想象那个看来是"罪魁祸首"的人可以逃脱审判和惩罚呢？但是事实上，整个8月和9月，巴黎各区只是欢庆国王权力的悬置以及之后王权的废除，却对路易十六个人没有敌意，甚至毫无兴趣。直到9月底，巴黎各区和雅各宾俱乐部才开始讨论国王本人的命运。早在议会之前，俱乐部和各区就强烈要求惩罚国王，但并没有要求绕过司法程序尽快审判。10月1日，国民公会间接地开启了审判国王的议题：他们要从巴黎公社的监督委员会获取在杜伊勒里宫发现的文字材料，这些材料为审判所需，国民公会将材料移交给由24名代表组成的议会委员会——这24名成员全都是吉伦特派，委员会随后提交报告，说明对丹普尔堡中这个囚犯的指控。由此不可避免地开启了审判国王的进程。

尽管国王的审判是大革命中的一个主要事件，但历史学家们对其谈论甚少。一方面，是因为他们将其视为之前事件的一个不可避免的结果，之前的事件包括：国王权力被悬置，本人被囚禁，然后国民公会产生，并宣布成立共和国。在这一切之后，处理国王，只是走个程序而已。即便是对革命持批判立场的历史学家也是这么认为的，迈斯特和博纳尔[①]都对国王个人言之甚少。另一方面，历史学家将国王的审判视为革命者派系斗争的结果，奥拉尔就认为国王审判不过是吉伦特派和山岳派你来我往的多次斗争中的一次。无论哪一种原因，学者们都无视了国王与革命当面对峙的极大的象征意义。只有米什莱着重突出了国王审判，并为之写下激情四溢的文字，在其《法国革命史》中占据了上百页的篇幅。他之所以这么写，是因为对他来说，王权是一种化身，革命则带来了与王权对立的权利。"法国大革命就是对国王们的审判。"任何人只要这么看待革命，当然会不惜笔墨地突出国王审判的意义。

[①] 两人均为对大革命持批判态度的思想家，指责1789年大革命毁灭精神生活和社会秩序，造成无政府状态。

"一个国王被处死了，"米什莱写道，"这不新鲜。查理一世死了，但丝毫未能动摇人们对于君主制的崇拜。路易十六的死让君主制再次获得了力量。"短短三句话，米什莱直击问题的核心。处死国王，会不会唤醒一个本来已经消耗殆尽的血脉，让王权死灰复燃？米什莱的顾虑表明，他反对处死国王。为何不能拯救路易十六的性命，同时在审判中使王权失去效力？如果这么做，那就相当于将王权从国王身上剥离了出来，将王权交给了人民，如是，王权化身的神秘性将真正消失。米什莱倾向于这种解决方法，它扭转了过去处死国王同时保留王权制度的模式，提供了保留国王肉身，同时消灭王权制度的机会。对于米什莱来说，唯一值得审判的国王，并非1791年宪法中无足轻重的虚君，而是绝对君主那颗"金光闪闪的头颅"。显然，米什莱的问题，当时法国人审判国王时也提出过，并且讨论过解决方案，这场审判中，不仅要考虑政治问题，还要考虑象征层面和法律层面的利害关系，这三者根本无法彻底分开。

1792年秋天的辩论中，人们也考虑到，处死国王可能会让王权获得新生。布里索的话就在会场中引发了一阵骚动："查理一世的血让王权重获新生。"确实，英国的先例，不仅仅米什莱念兹在兹，对于当时的法国革命者更是犹在眼前。路易十六在作为王太子时曾经花大量时间研读过休谟的著作[①]，关押在丹普尔堡时他又一读再读。贝特朗·德·马勒维尔（Bertrand de Moleville）与康庞夫人（Mme Campan）曾指出，对于路易十六来说，查理

---

① 指《英国史》。

一世的经历是一个反面教材：英国君主对自己的人民发动战争，犯下了滔天大罪。在议会的辩论中，国民公会的议员们也拿英国先例进行对比。但一些人之所以这么做，是为了强调相似性，他们担心，甚至要指出，在法国，幕后也有一个克伦威尔。比佐、卢韦、拉博、邦卡拉、韦尼奥和几乎所有的吉伦特派都提到了这样的说法。另一些人则针锋相对地指出，当年的英国高等法院不能代表国民，但现在审判路易十六的，是具备完全合法性的国民公会。大多数代表反对强调英国先例的特殊性，希望在国民公会展开"平静的辩论"，"这场哲学大会涉及国王到底是什么或者应该怎样"（莱昂纳尔·布尔东语）。

如果议会是要进行一场不偏不倚的、高层次的思考，那么何不像米什莱所想的，干脆不要提惩罚的问题？迈克尔·沃尔泽（Michael Walzer）将英国的审判与法国的审判做比较，指出：历史上有很多弑君的案例，但弑君者们非但没有削弱神话般的王权，反而加强了王权；相反，将国王置于公众审判之下，也连带审判了王权神话。当国王不再单纯被处死，而是被公开审判时，君主制就走到尽头了。即使它像英国那样依然存在于世，国王们也不可能声称自己是王权的化身了。所以，读者可以通过英法两段历史的比较，看到一个重大的区分：杀死国王，会令王权完好无损；审判国王，则使国王褪去王权的光环。康德也曾站在他的角度谈论过这个问题：弑君是可憎的，但正是例外确认了规则。对国王采取司法程序是一个更可恶的事情，因为它彻底反转了规制国王与人民关系的原则。

到底要审判谁？就像米什莱所希望的那样，审判作为一个整体的君主制吗？审判包括了过去和未来的国王吗？还是审判眼下这个特定的国王？那么，眼下这个国王属于哪种君主？是路易十六内心还眷恋的绝对主义君主，还是1791年宪法所规定的那个君主？是涂抹了圣油的神圣国王，还是法国国王？在审判查理一世时，这些问题并不存在。对于查理一世的指控是很克制的，仅仅针对他发起内战的罪行。另一方面，查理一世非常清楚自己是什么类型的国王，他也清楚地回应了他的审判者；查理一世反复要求审判者告诉他，凭借什么法律权威来关押他，并且否认法官审判他的权力，他坚称英国的国王不是选举出来的，而是已经世袭了一千多年了。就像拿破仑在《圣赫勒拿岛回忆录》中说的：查理一世"对自己的特权深信不疑。"相反，路易十六似乎就不那么自信了。鉴于国民公会的议员们对于到底要审判哪种类型的国王都未能达成一致，审判的第一个阶段就变成了冗长的对于身份的确认。

11月6日，国民公会听取了瓦拉泽（Valazé）的发言，他是吉伦特派组成的24人委员会的发言人，他列举了对路易十六的诸项指控。委员会的报告过于平淡，以至于一名吉伦特派成员巴尔巴鲁自己都站出来说要补充罪状。第二天，轮到国民公会立法委员会来提交关于国王审判的司法问题的报告，发言人是委员会秘书长马耶（Mailhe），委员会的结论是，路易十六可以被国民公会审判。马耶的论述要旨是：首先确认，被审判的是1791年宪法中的国王；其次，宪法虽然规定了国王不可侵犯，但还是允许国王被审判的。马耶一席发言的核心是表明，1791年宪法对于国王的不可侵犯性有两条限制条件:第一,不可侵犯性并不适用于国王在其法定功能之外的活动,当国王处于超出其法定功能的领域时,他的行为与一般公民无异,可以作为个人受到起诉(马耶事实上等于说,路易十六已经不是国王了,"他恢复了其最初的身份:一个男人");第二,尽管路易十六并没有实施以下三种会消除他的豁免权的行为——背弃国家、指挥外国军队、拒绝对宪法宣誓,但是路易十六从一开始就违法了,因为他从未真心接受他作为立宪君主的契约。所以,作为一个公职人员,早在违背宪法的特定条款之前,他就已经宣了假誓。马耶的这一番论证,是为了确保能够对国王进行溯及过往的指控,因为他们预计会有人反对对路易十六溯及过往。马耶微妙而艰难地在两种诉求之间游走:既要根据宪法的条款来审判国王,又要为了审判国王,在某种程度上悬置宪法赋予国王的豁免权。议会的左右两派都感觉到了这种尴尬,并且以不同方式表达了出来:右派想证明,宪法绝对禁止这种在法律包装下的审判;左派则拒绝被宪法的条文所束缚。

11月13日国民公会的讨论开始时,最先发言的是右派代表,来自旺代的莫里松。他说道,1791年宪法已经将国王安置在一个坚不可摧的堡垒中:宪法赋予国王额外的恩惠,规定其人身不可侵犯,而且有且只有三种情形可以令国王退位。当然,并没有人说,国民不能修改这些条款,但是并没有任何法律可以取代宪法并具有追溯效力。所以,路易十六也许有罪——国民公会中没有代表敢说路易十六无罪——但是既然法律没有提及他的这种情况,那当然这部法律也无法审判他了。而且,人们不能说因为他触犯了法律,他就不能在辩护时援引这一法律。如果人们否认这一点，那就意味着世间所有法律的完结，而且赋予宪法效用的，是人民的公意，而不是国王个人的同意。因此，路易十六是不可侵犯的。

尽管马耶和莫里松结论不同，但是他们的法律观念是一致的。在11月13日这一天还有一个25岁的代表发言了，他是第一次站上演讲台，并将辩论的边界推到了极致。当议员们听到圣茹斯特的发言时，都大吃一惊，因为他说，路易十六不是一个叛徒，眼下的问题不是如何审判他，而是如何惩罚他。圣茹斯特将讨论的基础，从眼下国王的罪行，转移到了更广泛的社会契约的问题上。在这个受司法关系约束的契约中，彼此平等的个人可能会无法履行自己的义务，因而受到审判。但是国王从来不是公民共同体中的一员，他也不存在未履行义务的问题，因为他从来就没有承诺过任何义务。所以，他面对的是国民的审判，而且其身份必须要摆正，他像任何国王一样，不论其所作所为，都是社会契约外的一个陌生人：一个敌人，一个反叛者，处于正常的程序之外。

对于已经习惯于法律层面辩论的国民公会来说，圣茹斯特的发言就像一声枪响，虽然他的发言并没有后来人们所认为的那种逻辑智慧（特别是圣茹斯特将"审判"和"惩罚"两个词对立起来，造成了一定程度的模棱两可），但俱乐部和巴黎各区还是因此而注意到了这次国王审判的要点（1791年宪法是空洞的，没有意义的；祖国处于危险之中），他们倾向于跟着圣茹斯特复述：讨论国王是否能被审判，在政治上简直就是一种亵渎。11月20号，路易十六藏在杜伊勒里宫铁柜中的文件被发现，这又给24人委员会诉状增加了内容,并令政治氛围更加紧张。罗伯斯庇尔在长时间的沉默之后,站在圣茹斯特的基本原则上,发表了一番更加严厉和充满政治意味的言论。(12月3日,罗伯斯庇尔提出,如果真的对路易十六进行"司法审判",那无疑是给无罪宣判留出了可能,反过来也就是将8月10日起义和国民公会自己架到了被告席上。)罗伯斯庇尔和圣茹斯特的结论一致:无论如何,在这个问题上对于形式的尊重就意味着对原则的违背,而且我们不能审判这样一个人,他和王权、君主制密不可分,同时对于自然法他是一个畸怪的例外。

圣茹斯特和罗伯斯庇尔所针对的实际上并不是"这个名叫卡佩的男人",而恰恰是君主非同寻常的身份。他们严肃地看待旧制度的君主制,将其视为不可分割的主权,且必须占据所有的公共领域。所以,革命作为人民主权的化身,不可能与旧制度的君主制妥协。他们认为,一个人不可能既是国王又是公民,如果要赋予革命以神圣性,那么就需要将革命的神圣性与君主制的神圣性对立起来,这样才能更好地消除君主制的神圣性。这正是下面这句广为人知的话的真义:"路易必须死,祖国才可以生。"

国民公会大多数的温和派处在莫里松和圣茹斯特的两种意见之间,他们处境尴尬。他们很难接受罗伯斯庇尔和圣茹斯特的激进观点,就像历史学家饶勒斯说的那样,在一个犹豫、困惑的国民公会中,此二人的观点太激烈了,难以接受。但他们也同样觉得,路易十六只要活着,他所代表的东西确实很危险,议会中少数想要赦免路易十六而谴责君主制的声音也没有引起多少关注(这恰恰是米什莱非常倾向的做法)。国民公会既没有听格雷古瓦神甫的，也没有听托马斯·潘恩的①，后者还专门写了一篇教育小说，讲述接受了再教育的路易十六到美国费城像资产者一样安度晚年，反过来他又去教育法国的同胞们。国民公会的大部分议员附和马耶的观点，有时稍作修改，比如孔多塞一改之前的姿态，在国民公会回应了圣茹斯特的论点。孔多塞总结道，国王和人民之间确实没有协定，但是，任何一个公民，当他接受公职，也就是他获得了公众认可的时候，他就和国民整体进入了契约关系。

孔多塞小心翼翼又有些急切地要在宪法框架内处理路易十六的案子，他想表明，宪法对路易十六的保护终止了，这对于解决路易十六的问题是有利的。因为一方面，国民公会12月3日对路易十六就是这么处理的，路易十六虽然以前有豁免权，但现在还是要接受审判，并且被审判。另一方面，孔多塞的论点符合国民公会中大多数代表的态度，既要求平等，也要求按照程序办事。所谓按程序走，就是在各种选择中，国民公会还是努力使路易十六的审判成为一场普通的司法审判；而所谓的要求平等，是指国民公会非常想要切断路易十六与王权、君主制之间紧密的联系，把路易当作普通公民对待。与雅各宾激进派不同，大多数代表想要表明，对于国民公会来说，旧制度君主制已经一去不复返了。

这么一来，国民公会也等于承认了马耶的第二个论点。那么谁来实施对路易的审判呢？有多种选择：普通的法庭，高等法

---

① 教士格雷古瓦，主张宣判路易十六的罪行；托马斯·潘恩，美国作家，参加法国大革命，反对处死路易十六。

院，初级民众大会，国民公会，大家对此意见不一。如果将国王的命运交给普通法庭，会不会碰上一个拥护旧制度的法官？如果设置一个专门法庭，则似乎在代表国民这一点上不及国民公会（对于英国审判国王的记忆在此很重要）；而如果交给初级民众大会，那就等于说，初级民众大会相比国民公会，与此案的结果更无利害关系，并因此更加具有审判权和参与权；而谁又能说自己与此案没有利害关系？就像议员阿马尔挖苦道，也许只有天上的星辰与此无关了。因此，只能国民公会自己来审判。

一开始对审判权的漫长讨论是不是走过场？不是的。首先，议员们印发了数百份演讲，许多默默无闻在此之后再无动静的议员此时都加入了辩论，仅从这一点就能看出，国民公会整个投入其中。此外，这还涉及一个根本性问题：谁代表权力。最后，在某种程度上，国王的命运在此已经被决定了：就像约瑟夫·迈斯特说的那样，对于国王豁免权的法律讨论，铺就了"通往断头台的道路"。

让我们借用米什莱的话来描述12月11日被押解到国民公会的那个男人："他和其他人别无二致，看上去是一个资产者或一个收租人，一家之父，外貌普通，有些近视；但他的脸色，早已因囚禁而变得苍白，被死亡的黑影所笼罩。"很多代表来自外省，以前从未见过国王，此时被路易十六的简朴和镇静所打动。国王已经说过，他做好了准备，要表现得比查理一世"好一些"。议员兰代以"陈述卡佩的罪行"为审判定了调，随着第一阶段审判的问题逐渐展开，路易十六所选择的狭窄的辩护策略也逐渐显现：对于1791年宪法颁布之前的罪行，路易十六认为议会应该全部既往不咎；对于1791年宪法之后的事情，他搬出内阁大臣们做挡箭牌；最后，他不承认任何的证据——包括文件、封印或者字迹，哪怕是他自己的签名都不承认，这让很多议员大为恼火。

国民公会提供给路易十六的律师们也采取了同样的辩护策略。律师们准备此案的时间极为有限，以至于路易十六自己选的律师特龙谢（Tronchet）和自告奋勇为国王辩护的律师马尔泽尔布（Malesherbes）都要求议会再派一个人援助，因此国民公会派来了比较年轻且经验丰富的律师德赛兹。12月26日，国王第二次出庭，德赛兹做开案陈辞，其内容完全基于莫里松的观点："没有适用于此案的法律，因此审判也无从说起。"

在这一法律沟通上，最让人吃惊的是，国王的辩护律师如何竭力避免涉及"神圣的君主制"这一概念，他们向国民公会保证，"路易不再有任何特权。"他们的辩护是基于契约论，这也是最可能让大多数代表接受的立场。根据宪法的约定，订立宪法之前的所有罪行已经抹掉；而宪法订立之后的罪行，如果涉及内阁大臣的，也要从对国王的指控中移除。删删减减之后，剩下来的只有一些对国王个人行为的指控，都算不上严重，但还有在铁柜中发现的文件和一些疑点，例如国王付给那些来自科布伦茨的贴身卫兵的佣金。德赛兹当时否认了此类指控，但几天之后还是被迫承认这些指控是正当的。

历史学家对这次辩护评价甚低，雷贝格（Rehberg）认为，就是这次辩护杀死了国王。饶勒斯说这个辩护无力之极，太"冷静"了，于是他自己提供了一个十分华丽的辩护：路易十六如果能出人意料地变得聪明和坚定的话,他将会,也应该让代表们意识到,他的死将会分裂革命队伍,导致革命的失败。德赛兹的辩护的真正无力之处在于,他和很多代表思路相似,这就消除了以政治需要来为路易十六辩护的可能性。可能,德赛兹的设想是,要将国民公会中温和的大多数议员——他们是如此重视审判的庄重得体——置于尴尬的处境。为达到此目的,他展示出国王并未获得一个普通公民的司法待遇(传唤证人和邀请笔迹专家),同时还指出国民公会的议员们是扮作法官的起诉人,而且他们早已决定了其假意审判的国王的命运。

在这个程序性的辩护过程中,路易十六只加上了一条:他被指控在8月10日有意杀戮革命者,对此他很愤怒。随后,路易又躲回了他的防守式辩护,假装不认识任何自己的字迹。国民公会和国王并未就此进一步对质,因此,这第二策略在审判中意义不大。

辩护方的第三个策略偏向于政治。在审判过程中,吉伦特派逐渐开始采用拖延战术,到12月底,这种拖延到最后变成一个要求:国民公会的裁决需要得到聚集在各地初级会议中的人民的批准才能生效,这样既可以让国民公会卸掉审判的重担,也可以让国王获得宽恕。

诉诸人民,这个想法在之前的议会辩论中出现过,严格说来不是吉伦特派的点子。不过所有的吉伦特领袖都很支持这个方案,因为这看起来是一个很聪明的策略,以"原则"之名抗争似乎非常困难。诉诸人民,这将批准对国王的判决和批准宪法两件事情提升到了同样的高度，并用整个法国来替代巴黎各区对于审判的影响力，有点像是对卢梭的致敬。而就是在直接民主的议题上，两位重要演说家又爆发了新的论战。巴雷尔为代议制辩护，而韦尼奥则以人民的名义批评代议制。

双方都以祖国面临紧急的危险来作为自己的论据：吉伦特派认为，处死路易十六会导致法国与英国、西班牙的决裂；而山岳派认为，如果将判决权交给各地的初级会议，那就等于在春天重新点燃了战争，让王党拥有了一个革命者不愿看到的宣传平台。尽管巴雷尔表面上看来不偏不倚，但实际上是通过强调国民公会的重大责任，劝说议会接受山岳派的观点。而吉伦特派认为，立法者不能审判针对他们的罪愆。那么，难道人民就有权利同时既是当事方又是仲裁人吗？巴雷尔总结道："不能把主权者交给你们的责任又推回给主权者。"这一论点对于很多议员很有说服力。

吉伦特派论点的重大弱点在于指望移交审判权，在理论上诉诸人民可能做出的任何裁决，而确信会是一次宽恕的表决。诉诸人民的吉伦特派于是变成了（随着国王和吉伦特派7、8月往来文件的曝光）国王的同党，但这是一个极不公允的指控。吉伦特派绝不是王党。他们之所以逐渐倾向于宽容，主要是因为他们对于巴黎各区的恐惧，巴黎各区在打击九月屠杀肇乱者时很不情愿，而且对议会施加强大的压力。韦尼奥的重要发言使他们燃起了希望，也许外省不会和这群煽动者同流合污，"令人可耻的软弱默许他们在巴黎篡夺权力"。事实上，外省当局的请愿书里也清晰表达了对于巴黎的担忧。随着一月份巴黎监狱再次发生屠杀的谣言四起，这种担忧再次产生。而对于吉伦特派来说，悲哀的是，这种担忧会被巴黎的俱乐部和各区贴上"保王党"的标签,并不断地控诉他们,而在这些控诉开始产生之后,吉伦特派只有六个月的时间可活了。

时间所剩无多的吉伦特派,在国民公会的投票中再一次失败。对于支持处死国王的一派来说,唱名投票本身是一个要点,就一系列问题进行投票的次序则是另一个要点。吉伦特派希望,可以按照诉诸人民投票、定罪、判刑的次序,而山岳派则是定罪、判刑、人民投票,平原派则不同意前二者的意见,认为应该定罪、人民投票,最后再判刑。在现实中,平原派的立场实际上极有利于山岳派,如果先定罪——显然国民公会倾向于认为国王有罪,那就是在行使主权的裁决,定完罪之后再诉诸另一个主权,显得自相矛盾。一些吉伦特派认同这一逻辑,并不是所有的吉伦特派都投票一致,有41名吉伦特派代表拒绝投给诉诸人民的选择。

最终,国民公会以424票对287票拒绝了人民投票的提议。出乎不少人意料的是——尤其对于很多抱有信心的保王党议员来说——议会随后的投票中,赞成死刑者以1票之差占据多数。其中有46名议员虽然赞成死刑,但希望能判成缓刑。其中最模棱两可的人是马耶,他投了死刑,也投了缓刑,但在缓刑是否是死刑前提的问题上,他拒绝说明。因此,议会要再一次投票决定是否同意缓刑。缓刑注定只是缓兵之计,这反而让山岳派获得了更多的票数,议会以380对310拒绝了缓刑。

这场充满戏剧性和混乱的辩论中,很多议员都未能保证前后一致(大约五分之一的代表都出现过前后矛盾,一会儿主张宽恕，一会儿主张严惩），这次辩论对于国民公会和整个大革命都影响深远。这场辩论画出前所未有的清晰边界：第一轮唱票，在国民公会中孤立出了一小撮代表，这群代表，哪怕是仅仅提出国王犯罪的议题，他们都不愿意；第二轮唱票缩小了吉伦特派的影响力；而关于判刑和缓刑的第三、四轮投票则显示，山岳派的影响力已经在多大程度上渗透到了平原派。

吉伦特派的失败源于其政治态度的前后不一：当所有人都听到吉伦特派演说家鼓吹战争的煽动性发言的时候（"直到整个欧洲都着火时，我们才会安宁"），吉伦特派便引发了将冲突扩大的危险；他们曾经为人民主权的原则辩护，现在却又反对革命司法面前人人平等的原则；他们在面对外部威胁的时候，现实而清醒，但面对内战的火苗，却满是空想和盲目。其失败原因部分来自于道德上的不一致：吉伦特派一方面不断抱怨来自议会旁听席的难以抵抗的压力，另一方面因过分让步而造成自身分裂，又使用一些不明智的转移注意力的策略来挑唆旁听者。而另一边，是不论选择还是具体投票都远比吉伦特派坚定的山岳派，而且在国民公会里，山岳派已经远不是以前大家所认为的少数派了，他们劝服了平原派，不能推卸作为人民代表的责任。就像罗伯斯庇尔说的那样，山岳派自称"给国民公会赋予了伟大的特性"。

最终的判决，成为了未来所有冲突的源头。这不仅包括普遍战争的爆发，吉伦特派或是出于借口，或是真的相信，预测欧洲战争在审判之后将会爆发（在处死路易十六之后仅仅八天英国就宣战了）。同时，这次判决也造成了吉伦特派与山岳派的矛盾——显现、发生和升温。而且更重要的是，本次判决再次表明，任何人想要结束革命,都等于签署了自己的死刑判决书。饶勒斯告诉我们,吉伦特派意识到自己的命运与国王的命运非常相似。

路易十六作为王储时熟读《忒勒玛科斯》(*Télémaque*)①,并且将书中的话作为自己的座右铭。他当然也记得,书中塞浦路斯士兵拿着国王血淋淋的头颅向得胜的军队展示的场面。路易十六在审判席上经过可怜的辩护最终被判处死刑,我们不必将这一切看成用严酷的考验对他人格进行净化。简单来说,路易十六所接受的基督教教育以及王室教育,并没有教会他如何进行政治辩护,而是教会了他如何赴死——在这一点上,他可以算作基督教国王的典范,正如巴朗什(Ballanche)的洞察:路易十六的赴死,将革命者的弑君转化成了弑神。

尽管路易十六在审判时的辩解无力,但他的遗言却彰显着真正的王家尊严。饶勒斯说,在他身上,教会的痕迹多于君主制,因为事实上,路易十六唯一表现出懊悔的事情是,他同意了《教士公民组织法》。不过,我们还是能从路易十六的话中读出完好无损的君主制传统理论。"要按照法律统治",但"只在执行法律的过程中"才受到法律制约,这实际上完全符合忒勒马科斯关于王权的论述:"国王对于人民享有一切权威,而法律的权威高于国王。"路易十六还提到,如果其子"不幸可以继续统治国家",那么希望他拥有君主的"必要的权威"。从这里可以看出,与他

---

① 《忒勒玛科斯(历险记)》(1699年)是法国天主教大主教费奈隆写的教育小说。费奈隆当时担任法国王储的导师。这部小说旨在教育王储为承担国王的责任做准备。

自己在辩护时的策略相反，路易十六从未真心接受革命的法律。

这是否就是凭借洒在革命广场上的鲜血而获得新生的旧制度王权？米什莱是这么认为的。基内则忧虑：相比活着的路易十六，在丹普尔堡当着妻儿的面遭受折磨、双手被困在背后、在王宫对面被处死的路易十六要可怕百倍。路易·勃朗也曾断言："在路易十六的尸体上，君主主义蓬勃兴盛，就像死去树木上的寄生植物一样。"

然而，路易十六的死并没有引发所谓的神迹、骚乱和异象，这些是处决查理一世不久便出现的。塞巴斯蒂安·梅西耶记录道，在路易十六被斩首后，他看到人们"边走边聊，就像是刚从某个庆典回来"。当消息传到格勒诺布尔时，小小年纪的司汤达"捕捉到了一生中最欢乐的时刻之一"。无疑，在一些文本，尤其是外省的文本中，偶尔能看到一丝恐惧，或是对弑君的犯罪感，以及隐约的如释重负，但却没引起任何灾难性的骚乱。但所有这些都转瞬即逝了。不仅如此，革命者甚至还考虑过庆祝国王之死，从共和二年雨月2日到雾月，他们定期举办国王之死的纪念活动。尽管偶尔会出现对此类活动的抵制迹象（在一些游行队列中没有出现路易十六的模拟像，也很少上演行刑的场面，对于断头台——也就是所谓的"国民之剑"——的展示，只是在演讲中隐约提及），但每年政府官员都要公开宣誓，表明自己仇恨国王。革命者不顾季节的严寒，坚定地维护这个节日，并发誓它会像"共和国一样，永恒持久"。弑君群体参加者的身份得到明确的承认和赞许，而督政府期间心照不宣的政治任命规则对此推波助澜。这种弑君者身份一直是十足的骄傲，例如，复辟时期的流放者。

复辟之后，王室崇拜似乎集中体现在"走上断头台的国王"这一形象，视之为"头戴荆棘王冠，手持芦苇权杖的人性的神圣化身"。但王党的传统无法为这种新鲜的崇拜添加更多的内涵。例如巴朗什，他将断头台比作十字架，把路易十六看作基督的一个化身，在他眼里，官方的赎罪仪式（官方以训导的方式，不断地举办此类仪式，想让人们感受到波旁王朝复辟的奇迹）根本不是真正的崇拜。这类仪式是当局自上而下推行的，难以激发观者的共情，而且局限在少数几个地点（例如旺代），同时也限于某些阶层之中。这股潮流稍纵即逝：对君主制的膜拜，对王室纪念品的狂热喜爱，对"奇迹之子"①的敬奉，以及因同情王室而产生的"哭哭啼啼的派别"（米什莱语），这一切都随着复辟王朝垮台而烟消云散。

王室崇拜既没有神圣性作为支撑——没有人再认为国王是上帝拣选的人间首领，认为天使们为其征战，也没有民众的支持。库尔诺在回忆录里写道，1814年的时候，没人知道路易十六的兄弟们和侄子们后来命运如何，也没有人提出要对他们或者王太子处以死刑，因为没人认为他们具有威胁性。"古老的君主制天命已尽"，即使后来君主制复辟了，它还是根据当年的断头台经历来思考自身。饶勒斯注意到了这一新的现实，写道："人民已经养成了视君主制平凡无奇的可怕习惯，这种习惯很难消除。"因

---

① 1820年亨利·阿尔图瓦（后来被正统派拥立为亨利五世）出生，当时波旁王室的血脉被认为即将断绝，因此保王党称其为"奇迹之子"。

此，国王之死也标志着一套权力象征体系的崩溃。

换言之，王权只是表面上突然终结的，其实，远早于路易十六的审判，法国的神圣王权就已经死了。王国中的去魅到底是从什么时候发生的？对于历史学家而言，这还是一个难题，但在路易十四时代能隐约找到些线索：在太阳王耀眼的外表之下，路易十四和博须哀强调由血缘传递神圣性的意识形态而损害了君主制的公法，并将国王的神圣权利更多地归于国王个人而非政治原则，但是这样做实际上削弱了国王这一身份。通过实行解放神职人员的政策——用基内的话说——王权"绞尽脑汁与教会分开"，并因此暴露了"自己的孤立无援"。国王极力摆脱一切法律和宗教的约束，反而变成了法外之徒，变成了没有信仰的人。冉森主义给这些弱点雪上加霜，它指出，所有生命都一样卑微，而且都是必死的，这带来了路易·勃朗所说的"对传统的国王陛下的极大的贬低"。这就是为什么人们不会对国王的审判和死亡感到悲伤。

莫娜·奥祖夫

参考书目

BONGIE, Laurence L. *David Hume, Prophet of the Counter-Revolution*, Oxford, Clarendon Press, 1965.

JAURÈS, Jean. *Histoire socialiste de la Révolution français*, t. 4, *La Convention*, Paris, Edition sociales, 1969.

KANT, Emmanuel. *Elements métaphysiques de la doctrine du Droit*, Paris, 1853.

MICHELET, Jules. *Histoire de Révolution français*, t. 2, livre IX, Paris, La

Pléiade, 1952.

PATRICK, Alison. *The Men of the First French Republic: Political Alignments in the National Convention of 1792*, Baltimore et Londres, Johns Hopkins University Press, 1972.

SELIGMAN, Edmond. *La Justice en France pendant la Révolution, 1791-1793*, t. 2, Paris, 1913.

WALZER, Michael. *Regicide and Revolution*. Londres et New York, Cambridge University Press, 1974.

参见条目

波拿巴（Bonaparte）

布里索（Brissot）

俱乐部及民众社团（Clubs et sociétés populaires）

巴黎公社（Commune de Paris）

孔多塞（Condorcet）

宪法（Constitution）

吉伦特派（Girondins）

路易十六（Louis XVI）

绝对君主制（Monarchie absolue）

山岳派（Montagnards）

罗伯斯庇尔（Robespierre）

圣茹斯特（Saint-Just）

圣多明各革命
Révolution à Saint-Domingue (la)

圣多明各奴隶大起义，是大革命史中最令人困惑的事件之一，也可能是这段历史中最不为人所知的；这一既戏剧化又神秘的反殖民斗争插曲，首先在自由的黑人中产生，随后波及奴隶，由于国民公会的法令而得到发展，并随着杜桑·卢维杜尔（Toussaint Louverture）的崛起而转变成有组织的运动。这是一场革命中的革命；作为1789年的产物，圣多明各所发生的系列事件是与法国大革命同时展开的：这些事件中有充满紧张的激情、矛盾、高亢、跌落，也经历了恐怖和死亡。它们很好地揭示了中心与边缘之间关系的急剧改变，而这是我们还需要去理解的：从这方面来说，历史仍有待书写。

1790年时，圣多明各依然是法国殖民地中最富裕的，可能也是各个时期欧洲殖民地中最繁荣的。伊斯帕尼奥拉岛的法国部分，面积与比利时一样，是加拿大的1/350，为法国提供了占世界总产量3/4的糖，而且法国对外贸易的1/3由该地提供。由国王任命的政府和总督管理这一殖民地，维护国王和海军部的利益，同时，位于太子港的最高司法会议在有限自治的体制内行使最高法院的职责，与宗主国的贸易专营权成为经济法规的核心。超过50万的奴隶不停地工作以确保给宗主国提供殖民地食品，而这在1780—1790年的十年财政危机中显得尤为珍贵。这些年游览该岛的游客人数始终是最多的，他们能看到岛上有800个制糖厂，3117个咖啡种植园，789个棉花加工场，3151处木蓝种植地，370座石灰窑，16000匹马，12000头牲畜，贸易额总量达到两亿图尔锂（livres tournois），令人印象深刻的数字。1783—1789年间，圣多明各的糖产量翻倍了；奴隶数量继续增加：1771年，每年输入10000人，这一数字在1786年[①]达到27000人，1785年为40000人，1789年则超过了50000人，此时，来自非洲的奴隶人数已超过了克里奥尔人的数量。同时，"自由的有色人"数量增加，从1780年的12000人增长到了1789年的28000人。

然而，支配殖民地生活的社会—经济机制的脆弱已然显现：相对于这一巨大的殖民地食品生产，供给内部消费的食品生产已不足以满足殖民地的需要，必须从宗主国输入，或是从邻近殖民地偷运。没有人想放弃甘蔗种植和出售糖带来的收益，为此牺牲了一切。在等级体系顶峰时期，有30000白人移殖者，而在这一封闭的世界里，肤色高贵构成了种族体系不可侵犯的界限，它始终拒绝给予奴隶后裔（哪怕是旁系）作为人的尊严。1685年颁布，1724年再次确认的《黑奴法典》，由地方法官系统实施，相较于和宗主国的联系，这些法官与白人移殖者关系更为密切。该法典强制推行大量种族限制措施，并在法律上认可了一个与18世纪开

[①] 疑为1776年。

明的贵族国家模式相去甚远的制度。

莫罗·德·圣梅里（Moreau de Saint-Mèry）在其《关于圣多明各伊斯帕尼奥拉岛的法国部分的描写》中，对殖民地的人口状况做了权威描述，将其明确分为三个阶级。第一阶级是白人阶级：在内部，所有人都是平等的，因为所有人都可以担任公职、获得地产和特权。第二阶级是黑白混血人。他们往往几代以来都是自由的，有些人皮肤完全是白的。他们构成了殖民等级制中的一种"第三等级"；他们大胆敢干、充满活力，拥有种植园和奴隶，但是既不可能担任公职，也不能与白人分享社会生活：殖民地法令强迫他们衣着朴素和使用非洲姓名，以让他们不要忘记自己的出身；教堂、剧院和市政府里都有他们预留的位置，以和白人群体的位置远远地区分开。在内部，黑白混血阶级又依据基因等级做进一步细分：根据白人直系尊亲属关系或是黑人血统的远近来区分个体。奴隶属于第三个阶级。一条无形的界线将第一阶级与另外两个阶级明确区分开，即使某个黑白混血人与白人可能是近亲，但他也永远不可能被认为是白人。莫罗·德·圣梅里指出，这一偏见是殖民地社会稳定所必需的，因为它奠定了白人优于黑人的基础，从而为奴隶制提供了依据：否则黑人为什么要接受成为白人的奴隶？

这些白人，对于自己和"有色人种"的关系如此确信，内部却并不团结。当1789年大革命的消息传到海地角时，他们分裂为两个派别，在利益、观念、政治立场和对王权的忠诚度上观点对立。一边是"小白人"：商人、管家、小资产阶级、工匠，同意第三等级最初的政治要求，同时顽固鼓吹与黑白混血人的完全种族分离；另一边是"大白人"：地产所有者和富裕官僚，他们团结在总督周围以维护旧制度，担心法国政治制度的改变可能损害奴隶制，从而对自己不利。随着革命在宗主国的发展和"小白人"（居住在殖民地的地产主也逐渐加入）影响的上升，与"自由的有色人"关系中存在的敌意也不断增强：黑白混血人往往是生意兴旺的，有些人比"小白人"还富裕，正处于经济上升时期，对于渴望完全控制殖民地经济和管理的阶级来说，他们始终意味着一种最可怕的威胁。

正是在1790年秋天，冲突爆发了，当时黑白混血人奥热（Ogé）在圣多明各登陆，试图通过信念或是力量，在"自由的有色人种"里实施《人权宣言》。年轻、富有、受过教育的樊尚·奥热，在巴黎经历了革命的最初时刻，参加了格雷古瓦（Grégoire）神甫、布里索、孔多塞主持的"黑人之友协会"的活动。尽管格雷古瓦对其过度激情表示担心，但奥热不顾他的反对而于9月末出发，并于10月26日抵达圣多明各。在格朗德－里维耶尔（Grande-Rivière），奥热通过充满激情的演说召集了上千名黑白混血人，与白人移殖民发生了最初的冲突，后者担心一切直接或间接提及《人权宣言》的说法，视之为对自己优越地位的明确威胁。28日，一位拒绝承认黑白混血人司法平等的白人被杀，29日，两位派去恢复秩序的龙骑兵也被杀：起义开始了，任何回到过去的尝试都不可能了。31日，一团龙骑兵驱散了黑白混血人，迫使奥热逃至该岛的西班牙人控制部分。但是此后，《人权宣言》中的思想扩散至几乎所有黑白混血人，尽管西班牙人下令（1791年2月9日）迅速处决了奥热和其朋友沙瓦纳，以及另外20位逃亡同伴，但这只是使直至当时尚未干扰殖民地经济生活的冲突进一步激化。

在奥热悲惨死亡后，移殖民与黑白混血人之间的敌对进一步增长。移殖民反对黑白混血人享有政治权利，对此他们不想做任何让步，尽管这两个群体都坚持奴隶制和殖民生产方式。黑白混血人的选举权问题成为决定殖民地命运的关键问题：因为给予他们这一权利，意味着放弃种族优越性，而拒绝给予这一权利，则会促使他们与奴隶联合起来反对白人。正是由于自己的犹豫不决，白人阶级走向了毁灭。受到各方攻击的白人，未能找到解决黑白混血人问题的办法。

1791年8月23日，正是在这一越来越紧张的氛围中爆发了奴隶起义。起义首先出现在法国角（Cap-Français）周围的小山里，并在宗教狂热和最初成功之兴奋的激励下，扩散至北部的平原。奴隶反抗的浪潮事发突然，并迅速发展成移殖民疲于控制的巨流，使其遭受前所未有的人员和物质损失：仅仅一周时间，就有多达800家制糖厂和600个咖啡种植园被完全摧毁。在殖民地的诞生和发展过程中曾经出现多次起义，但与此前起义不同的是，这一次反抗者的意愿和力量远远超出预料，成为无法抑制的现象，逐渐吸引了北方一个又一个种植园中的所有奴隶，无论他们的生活条件与职务如何。

移殖者始终无能为力，不知该采取何种决策，对于采取和经济损失一样有力的防卫行动的必要性始终犹豫不决。至少在8月底，只有海地角猛烈抵抗起义者：在城市内部，白人严刑拷打俘获的黑人，造成众多死亡；在城市以外，黑人屠杀那些留下来保卫种植园的白人。当起义领袖布克曼（Boukman）被俘虏，并遭斩首和公开展示时，黑人分裂为两支队伍，分别由比亚苏（Biassou）和让·弗朗索瓦（Jean François）率领。此时，起义丧失了一些原有的冲劲，白人通过加强西部一些种植园的防御工事和建立阻止起义扩散的封锁线，在某种程度上成功地控制住了起义。

正是在此时，黑人杜桑·卢维杜尔离开了布雷达种植园，决定参加性情变化无常的比亚苏领导的起义："我是杜桑·卢维杜尔……我要报仇。我想在圣多明各确立自由与平等的统治"，这位管家此后这样写道。他已上了年纪，获得自由也已有数年，决心为废除奴隶制而战。杜桑的演说重新激起了起义者的热情：这位前奴隶受过教育，意识到白人文化的价值，身上兼具伟人所有的卡里斯玛（Charisma）声望和认识到移殖者力量的谨慎。他试图重新组织和训练奴隶们，将比亚苏和让·弗朗索瓦的无纪律的小团体转变为组织严密的军队，其所具有的勇气和热情弥补了能力的不足；严格的纪律和政治教育相结合：必须不惜一切代价废除奴隶制。由此，杜桑重新组织了黑人军队，使他们具备长期残酷斗争所必须有的服从命令和遵守纪律。此时，在殖民地的其他地方，黑白混血人继续与白人作战，毫不犹豫地利用他们自己的奴隶来取得战争胜利。当起义的消息1791年10月27日传到法国时，整个殖民地已一片火海，蔗糖生产完全停止了，粮食紧缺：9月26日的消息造成了国民议会的混乱，在议会中，黑人之友与支持殖民主义的议员之间有关黑白混血人权利问题的冲突已持续很长时间。

1792年7月25日，殖民地特派员桑托纳克斯（Santhonax）、波维雷尔（Polverel）、艾尤（Ailhaud）率领6000名士兵组成的远征军登船前往圣多明各，任务是恢复秩序和实施1792年3月法令，该法令赋予黑白混血人完全的司法平等权。新特派员们管理的殖民地此后将分为三大地区，或者由白人统治，或者由黑白混血人或是黑人统治。在北部，白人移殖民反对杜桑·卢维杜尔以控制广大平原地区；在西部，里戈（Rigaud）和博韦（Beauvais）领导的黑白混血人的主导地位无可争议：占领太子港和解放了一些反抗的黑人领袖后，他们又恢复了对奴隶们的奴役。在南部，新的奴隶反抗蔓延开来。共和国发布的公告，以及对西班牙和英国宣战，激起了新的骚乱：很多拥护奴隶制的殖民地决定加入英国阵营以维护自己的地位，因为革命事件始终对这一地位造成了最大威胁。而在起义领导人杜桑·卢维杜尔、让·弗朗索瓦和比亚苏这一边，他们加入西班牙军队以换取对自由的承诺。1792年9月，马提尼克和瓜德罗普宣布独立，升起白旗；1793年6月，总督加尔博（Galbaud）带着支持君主制的移殖民逃离圣多明各。

由于英国海军的封锁，该岛再次处于政治和经济孤立地位。8月的最后几天，在殖民地的政治结构不断受损、英国占领威胁不断加剧的情况下，桑托纳克斯最终决定在仍由其控制的北方地区废除奴隶制和《黑奴法典》。此后不到一个月的1793年9月21日，这一法令扩展至西部和南部省份。共和二年雨月16日（1794年2月4日），奴隶制在共和国的所有领土上都被废除："国民公会宣布在所有殖民地废除奴隶制。因此，它宣布这些殖民地的所有居民，无论其肤色如何，都是法国公民。这样，他们就享有宪法保障的所有权利了。"

当1794年6月废除奴隶制的消息传到圣多明各以后，该殖民地的政治状况发生彻底改变：小白人和大白人不再构成一支紧密团结的政治与军事力量，而黑人随着其自由人身份得到承认，力量获得极大增长。正是在这时，杜桑·卢维杜尔开始支持法国革命事业，宣誓忠于共和国。在经历了五年的残酷战争——与白人、黑白混血人、法国人、英国人，一度站在桑托纳克斯、波维雷尔一边，并击败了埃杜维耶（Hédouville）将军——之后，杜桑最终获得总督一职（1798年），成为圣多明各剩余部分的无可争议的主宰。在他的命令下，一支多种族部队聚集了宗主国和殖民地的军队：在曾为奴隶的人们看来，共和国的观念就意味着获得自由，他们唯一的愿望就是能够耕种一块土地以获取生活必需品。

杜桑是一位果断而又专横的政治人物：对待白人态度谨慎，因为他知道要重建殖民地不可能缺少白人；对待黑人则态度强硬，强迫他们继续从事奴隶种植园中那些艰苦而又必须守纪律的工作。杜桑·卢维杜尔（1798—1801年）试图恢复种植园的旧时辉煌，这是一种真正的殖民地乌托邦，是他那个时代的启蒙哲学家和重农主义者表达过的愿望，但他的政策却为白人所质疑，他们不相信总督的承诺，黑人则表示怨恨，因为他们被迫放弃更有利可图的耕作，所以很少工作，且满是怨言。由此形成的社会与经济平衡始终是不稳定的，彼此都有不满的迹象。

宗主国传来的消息加剧了此地公共生活的混乱：督政府对杜桑的政治崛起持怀疑态度，对于黑人独立的愿望也感到忧虑，而国家经济利益要求重新评估殖民地问题，并与大西洋的批发商和流亡在法国的大白人关系接近。由此，拥护奴隶制的移殖民恢复了力量，有关宗主国大军来临的谣言不断出现。1797年11月5日，杜桑寄给督政府一封措辞坚决的信，在信中他指责白人地产主与英国人勾结，并夸张地威胁要反抗任何在圣多明各恢复奴隶制的企图。1800年1月21日，他占领了岛屿的西班牙部分。殖民地的新宪法将领土分为8个行政省，都处于终身总督杜桑·卢维杜尔的直接控制之下。对于不可避免的和宗主国日渐疏远的殖民地的新发展，以及拒绝政治从属关系的黑人政府，执政府时期的法国不再准备容忍。

在何种制度下殖民地最为兴盛？奴隶制。因此波拿巴主义者的逻辑是想恢复奴隶制。1801年11—12月，94艘船只驶离法国，向圣多明各运送了一支35000人的军队。军队的领导人都是拿破仑最初战役中的最著名的英雄：迪古阿（Dugua），埃及总指挥；布代（Boudet），马伦哥战役英雄；亨贝尔（Humbert），爱尔兰远征军指挥官；维亚莱-朱瓦耶兹（Villaret-Joyeuse），舰队总司令；维克托-埃马纽埃尔·勒克莱尔（Victor-Emmanuel Leclerc），波拿巴的妹夫，军队总指挥。这将是一场败仗。在一年的时间里，法国远征军损失了9/10的兵力，为杜桑的埋伏和黄热病的肆虐所摧垮。1802年11月2日，勒克莱尔病死后，已经成功将杜桑·卢维杜尔押送至法国的法国军队不再能够控制局势。1803年11月9日，德萨林（Dessaline）宣布海地独立；直至当年年底，没有白人能从伴随新国家成立而出现的恐怖中幸免于难。由此，圣多明各，"安的列斯群岛之王"，永远地失去了。

将殖民地系于大革命，将大革命系于黑白混血人的起义，将黑白混血人的起义系于奴隶的反抗，这些牢不可破的联系是显而易见的。在一连串原因和结果中，一个事件带来另一个事件，从《人权宣言》开始，政治变革的承诺（甚至超出了制宪议会成员的意图）扰乱了殖民地生活，直至废除奴隶，这是革命最初时期任何人都没有想到的。事实上，1789—1794年间，议会中时常就殖民地与自由"有色人"的权利问题展开争论；但是很少有议员想深入认识这一问题，他们似乎更关心保护大西洋贸易，而不是给予黑白混血人完全的公民权。1789年10月22日，当有色人雷蒙（Raymond）律师率领的黑白混血人代表团拜访议会议长，要求将《人权宣言》应用于所有自由人时，《人权宣言》对于自由黑人的有效性问题第一次显现出来。尽管代表团受到议员们的热烈欢迎和一致掌声，但他们只是得到泛泛的承诺。1790年3月2日，议会决定成立一个殖民地委员会来制定解决办法，巴纳夫担任委员会主席。他在这一问题上的立场是人所共知的：与殖民地院外活动集团人士关系密切，在解决这一问题的方式上似乎毫不犹豫。法国需要殖民地，必须不惜一切代价保持宗主国资产阶级对于殖民地贸易的垄断，从而能够成功地引领革命直至结束。在黑白混血人问题上，他也同意不要激怒敌视这种垄断的移殖者，相反，给予他们完全的自治。巴纳夫成功说服议会接受了他的观点，并为了国家的昌盛而压制了黑白混血人的司法平等问题。黑白混血的殖民地居民为白人移殖民做出了牺牲。此后，1791年4月初，当人们宣布绞死奥热时，支持黑人的派别情绪高涨，力量得到增强；1791年5月15日，议会最终给予父母是自由人的黑白混血人投票权。

但是,瓦伦事件后,巴纳夫和拉梅特(Lameth)领导的斐扬派还是成功地推迟了5月法令的实施,并在1791年9月24日投票最终取消了这一法令。10月,奴隶起义的消息传来,局势又发生了新的变化。当《巴黎革命》向反抗者热情欢呼时,废奴主义者和斐扬派相互推卸起义的责任。但是人们能采取其他行动吗?因白人移殖者不满而出现殖民地分裂,这样的风险人们敢冒吗?再说,成规模的奴隶起义的风险不是似乎也同样的大?1791年,很少有人对圣多明各的形势有正确认识,而在这些人中,最著名的是古达尔西(Gouy d'Arsy)、莫罗·德·圣梅里、马卢埃(Malouet)、拉梅特兄弟、莫里神父(l'abbé Maury),他们都支持殖民体制;他们提出有力论据反对向黑白混血人完全开放,担心这样会打破革命前殖民地建立的微妙的政治平衡。因此,争论拖了数年,而当1792年3月24日国民议会决定给予黑白混血人司法平等时,已经很迟了。

1789—1792年,圣多明各经历了三种不同政治运动的发展,它们的真实意义在法国并没有得到很好的理解:小白人支持革命事业,希望废除大种植园主的排他主义和剥夺黑白混血人的所有权;拥有产业的黑白混血人,记得自己已从国民议会获得完全的司法平等,起来反抗是为了以对自己有利的方式实施《人权宣言》;奴隶们起来反抗奴隶制,并由此瓦解了殖民地的经济大厦。但是起义的奴隶要求什么?更适合的生活条件?更人道的待遇?社会上升的可能性永远不会因为他们的非洲直系亲属而遭否决?回答这些问题是困难的。事实上,1791年8月的起义是一场自发的运动，它汇聚了奴隶制时代所积累的不满和怨恨；但是由于白人政权结构的脆弱，它成为无法抑制的革命现象，这一结构在象征层面是稳固的，但在政治和社会层面则是不稳固的，正是这个原因使其无法有效应对革命变化。移殖民的权力是以种族特权信念为基础的，这一点也为黑人和黑白混血人所一致承认，1789年以后，在不诉诸武力的情况下替换这一特权已不再可能。但是面对人数20倍于己的奴隶，移殖民是无能为力的。基因贵族阶级的形象有其原始的高贵，《人权宣言》来临之前种族观念根植于圣多明各的每一个人心中；因此，白人移殖民与黑白混血人的共同目标是在一个与旧制度完全不一样的世界里确保自己的优势地位：种植园取代庄园，生产取代消费，工业取代农业。因此，宗主国革命的消息扰乱了殖民地生活，并产生了极具破坏性的后果。但是，《人权宣言》也改变了圣多明各的权力符号；它摧毁了圣多明各的贵族和种族主义的基础，而正是这一基础，使得移殖民能以几百人的白人士兵控制超过50万的奴隶。这个基础就是：更多的特权与贵族，但没有经济自由、司法平等和博爱。8月26日宣言如果只是指导第三等级思想精英的意图表达，那么就没什么重要；但是，这些言辞传到殖民地后，要么被解释为彻底改变体制的一种威胁，要么被视为一种承诺。移殖民是最早明白宣言的普世意义的，他们运用各种手段试图阻止宣读宣言；黑白混血人，则借助于奥热，要求从中获益；也正是这些没有从中获益的黑白混血人，起来反抗小白人。此后，圣多明各微妙的社会平衡被打破，并走向了危机。当奴隶们打碎锁链之后，基于白人权力的精英机制也陷于瓦解，因为其赖以存在的种族原则已被废除。无需再详细回顾国民议会中有关废除奴隶制的争论，也不必反对殖民地委员会中的巴纳夫，或是赞扬孔多塞、布里索废奴主义思想在逻辑上的一贯性：《人权宣言》已一劳永逸地解决了所有问题，因为它本身已包含黑白混血人司法平等和废除奴隶制的所有先决条件。随后出现的争论是随机的和策略性的，明显地是将原则性的宣言与当时的政治混在一起。也许正是这一点可以解释为什么从米什莱到托克维尔，或是从奥拉尔到乔治·勒费弗尔的所有研究大革命的历史学家，无论他们属于什么阵营，几乎都忽视了严格意义上的废除奴隶制问题。

马西米利亚诺·桑托罗（Massimiliano Santoro）

延伸阅读

GIROD DE CHANTRANS, Justin de. *Voyage d'un Suisse dans les colonies d'Amérique*, Neufchâtel, 1785.

LACROIX, Pamphile de. *Mémoires pour servir à l'histoire de la Révolution de Saint-Domingue*, Paris, 1819.

MOREAU DE SAINT-MERY, Médéric, Louis, Elie. *Description topographique, physique, civile, politique et historique de la partie française de Saint-Domingue*, Philadelphie, 1797.

WIMPFEN baron de. *Voyage à Saint-Domingue pendant les années 1788, 1789, 1790*, Paris, 1797.

BENOT, Yves. *La Révolution française et la fin des colonies*, Paris, La Découverte, 1988.

CÉSAIRE, Aimé. *Toussaint Louverture*, Paris, Presence africaine, 1981.

DEBIEN, Gabriel. *Les Esclaves aux Antilles françaises*, Basse-Terre, Société d'Histoire de la Gaudeloupe, 1974.

GIROD, François. *La Vie quotidienne de la société créole*. Paris, Hachette, 1972.

PLUCHON, Pierre. *Toussaint Louverture*, Paris, Editions Caraiibes, 1979, et *Histoire de la colonisation française*, tome 1, Paris, Fayard, 1991.

THIBAU, Jacques. *Le Temps de Saint-Domingue*, Paris, J.-C. Lattès, 1989.

参见条目

巴纳夫（Barnave）

布里索（Brissot）

孔多塞（Condorcet）

人权（Droits de l'homme）

平等（Égalité）

斐扬派（Feuillants）

自由（Liberté）

大革命与欧洲
Révolution et l'Europe

对于旧制度欧洲的政治秩序来说,法国大革命远非唯一的挑战。在1789年前,瑞士、荷兰和爱尔兰都发生过革命,更别说美国反对英国君主制的独立战争了。进入18世纪90年代后,欧洲很多国家和地区都爆发了进一步的革命,其中包括荷兰、莱茵河沿岸地区、意大利、瑞士、马耳他和地中海东岸国家。它们不可能是单纯局部的事件,也不是互相孤立、毫不相干的历史现象。众所周知,法国大革命引发了普遍的衷心赞赏和效仿。但是,我们要警惕任何过于化约的解释,例如存在一场大西洋民主革命的看法,该看法在20世纪50和60年代十分流行。事实上,18世纪时并不只有一种意识形态,许多被大西洋革命论的拥护者视为革命的事件,其实和民主没有什么关系。T.C.W.布兰宁在论及法国大革命对德意志地区的影响时,正确地提醒我们,不能从意识形态角度解释当时的全部历史事件。他认为:"大西洋学派描绘的伟大的大西洋民主革命,其实只是法兰西共和国的军事扩张而已。"而且他也不认为18世纪90年代存在席卷欧洲的革命运动。"考虑到法国大革命的规模之大,持续之久,程度之强烈以及其取得的成果，欧洲其他地区发生的骚乱都不算什么。"

如果说，欧洲自由派舆论因为法国革命理想而倍感兴奋，那么要注意，法国革命者本身也做了很多事情，来引起并保持这种兴奋。他们明确地宣称，自己继承了启蒙运动的哲学传统。他们所说的话语在许多方面与当时世界上其他地方的世俗、进步的思想家都一样。在北美殖民地摆脱了英国的奴役之后，很快1789年似乎也为旧大陆深受压迫的民众带来了希望之光。宪政思想在1768年鼓动了日内瓦人民，也激励了新生的美利坚合众国的领袖们，而在欧洲一个最强大的君主国(指法国)，人们正在讨论同样的思想。《人权宣言》吹响了启蒙思想的号角。而且，相对于美国人的审慎态度，法国人积极地倡导民主和人民主权的理念，并呼吁政治和社会层面的革命性变革。他们时而谴责封建制的罪恶，时而控诉国王们的暴政，向其他想要获得解放的人提供帮助，并公开支持民族自决的原则。1792年11月19日，用拉勒韦利埃－勒波提议的法令中的说法："国民公会代表法兰西民族宣示，我们会给予任何希望恢复自由的民族支持与帮助。"那些生活在压迫的体制下、处于蒙昧状态的人们应该将法律掌握在自己手中：起义不再是罪行，而是全世界人民都可践行的权利。按照国民公会的说法：他们"要解放自己……，给自己一个自由的政府以作为合法的统治者……，按照自由和平等的原则，彻底地重塑自己。"这是一条鼓舞人心的原则，革命领导者们正确地认识到，在向欧洲帝王的臣民宣传革命时，这条原则会带给他们极大的优势。当时的欧洲还屈从于专横的王权和教会权威，法国革命传播的理念很容易被当作应付复杂多样的政治问题的灵丹妙药。

但是，具体哪些人看到了法国革命者的讲话，或回应了他们宣传的理念呢？谁会真正看到这些讲话，或者受其影响呢？当时欧洲还是小农社会，识字率非常低，在欧洲中部和东部的大部分地区几乎没有真正的城市，商业发展非常缓慢，受过良好教育的中产阶级的出现更是滞后。中、东欧很难产生像法国、比利时、荷兰那样的读书会和阅读室。除此之外，在欧洲大部分国家，统治者也不希望自己的臣民被外国传来的思想观念冲昏头脑。政治消息是受到严格审查的。即便是开明的统治者，如"开明专制君主"，也不会放任启蒙思想到威胁自身安全的程度。法国大革命一爆发，就揭露了俄国的叶卡捷琳娜大帝的真面目，她马上成为了十足的反动分子。因此，毫无疑问，革命的理念在西欧传播最广，也获得了最多的思想反馈。英国的知识阶层就得意地认为，法国现在是重走1688年英国光荣革命的道路；在瑞士，共和派政府已经形成，关于革命的想法一点也不新鲜；荷兰和比利时原本经济繁荣、思想自由，在（法国）旧制度末年，繁荣的政治出版物以及《莱顿公报》等报纸也引发了这里的人们对于法国政治的兴趣。

不少作家和思想家首先对大革命理念做出了回应，他们把1789年的事变看作人类历史的里程碑，也看作18世纪思想不断发酵的自然成果。在当时看来，这似乎是显而易见的，那时候国民议会正将人们从世代延续的压迫中解放出来，《人权宣言》中体现的革命精神也较为克制。大革命早期，还没有血腥的恐怖，也没有严酷的去基督教化，革命的形象未受玷污，法国似乎成了启蒙人类的希望。那时，法国大革命仍可以摆出保护自由和个人权利的姿态，不少人与威廉·华兹华斯的想法一样："能活在那个黎明，已是最大的幸福，若再加上年轻，简直就是天堂！"①在英国，对1789年事变的崇拜扩散到了科学家约瑟夫·普莱斯特里和政治领袖查尔斯·詹姆斯·福克斯等人。托马斯·潘恩不仅受到启发写出了《人的权利》一书，还亲身来到法国，成为一名荣誉法国公民，并进入国民议会做起了代表。其他欧陆邻国的思想界也表现出极大的热情。荷兰爱国者瓦尔克纳（Valckenaer）等人深受国民议会解放言论的鼓舞，并认为法国关于博爱的宣言包含了解放荷兰的普世承诺。意大利也类似，重农主义与当地的民族主义的愿望和抱负密切结合，知识分子热切地关注巴黎的消息。在德意志，尤其是南部邦国，当地作家、记者和共济会成员一开始就对革命报以热情的回应。

但历史学家应该审慎地看待此类有关休戚与共和希望的表述。少数激进或自由思想家的文字作品，仅能极其有限地反映老百姓的感受和反应。荷兰爱国者就是一群聚集在阿姆斯特丹的少数特权精英，他们的住宅在1787年被愤怒的群众洗劫。在英国也是一样，公众舆论并没有追随法国国民议会的思想：英国大众的爱国主义非常强烈，在捍卫现有秩序的时候，会很快产生反法情绪。例如，1791年普莱斯特里就在伯明翰遭到支持君主制的群众的羞辱，他们辱骂他并且向他扔石头。又如，尽管托马斯·潘恩全身心投入人民事业，但他从未像其保守派对手埃德蒙·柏克那

---

① 诗句出自威廉·华兹华斯的长诗《序曲》第11卷"在法国"。诗人在年轻时期备受法国大革命鼓舞和吸引。

样受欢迎。实际上，当我们试图评估支持法国大革命的激进文本所带来的影响时，必须要记住18世纪90年代，也涌现出一批思想作品，它们极其仇视大革命的思想原则，捍卫绝对君主制，以及社会"天然的"等级次序。此类作品往往非常有影响，且能影响到掌权者之外的人群。另一方面，大多数的激进思想是用抽象的语言表达的，很难真正影响到大多数老百姓。正如雅克·德罗兹所指出的，德意志地区尤其如此，激进主义是用人道主义和世界主义的术语来表达的，与政治辩论和国家制度没有太大关系。德罗兹进一步指出，德意志的思想和政治是完全分开的。所以，伊曼努尔·康德这样的哲学家，是从大革命对人类灵魂的影响的角度来评价大革命；德意志思想家认为，在他们那样的人道主义的文化土壤中，可以轻易避免法国大革命的错误。"德意志知识分子抽掉历史内容，把法国大革命看成一种形而上学事实，然后对其进行伦理价值的评估。"

进入19世纪之后，政治哲学家对法国大革命理念的宣传作用才真正体现出来。费希特和赫尔德把革命传统和极富浪漫色彩的德意志新民族主义联系在一起，邦纳罗蒂①则把自发革命的价值观传递给了新一代的意大利激进派。这些政治哲学家是革命神话的重要创造者，在1830年和1848年（甚至其后）的欧洲，还在持续地激发人们对于革命神话的信念。革命者无比崇尚的"伟大民族"的观念，也有赖于他们为其提供具体的思想内容。但就18

---

① 菲利普·邦纳罗蒂（Philippe Buonarroti, 1761—1837），意大利空想社会主义者，革命者，作家。

世纪90年代而言,这些政治思想家的影响很有限。类似的还有法国大革命早期外国一些自称"爱国者"的激进政治小团体,以及1793和1794年之后的外国"雅各宾"团体,他们模仿法国在大城市里建立群众俱乐部和社团,这些人的影响也不大。这些人阅读那些政治哲学家的著作并且崇拜他们,而且和他们一样,大部分来自欧洲城市的自由职业。尽管这些人因为发起或激励了本国最初的民族主义运动而被本国的历史著作大书特书,但他们其实是绝对的少数派,而且目标并不清晰。至于他们组织的社团,大多是由现成的共济会支部或读书俱乐部发展而来,只是为了跟上时代潮流换了个名字而已。尽管他们自己对法国大革命的事业充满热情,但他们对其同胞的影响力一直很小。在意大利地区诸国中,他们从未能建立起重要的、持久的支持力量。在瑞士联邦,他们的根据地基本限制在沃州①,而沃州一直以来受法国影响较大。虽然那些所谓的德国"雅各宾派"至今仍有良好的声誉,但是1792年准备把法国人当成"解放者"来欢迎的,实际上也是极少数②。例如格奥尔格·佛斯特③,其实非常孤立。

在大众层面上,法国大革命获得了热烈的支持,但同样非常有限。例如,英国的激进民众政治运动就借大革命的东风重新活跃起来,它赋予英国议会改革新的和更加平等主义的特征。这场改革运动在18世纪80年代还是由地产主主导,随后主导权转移

---

① 沃州,瑞士西部地区,和法国接壤。
② 1792年10月,法军占领了德意志美因茨地区。
③ 约翰·格奥尔格·亚当·佛斯特(Johann Georg Adam Forster, 1754—1794),德国博物学家,革命者。

到了城市激进主义者手中,这些激进分子从法国大革命中学会了关心自然权利,并因此攻击英国社会中依然存在的封建特权。例如伦敦通讯社这样的组织,就向全英国传播巴黎的最新消息。在曼彻斯特和谢菲尔德等大城市,手工业者和工人们发起了反对小皮特政府反动措施的激烈斗争。当然,由于自1793年英国和法国进入战争状态,引用法国为榜样很容易招致煽动叛乱的指控,因此这一时期的英国激进派在为议会改革辩护时,往往引述盎格鲁-撒克逊的权利传统,而不是法国国民公会的成就。然而,法国大革命对英国的影响是毋庸置疑的。英格兰、苏格兰和爱尔兰的激进分子都运用革命话语,并且借鉴了无套裤汉使用的象征符号。英国的城市也种上了他们本不熟悉的自由树,还出现了支持法国的罢工。1797年,斯皮特黑德的皇家海军的水兵罕见地为了表示团结而发生了哗变。在英国政府看来,最令人担忧的莫过于英格兰和苏格兰激进派发言人所号召的"英国国民公会"于1793年11月在爱丁堡召开。这是对小皮特政府的公然挑战,后者派出间谍和特工监视激进分子们的一举一动,并通过布拉克斯菲尔德勋爵[①]和苏格兰法庭对激进派领导人判处重刑。从短期来看,小皮特似乎取得了胜利。作为一股政治力量的激进派被摧毁,伦敦通讯社实际上被噤声,它与英国北部、中部城市的联络线也被掐断。但激进派留给19世纪有力而充满煽动性的遗产。

英国民众对法国大革命理念的热情,尤其是对巴黎群众运动的热情,颇具典型意义,因为其反应是完全自发的。与欧洲大陆

[①] 英国法官,反对当时的激进政治倾向。

上法国大部分的邻国不同,英国没有遭到革命军队入侵,也就没有军事失败以及被占领带来的压力。在欧洲其他地方,人们一直认为,法国大革命的影响是武力施加的,而不是人民自由选择的结果。不论1792年法国政府主张民族自决原则时多么真诚,革命军队入侵造成的实实在在的影响是毋庸置疑的。崇高的理想很快让位于财政需要,革命普世主义被战时需求替代。1790年,国民议会接纳了一批以阿纳卡西斯·克洛茨[①]为首的外国代表,这些代表请求法国把自由带给欧洲人民。法国最初对于阿维尼翁和孔塔两个地区的兼并,都是谨慎斟酌之后才做出的决定。然而,1793年后,当法国人发现他们和欧洲大部分君主国交战时,最重要的是法国及其军队的利益。当时,屈斯丁将军和雅各宾派领袖丹东等人都表达过,法国的民族利益要求建立稳固的自然疆界和缓冲地带,以对抗反法国大革命的邻国。

那些"敌国"或者"被征服国",不能指望获得不现实的宽大处理的条款,尽管它们归附法兰西共和国的方式各有不同,但都是受法国控制的。因此,比利时和皮埃蒙特先后在1795年和1802年直接被兼并,成为法国的省份。这种领土兼并相当粗暴,并未征求民众意愿。不过,莱茵河沿岸的邦国则是在双方签署了庄严的条约之后才被兼并的。类似的,我们可以说,巴达维亚共和国是法国军队越过边境、入侵荷兰之后由当地的"爱国者"建立的;而阿尔卑斯山南共和国则是拿破仑一手建立的。在受波及

---

① 阿纳卡西斯·克洛茨(Anacharsis Cloots, 1755—1794),普鲁士人,国际主义者。1790年6月,他带领36名外国人参加了法国的国民制宪议会。

的地区，建立所谓的"姊妹共和国"其实是实现了那些最为激进的爱国者的愿望：海尔维第共和国的建立，似乎是响应了弗雷德里克-塞萨尔·德拉·哈尔佩和皮埃尔·奥克斯所描绘的瑞士梦。但是，这种观点多少有些似是而非。被占领国家的政策，不能与法国当前的军事政策相悖，而且多半只是为了短期的战略目标而实施的。为了法国的利益，就要确保意大利各共和国保持在比较弱小的状态，以便掠夺。在瑞士，尽管巴黎方面多次表示两国关系友好，但一旦军事需要，瑞士联邦还是被入侵并且吞并。在绝大多数情况下，每一个国家的政治方案都是被法国强加推行的。民族自决的权利很快让位于国家安全的需要，热月之后，法国又重拾从前的政治策略——野心勃勃地获取自然疆界。所以这些被侵占的国家无法选择适合自己的政体。自由，容不得讨价还价。

法国对于别国的干预远不止重新划定疆界这么简单。法国自己的政治制度和意识形态偏好，往往被直接复制到其他"姊妹共和国"，并且受到当地"爱国者"的热切追捧。西欧很多地方都采用了法国的行政体制、司法制度和行政区划（划分为省、区、县和市镇），不过法国改造当地财政体制的努力相对少一些，而且不太成功。法国在当地创办政治刊物，传播巴黎的"正统"思想，在欧洲很多被占领地区，还鼓励俱乐部和民众社团在当地老百姓中宣传革命思想。不过，正如历史学家雅克·戈德肖（Jacques Godechot）指出的，这些俱乐部和民众社团通常表面上维护当地社群的规章，有些成为了新雅各宾主义的前沿阵地，其成员大部分是高度政治化的法国军队军官。和法国一样，这些地方也进行了一些改革，以攻击封建主义的基础，并力图削弱天主教会在精神世界的影响。在这两个领域，革命者真诚地相信他们是在为自己管辖的人民谋福利。在多个"姊妹共和国"，其首要的政治目标是为出台宪法奠定基础，用宪法确保稳定以及若干基本的自由。在大多数情况下，最后会出台一部共和政体的宪法，它规定拥有一定数额的财产才获得选举权，并确立了较为强势的行政权力。这样的宪法，与法国共和三年宪法有某些相似之处。

尽管看上去，此类改革是法国人将自己革命的成果带给了被征服地区的人民，但是绝大多数的比利时人或意大利人并不这么想。不论这些改革原则上多么好，它们也极有可能遭到当地人的谴责，因为它们始终是征服者强加的，并未得到当地人发自内心的赞同。另外，相比法国人到来之后造成的经济消耗，这些改革带来的政治和社会利好都不算什么了。1793年随着战争愈发激烈，法国军队的给养必须要就地解决，救国委员会明确表示，兼并周边地区，不是为了解放暴政之下的人民，而是为了给军队提供食物和弹药。比如入侵意大利北部，是为了给法国军队提供新的粮仓，给军费消耗提供新的资金。意大利人的利益始终是处在第二位的。意大利的教会和领主土地也仿照法国的模式充公，但其目的并不是为了意大利人民的利益，而是为了法国的国库。曾有一句著名的革命口号"对城堡宣战，给茅舍和平"，而当各色人等都被迫为法国军事行动服务时，这句口号名存实亡。1793年9月18日，救国委员会向国外占领区的将领发令："从敌军地区尽量多地搜刮军队物资，包括武器、衣物、装备和运输工具。"1794年5月，法国成立了四个贸易事务所，用于组织转运重要物资，这四个事务所分别位于西班牙、阿尔卑斯山区、比利时和莱茵地区。它们的角色定位颇为直白：把当地有军事利用价值的一切东西搜刮出来，"把所有能为共和国所用的物资、商品以及艺术和科学物品都运到法国来。"话虽简短，但涵盖范围很广。另外，军事专员负责在当地征收税金和物资，对任何抵抗人员施以惩戒性的处罚。他们用贬值的指券征购物资，此举并不受欢迎。

被法国入侵或占领的邻国承受的经济负担往往非常严重。法国完全不考虑当地人的感受，也不考虑他们的实际承受能力。所以在比利时，预算审核专员萨班·布尔西耶于共和三年要求"比利时以及其他被占领地区一半的谷子、小麦、黑麦、燕麦、干草和麦秆"都收缴上来供给法国军队。奥什将军在摩泽尔对下属将领说，只要求他们牢记一件事，即他们身处一个富裕的国家，这个国家可以绰绰有余地支付其所承担的法国军费份额。所以，要不假思索、毫不迟疑地执行政策，尤其要明白，如果法军失败，当地人民就会立即揭竿而起。他们认为被征服地区注定要为法军支付战争开销，承担相关义务。它们要为法军征兵提供兵源，为法军在它们自己的土地上运输供给提供货车、牛马，为战争开销提供大笔金钱，还要支付为了购买军需而强加给当地的重税。1798年，在海尔维第共和国，在伯尔尼、苏黎世、索洛图恩和弗里堡等地被要求缴纳共计1600万利弗尔，而且明文规定，前五分之一的金额限期五天之内交上来。如果达不到上述要求，法国就会采取各种惩罚性的措施，其中包括抓捕人质和驻扎军队。

征用令和献金都反映出军事占领的半合法的一面。但是，法国军队还造成了其他的伤害，这些伤害进一步造成了他们以革命之名征服的地区的反对。和当时所有军队一样，法军常常以野蛮而冷酷的手段对待途经的村庄及城市中的居民。对于获胜的一方，抢劫是一项天经地义，甚至备受重视的特权，在被征服地区，平民成为极具吸引力的、理想的猎物。如果说所有18世纪的军队都是如此，那么法军因为其庞大的规模、人员构成更加年轻而且缺乏经验，而使得途经之地的平民群体更加恐惧。法军的将领，即便意识到抢劫掳掠会严重扰乱军纪，有时候也不得不睁一只眼闭一只眼。考虑到食物补给的不稳定，有时候士兵必须要连偷带抢才能活下来。法军的"非官方"征用行为中本身就难免混杂着抢劫行为，士兵们抢来的东西包括牛和马、金钱、寝具、衣服和炊具。他们所经之处，凡是庄稼，都要被收割，凡是牲畜，都要集中起来喂饱饥饿的军队。伴随着抢劫的，往往就是暴力和酗酒，因为士兵们在精神上松弛了纪律，发现他们面对平民可以无所顾忌。被征服地区长期存在民怨，针对的就是堕落和违纪的士兵，他们擅闯民宅，见好东西就偷，恣意破坏，对路上遇见的平民拳脚相加，还奸淫妇女。只有极少数士兵受到了惩治，有些是碰上了过来视察的国民代表，例如圣茹斯特在东部和北部军队时，还有情况是军官想要维持最低限度的部队纪律。军队劫掠的问题从未得到妥善解决，在十来年的时间里，法国军队一直是这么干的，伤害并激怒了大量的比利时人、意大利人和莱茵兰人。正如布兰宁颇为深刻地指出，在莱茵河沿岸地区，"总体说来，就是由征召来的马车夫，驾着征召来的马车，用征召来的马匹拖着，把抢夺的物资运回法国"。

当然，革命者充满使命感的说辞很诱人，也容易让人从意识形态角度解读法国大革命，认为大革命把自由、平等和博爱传播

291 给了全欧洲。也许长远看来,这种认识有些道理。但在当时,很多欧洲人,不论茅舍里的农民还是城堡里的贵族,是通过大革命派遣过来的政客、官员和士兵的行为来理解法国大革命的。他们惴惴不安地等待下一轮的征缴需求,等待下一个要求他们在自己家乡为饥肠辘辘、军纪涣散的法国士兵安排住宿的命令。他们会相信有关法国人到来之后将发生什么的最糟糕的传言,他们认为革命者都是强盗,是无神论者,玷污教堂,亵渎神龛。

他们并不感激大革命,而是站在被征服者的角度,看待征服者。就被征服的方式而言,他们并没有感受到什么自由,更别提博爱了。其实,当时那些年,在不少欧洲人脑海里,最持久的记忆就是恐惧和不安全感,最挥之不去的画面就是被军事占领,被压迫剥削致贫。在这样的情况下,他们反抗入侵者,或者在反法的情绪中产生民族主义的精神,是不足为奇的。同样不足为奇的是,当机会合适的时候,他们中的大多数人会抓紧机会,拒绝大革命以武力强加于人的爱国者同盟,这样的组织根本不具备代表性。

阿兰·福雷斯特(Alan Forrest)

延伸阅读

BLANNING, T.C.W. *The French Revolution in Germany: Occupation and Resistance in the Rhineland, 1792-1802*, Oxford, Clarendon Press, 1983.

DEVLEESHOUWER, Robert. *L'Arrondissement du Brabant sous l'occupation française, 1794-1795, aspects administratifs et économiques*, Bruxelles, Université libre de Bruxelles, Institut de sociologie, 1964.

DROZ, Jacques. *L'Allemagne et la Révolution française*, Paris, Presses universitaires de France, 1949.

ELLIOTT, Marianne. *Partners in Revolution : United Irishmen and France*, New Haven, Yale University Press, 1982.

GODECHOT, Jacques. *La Grand Nation: L'expansion révolutionnaire de la France dans le monde de 1789 à 1799,* Paris, Aubier, 1956.

GOODWIN, Albert. *The Friends of Liberty: The English Democratic Movement in the Age of the French Revolution*, Cambridge (USA), Harvard University Press, 1979.

Occupants-occupés, 1792-1815. Colloque de Bruxelles, 29 et 30 janvier 1968, Bruxelles, Université libre de Bruxelles, Institut de sociologie, 1969.

RUFER, Alfred. *La Suisse et la Révolution française,* recueil préparé par Jean-René Suratteau, Paris, Société des études robespierristes, 1974.

SCHAMA, Simon. *Patriots and Liberators : Revolution in the Netherlands, 1780-1813*, New York, Knopf, 1977.

TASSIER, Suzanne. *Histoire de Belgique sous l'occupation française en 1792 et 1793*, Bruxelles, Falk fils, G. van Campenhout, successeur, 1934.

WOOLF, Stuart. *A History of Italy, 1700-1860: The Social Constraints of Political Change*, Londres, Methuen, 1979.

参见条目

军队（Armée）

意大利战役（Campagne d'Italie）

自然疆界（Frontières naturelles）

美国革命（Révolution américaine）

恐 怖
Terreur

1793年9月5日,国民公会将"恐怖"提上日程。这意味着国民公会将开始有组织地、系统地并且加速镇压共和国内的反对派,对"所有叛徒"从速惩处。但是这份粗暴和直白的宣言,这份宣布恐怖开始的决议,是在不同寻常的情境下产生的。当天早晨,无套裤汉涌入议会,同时要求面包和断头台,要断头台的目的是要面包。他们想要的,而且几天后就将得到的,是一支国内的"革命军",这支军队将迫使囤积居奇者和共和国的敌人吐出赃物,在其辎重部队拖拉的可怕机器(指断头机)的协助下,成为"对各种阴谋和阴谋家实施致命一击的工具"。不久之后,一队雅各宾代表提出了一套新的说法,面包变得没那么重要了:"叛徒"应该被送上断头台。救国委员会之所以宣布开始恐怖统治,其实是为了从官方角度满足巴黎激进分子的要求。

这一著名决议的历史情境显示,在成为一套镇压制度,被共和国用于清除反对派和建立以恐惧为基础的统治之前,恐怖是基于政治信念或信仰的要求,是革命激进主义的典型心态特征。

革命激进主义早于共和二年专制统治,早于共和国的成立,也早于法国同欧洲各国的战争。它早在1789年初夏就已经出现,和它相连的观念是:革命正受到贵族阴谋的威胁,必须采取迅速措施才能战胜之。在7月14日这一革命日子中席卷巴黎的群众暴力,已经处于此类半是经济原因、半是政治原因的逻辑之中,而这是巴黎群众行动的特点:22日,大臣富隆·德杜埃和他的女婿,巴黎督办官贝尔捷·德·索维尼相继被群众处死,这一快速惩罚措施使得人们对于囤积小麦和凡尔赛阴谋的恐惧得到了排解。9月,恐怖观念有了自己的报刊和代言人,这就是马拉和《人民之友》。10月6日,巴黎人从凡尔赛领回来的与其说是国王,不如说是一个人质:他们在"面包师、面包师的老婆、面包店的小伙计"的归来中看到的是,在他们最终能够监控国王的行动以及王后和其亲信的诡计后,就能保证巴黎未来的食物供应。

这一普遍且系统的猜疑,必然造成不断夸大敌情,认为敌人是蓄谋已久的,其行动是前所未有的;与阴谋论相辅相成的一个观念是,敌人无所不能,而只有人民才能打败敌人。尽管城市下层民众是这一思想的最初代表,但是很多议会代表也持有这样的观念,因为它植根于新的政治文化:大革命是一场大颠覆,让人民重新获得此前让与国王和上帝的权力,它开启的政治空间充满了各种意志,此后一切都在人的掌握之中。人民完全掌控新的权力空间,人民通过自己的行动重新获得了不受时效约束的权利。但它不断受到一种反权力(antipouvoir)的威胁,如国民(nation)一样,这种反权力是抽象的、无所不在的和矩阵形态的,但又是隐藏的,而国民是公开的;这种反权力是特殊的、有害的,而国民则是普遍的、有益的。因此,相对于国民,这种反权力是消极的、反面的和反原则的。革命社会有关权力的这种想象话语，使得贵族阴谋成为革命心态的核心意象之一：它可以被随意塑造，适用于有关任何形势的解释，尤其因为王室对革命的暧昧态度而挥之不去。

在制宪议会代表的言论中也能发现这种阴谋论，只是其表现形式没有马拉或科特利埃俱乐部成员那样夸张，而且当时已经产生了在公共紧急情况下必须限制人权的观念，例如1790年2月讨论移居国外权时。路易十六的姑妈们在去往罗马途径勃艮第时，被当地政府扣押。议会就此展开过讨论，尽管最后的结果遵照人权原则而有利于路易十六的姑妈们，但是讨论过程中也出现了以情况例外为原则的相反观点。1791年，国王本人出逃，从瓦伦返回，这一事件向公众展现了王室的真实情感。这本是一次计划和执行都欠佳的小阴谋，却被革命舆论视为一场大阴谋的证据，这场阴谋是无时无处不在的，威力无穷。革命确实已经不再有立宪君主了。尽管暂时谎称国王是被"绑架"的，然而，不久之后，革命就把这位被制服、被监禁，但却复位的君主，塑造成了一个得到欧洲君主们支持的、有待战胜的可怕敌人。

战争既强化了紧张局势，也加大了恐惧。战争最终抹去了反对革命与叛国之间的界线。它把贵族和拒绝宣誓效忠的教士变成了祖国的敌人。战争迅速消除了瓦伦事件后人们对王室残存的幻想；但是8月10日国王被废黜，也丝毫没有消除国外敌人和国内叛徒的阴谋对大革命造成的危险。相反，从攻占杜伊勒里宫到9月20日国民公会召开的六周，标志着恐怖统治进入革命政治。

但恐怖尚未成为革命的具体政策。因为立法议会只是一个暂获延期的最高权力机构，真正的权力已转入8月10日革命的胜利者手中，即巴黎公社，由之前的起义委员会组成，并通过特定的选举增加了近300人，构成了巴黎激进分子的精锐。正是在巴黎公社的压力下，立法议会在8月17日投票决定，组建特别审判庭，并通过法案宣布抗拒派教士[①]不受法律保护。也正是在巴黎公社的直接指挥下，巴黎各区组成了监督委员会，增加搜查和逮捕数量。惩罚"罪犯"也被提上日程。8月底，前线传来的坏消息刺激了人们的被围困感和实施惩罚的念头，从而导致9月2—6日民众在巴黎各监狱实施屠杀。

　　这一悲惨的事件展示了恐怖的心理机制和政治机制。受害者主要是普通罪犯（占被杀的1000多名犯人中的近四分之三），而凶手是8月10日革命的胜利者：小商店业主、手工业者、国民自卫军、联盟军，对叛国行为的仇恨驱使他们杀戮。没有任何来自高层的命令，也没有任何可以明确定位的指示。虽然媒体起了火上浇油的作用，消灭叛徒的想法也是马拉一再重复的，但群众不需要任何明确领导，就以戏仿审判的形式组织了这样一场屠杀。时任司法部长的丹东没有进行任何干预，甚至吉伦特派的罗兰也在9月3日写道："昨天可能是必须用面纱罩住的一天。"再过几周，9月屠杀将成为吉伦特派和山岳派之间斗争的议题之一，但在事件发生的当时，大革命的政治家们都视其为不可避免的事件而接受了它。

　　事实上，随着山岳派为了确保对大革命的控制而转向巴黎各

---

① 拒绝向1790年《教士公民组织法》和宪法宣誓的教士。

区的激进分子寻求支持,恐怖将在1793年逐渐确立,成为一套自上而下组织化和制度化的镇压体制。审判并处死国王是不是恐怖的前奏,甚至是其第一次行动?这个问题很难回答:如果我们与康德一样,认为处死路易十六是国民公会非法破坏了宪政契约,那么回答就应该是肯定的;相反,如果我们和米什莱一样,认为审判国王只是对与旧的国王主权不相容的新主权,即人民主权的庄严确认,那么回答就是否定的。不过,对路易十六的审判和处刑经过了详细而深入的辩论,而且革命者并没有就此设立特别机构。

不论审判和处死国王的法律依据是否牢靠,在政治上,这件事确实标志着山岳派的关键胜利。9月以来,吉伦特派一直在尽力减轻镇压和强制措施。山岳派则与巴黎各区的激进分子结盟,实施恐怖政策。1月21日路易十六被处决,是山岳派这一行动方向中具有象征意义的重大胜利。1793年春季,迪穆里埃将军战败(随后他叛逃至敌军阵营),国内旺代战争开始,巴黎遭遇经济困难,这一切都给山岳派的恐怖政策开辟了道路。

3月11日,国民公会设立革命法庭审判嫌疑犯;21日,组建了监督委员会,负责在地区层面监督"嫌疑分子",至于谁是嫌疑分子,基本上是该委员会自己判断;28日,编制针对流亡者的法律,加重了对他们的惩罚,没收他们的财产,如果他们返回法国,将被处以死刑。丹东在提及9月屠杀时所说的话,恰到好处地概括了这一系列政策背后的理念:"让我们变得恐怖,人民就不恐怖了。"6月2日的暴动,将吉伦特派驱逐出国民公会,加速了革命向恐怖发展,对于无套裤汉的要求来说,这是额外的、非常重要的保证。1793年初夏的国内外局势，使得以下做法变得合理正当：各种委员会实施专制统治，指派特派员到军队以及叛乱省份，这些措施都超出了普通法律范围。但正是9月5日各区激进分子再次涌入国民公会，才使得"恐怖统治真正启动"。

从此刻起，恐怖成为一套政府体制，或者更确切地说，成为革命政府的核心组成部分，成为它的臂膀。

它的行政框架很简单。在最顶端是两个委员会，尤其是治安委员会，其主要职责是监督和治安。基层则是大量地方革命委员会组成的网络，它们的职责是发现并逮捕"嫌疑分子"，颁发良好公民的证明。这两项职责是互补的，因为不可能给确定是"嫌疑分子"的人颁发这一证明：这些嫌疑分子，要么是政权的敌人，要么是政权潜在的反对派，即观望主义者。在当局的鼓动下，法国掀起了一波举报浪潮。这些"嫌疑分子"由特别法庭进行审判，最主要的就是巴黎的革命法庭，它创建于1793年3月，后在9月重组以加快审判速度：分为四个分庭，其中两个是同时运作的，法庭共有16名法官负责预审，60名陪审员，一名检察官及其代理人，所有这些成员都由最高层的两个委员会提名，由国民公会任命。因此，服从政治权力是首要的，快速预审，法官没有独立性，法庭辩论匆匆了事：1793年10月的一项法令，为了限制吉伦特代表的辩护，将其限定在三日。法庭的自主权体现在能够释放某些犯人。此后，被控告者就面临生死赌注，因为很快判决结果就只剩下两类：宣告无罪和死刑。虽然这些判决是经由秘密商议获得多数同意后做出的，但是三月法令还规定法官们要"大声表明意见"。米什莱和路易·勃朗评论道："这句话比整个设计都更好地体现了恐怖"。

但是,恐怖并不仅仅表现于某一个机构,无论该机构具有怎样的象征意义。恐怖也是一种全能政府方式,通过它,巴黎革命专政的铁拳可以伸到全国各地各方面,例如外省和军队。通过无套裤汉龙森[①]率领的大量激进分子在9月组建的"革命军",这支代表巴黎各区的政治宪兵队,恐怖在共和国的城市和乡村中实施,一只眼盯着囤积居奇者,另一只眼盯着所谓的"嫌疑分子"。恐怖的主要操作者是国民公会和救国委员会指派的特派员,他们的任务是在对外战争前线取得革命胜利,以及在反叛巴黎甚至与之作战的地区消灭共和国的敌人。因为这些特派员有权在当地设立旨在加速镇压的特别法庭或特别军事法庭,更不用说在里昂和旺代发生的集体处决这样的最迅速审判,所以,恐怖统治是通过交织混杂的临时组建机构执行的:1793年至1794年冬季,在阿拉斯、康布雷、布雷斯特、罗什福尔和图卢兹依照巴黎模式组建了特别法庭;但是绝大多数镇压机关是各种民事或军事"特别委员会",在内战地区临时创建,它们的裁决就是终审。直到1794年春季,巴黎革命法庭才逐渐将反革命案件收归自己审理;芽月27日(4月16日)和花月19日(5月8日)法令最终赋予巴黎革命法庭独家司法管辖权。

革命法庭创建一年后的1794年春季,也是恐怖统治的行政制度化的时期,这是通过库东起草的可怕的牧月22日(6月10日)

[①] 夏尔-菲利普·龙森(Charles-Philippe Ronsin, 1751—1794),忿激派代表人物,1793年9月成为巴黎革命军总指挥。

法令完成的。革命法庭的大部分人员被替换,首先被替换的就是从法庭组建初期就由富基耶-坦维尔领导的检察署。牧月法令的新颖之处在于,它重新定义了这一令人生畏的法庭的任务,赋予其无边的致命权力。法令的第4条规定,革命法庭的"目的是惩罚人民的敌人":这一更为政治而非司法的规定,表明革命法庭的程序要比普通的司法程序更迅速。牧月法令取消了预审(第12条),仅仅依靠揭发就起诉(第9条);剥夺了被告获得律师的权利(第16条),取消了证人陈述,使得审讯成了形式。法令第13条申明:"如果有人证之外的证据,无论是物证,还是精神证据,那么就根本不需要听取证人……"罗伯斯庇尔主持了牧月22日会议,针对国民公会少数代表对于这一革命司法的恐惧,他来到议会讲坛支持其忠诚盟友库东的意见:"目前基于公共利益考虑而施行的措施,在一些人看来过于严厉,因而遭致恶毒影射,对此我们将全然无视。只有对于阴谋家和自由的敌人而言,这一严厉措施才是令人生畏的。"

热月9日政变之后,牧月22日法令就被废除了。在丧失政治权限和被舆论厌恶之前,革命法庭就已停止了活动。尽管后来重组了革命法庭,但它彻底丧失了合法性和可怕作用,而这些是特别政府观念和恐怖在长达16个月的时间里曾赋予它的。

由此引出一类新问题,涉及的主要不是革命恐怖的机构,而是革命恐怖的作用和后果。

考察此问题,最好的办法就是回到巴黎,回到我们掌握的有关革命法庭的资料。阅读革命法庭从成立到罗伯斯庇尔倒台期间的每月活动小结，就会发现在1793年3—9月，尽管当时的审判结果已经只剩两种，即要么死刑要么无罪，但革命法庭的活动还是有节制的：每个月有5—15例死刑判决，相比较而言，更多的是无罪判决。10月，"案件"数量激增，而这正是在因9月5日无套裤汉冲击议会而产生的措施之后：恐怖开始实施，颁布了嫌疑犯法，革命法庭也进行了重组和更新。事实上，正是在9月，法官人数从5人增至16人，陪审员从12人增至60人；3月10日组建的革命法庭被彻底换血，只保留了检察官富基耶－坦维尔及其两名副手直至秋季。两个高层委员会（救国委员会和治安委员会）的监管权变成了自由裁量权。从数字能看出9月法庭改组对于镇压工作的刺激作用：秋季的最后两个月，再加上1月初，共有193名被告被送上了断头台。这些"反革命分子"中，不仅有玛丽·安托瓦内特①、伊莉莎白夫人②、比龙公爵③（他之前还是共和国的将军），奥尔良公爵④（他在革命中改名为菲利普·平等，看来也是徒劳），还有春季以来被逮捕的吉伦特派和其他"嫌疑分子"，最著名的是布里索和韦尼奥，随后还有所谓的斐扬派残党巴伊和巴纳夫等人。断头台同时消灭了旧制度的陈迹和大革命的过往。

1793年秋，虽然革命法庭每月审判嫌疑分子已超过100人，但其中一半以上被告会无罪释放。到1794年3月，监狱中的嫌疑

---

① 法国王后，路易十六的妻子。
② 王室成员，路易十六的妹妹。
③ 法国贵族，三级会议代表，曾任法国革命军指挥官。
④ 法国贵族，三级会议代表，曾加入雅各宾俱乐部，投票支持处死路易十六。

分子和到庭的被告人数都急剧膨胀；死刑判决比例也相对膨胀，随后则是案件数量的极大增加。这两个现象背后有各自不同的原因，第一个现象是因为1794年前几个月派系斗争的加剧，以及权力争夺的激进化，最终导致埃贝尔派和丹东派（3月末至4月初）先后被送上断头台：死亡成为政治斗争的普遍结局。第二个现象主要是因为前文提到的由圣茹斯特提出而获投票通过的芽月27日法令，该法令把革命审判集中到了巴黎。牧月22日法令完成的正是这一演变，并使得司法恐怖机制加速运转：牧月有近700件判决，获月（6月21日至7月21日）则近1000件，而这些判决导致近800人死刑。巴黎监狱人满为患：热月初有超过8000名"嫌疑分子"被关押在里面。直到热月9日（7月27日）罗伯斯庇尔倒台，才使得死囚犯不断增加的情况停止。这个阶段，历史学家称之为"大恐怖"。

　　从革命法庭的数据总结出来的这一巴黎恐怖时期小结，可以与美国历史学家唐纳德·格里尔1935年出版的有关全法国恐怖时期受害者的统计研究相比较。这一研究，与此前的两个研究相符，认为被革命法庭判处死刑并处决的有16600人（正如我们将看到的，其中有2625人在巴黎）。1793年3月至1794年7月末的逮捕人数远远多于这个数字，估计近50万人：从这一数字，人们能感受到如此广泛的镇压浪潮所引发的集体颤抖；这一数字还表明，除了死刑之外，不仅有无罪释放，还有其他一些刑罚，而且相当数量的"嫌疑分子"一直被关押在狱中，尚未审判，直至热月9日。恐怖统治的受害者来自社会的各个阶层，而冲突的性质不同会产生一些差异：旺代受害者中农民居多，巴黎、里昂和尼姆资产者居多。相对于上层人士和教士在总人口中所占的较小比例，他们受到的打击是更大的。

格里尔对全国处决案件所做的时间曲线显示，案件数量在1793年春夏季还很少，与巴黎的情况一致。但接下来的一段时间，全国和巴黎不一样了：1793年12月至1794年1月这两月，全国死刑判决数量激增，每个月都有近3500例。随后在2—5月，这一悲惨的数字曲线重新降到了1000以下，在6—7月，又再次上升，直到热月7日政变爆发。因此，全国的死刑数字与巴黎革命法庭的数字之间的区别集中在恐怖中期，即1793年12月和1794年1月，当时恐怖在外省达到高潮，而此时在巴黎被送上断头台处决的人还很少。这一时间曲线提供了最初的整体解释。

如果我们认定，1793年3月初，随着革命法庭的创立，以及最初的公共安全措施的施行，恐怖正式开始，那么恐怖最不血腥，或确切地说，不那么血腥的时期就是1793年的春夏季。然而这也是共和国最危急之时。普鲁士和奥地利于7月占领了孔代、瓦朗谢讷和美因茨，国内的情况更是极为糟糕：联邦党叛乱，旺代农民叛乱，还有控制了里昂、马赛和土伦的王党叛乱，更别提巴黎各区不时对国民公会发出威胁。相反，当10月死刑判决和执行数量曲线急升时，共和国因北方边境的翁斯科特战役（9月8日）和瓦蒂尼战役（10月16日）胜利而得救。10月9日，里昂重回共和国之手，17日，旺代农民大军在绍莱被击败。如果我们考虑恐怖与国内外战争的关系，那么显然恐怖是对已然好转的形势的迟缓回应。如果我们考虑到恐怖是在1793年12月和1794年1月达到顶点，随后在春季，即罗伯斯庇尔的个人独裁时期，又再度爆发，而此时国内已经没有势力能威胁革命，共和国军队在边境已经开始采取攻势，那么结论再明显不过：牧月法令和大恐怖已经与所谓的公共安全没有任何关系。

从两个实例中我们就能摆脱抽象的全国曲线，理解上述结论。事实上，处于革命之中的法国各地方或地区的恐怖状况是很不相同的。按照格里尔的统计，超过50%的处决发生在西部的13个省份，20%的处决发生在罗讷河谷。这里我以里昂和遭镇压的旺代为例。

在里昂，阶级斗争与政治斗争相重叠；当地吉伦特派和山岳派的斗争被包含于下层人民与富人的社会对立之中。斗争中的穷人把沙利耶①当成了自己的萨沃纳罗拉②，沙利耶原本是皮埃蒙特批发商，但他转而为工人效力，与这座商业城市做斗争。1792年11月，工人们失去了市长的位子，一位吉伦特派市长上台，但雅各宾派占有市议会大多数席位，最终在1793年3月使议会任命了沙利耶的人当市长。5月29日（就是吉伦特派在巴黎被清除的前夕），经由征收特别税引发的起义，吉伦特派重新掌权。坚决反对巴黎专制政府的里昂市，很快又落入王党分子之手，后者在整个夏季都统治着里昂；但到了10月9日，国民公会军队又夺回了里昂。

于是，里昂变成了一座"被解放的城市"，不仅摆脱该死的

---

① 约瑟夫·沙利耶（Joseph Chalier, 1747—1793），法国革命者，里昂雅各宾派的领袖之一。
② 季罗拉莫·萨沃纳罗拉（Girolamo Savonarola, 1452—1498），佛罗伦萨宗教改革领袖，主张人人平等，致力于建设符合其神学思想的理想政治体制。

过去而获得象征性的解救，而且必须遭受只针对"富人住宅"的部分摧毁。里昂的征服者库东在10月份实施的镇压还相对温和。但是到了11月，科洛·德布瓦和富歇接替了库东，草率的判决和快速处决大量增加。索恩河码头沿岸的高大住宅被夷为平地，数千名嫌疑人被送上断头台、枪决，或者被集中处决。里昂的恐怖持续到了1794年3月。

旺代的革命恐怖历史遵循同样的逻辑和时序。它也旨在扑灭叛乱，而且是革命面对的最严峻的一场叛乱；与里昂一样，镇压也不仅是在取胜之后，而且是在胜利几个月后才达到顶峰的。事实上，旺代叛乱开始于1793年3月，并在当年春季到初秋取得了大量胜利。不过从10月中旬开始，叛乱迅速退潮，农民军在绍莱一败涂地，向北方的卢瓦尔行军，试图在格兰维尔与英国舰队汇合，但在此之前，残余叛军于12月在勒芒和萨沃奈战役中被歼灭。然而革命恐怖——应与战斗中实施的暴行和屠杀相区别——的高潮却是1794年2—4月。

如果说，战争中的双方都是无情的，那么，战争结束后发生的事情则性质不同：它是依据国民公会的命令自上而下组织的大规模镇压，不仅要摧毁叛党，还要摧毁所有构成"强盗"摇篮的人、农场、庄稼和村庄等。为了完成这一任务，断头台都不够用了，因此在12月，卡里埃将大量人群赶入卢瓦尔河集体溺死。而巴雷尔于夏天提出的"摧毁旺代"的主张，到翌年1月才开始付诸行动：共和国军队兵分几路，按照各自的路线，有明确的指令要求他们烧毁沿途所有房屋，杀掉所有居民，包括妇女和儿童。这场可怕的行动一直持续到5月，它所造成的悲惨伤亡人数应该被计入战争损失中:"旺代战区"(横跨下卢瓦尔、曼恩-卢瓦尔、旺代和德塞夫勒省)20%的房屋被毁,大量人口死亡。

  对于死亡人数的估计还存在争议。由于以下两方面的原因,最低程度的精确也做不到。因为没有专门统计死亡人口的史料,历史学家只能对战前和战后的人口统计进行比较,但这些人口统计往往是靠不住的。此外,这些史料并没有区分三种类型的死亡率:战争死亡率(包括双方)、恐怖镇压造成的死亡率(不论是法庭判处死刑,还是直接被屠杀),最后则是战后出生率远不及超高死亡率造成的人口减少。所以,关于旺代恐怖时期受害者的人数统计难以给出精确的数字,但是,将卡里埃在南特的行动和杜罗[①]率领的地狱纵队的行动加在一起,死亡数达到数万人。这一数字应该是革命恐怖最终统计中最大的一项,但是唐纳德·格里尔的统计主要基于首都的判决,没有包括旺代的受害者。简言之,应该把它加入总数统计中,这样一来死亡总数就要大幅增加。

  恐怖统治的遗产困扰了法国大革命随后的历史,甚至整个19世纪法国政治生活。事实上,恐怖始终游荡于热月党统治期间的政治舞台上。王党也把恐怖作为复仇的武器和在地方清算旧账的工具,这些地方一般是民众倾向于他们,并且共和国军队人数稀少的地区,如罗讷河谷。共和派则希望抹掉恐怖的记忆,通过法律来牢固树立共和三年新制度的基础:热月9日到雾月18日[②]

[①] 路易-马里·杜罗(Louis-Marie Turreau, 1756—1816),共和国军将领。
[②] 雾月18日政变,拿破仑通过政变确立了自己的独裁统治。

之间,邦雅曼·贡斯当和斯塔尔夫人非常艰难地致力于驱散困扰着共和国的这一断头台幽灵。但这一切都是徒劳的。热月使得王党威胁和反革命暴力重新出现,而督政府又不能接受按照宪法举行的选举的结果。1797年9月,奥热罗的军队在督政官巴拉斯的命令下包围了巴黎,目的是从占据议会多数的王党手中解救共和国。果月18日(9月5日)政变标志着一种新的"公共安全"措施,流放圭亚那替代了断头台,但是抗拒派教士也付出了沉重代价。法国的革命教育继续进行,直至1799年雾月18—19日的民事和军事政变建立新的政权,后者"用不断的战争代替不断的革命,从而完成了恐怖。"(马克思《神圣家族》)

在19世纪,有关恐怖的记忆使得国内斗争尤为激烈,同时它也在旧制度与革命之间的大争论中过度投入了额外的激情。通过将民主的来临与血腥独裁相联系,这就使得反革命者有了口实,使自由派恐惧,使共和派感到痛苦并分裂,使社会主义者陷入孤立。在后革命的法国,君主制因为属于旧制度所以是可疑的,但共和国并未能摆脱与自己紧密相连的血腥印象。19世纪70年代共和国最终胜利确立,正是因为共和派克服了心魔,提供了一个有关其先辈的和平版本,其中消除了断头台的幽灵。到20世纪,在布尔什维克的移植和极左的共产主义发展之后,与崇拜罗伯斯庇尔联系在一起的恐怖崇拜,才以革命必要性为理由获得确立,在苏联例证的笼罩下,这一崇拜风靡了半个世纪。

由此就有了这一种恐怖史的历史,它与两百年来的法国政治史紧密联系。不过这一历史,不一定要严格按照编年时间顺序来写,而可以尝试按照人们对恐怖的不同阐释类型来重建。

最常见的阐释类型是将恐怖与革命外部环境联系起来：恐怖只是1793年共和国身陷悲惨境遇的产物，是实现公共安全的可怕而又必需的工具。面对国内外强敌环伺的处境，国民公会只有选择依赖断头台的威力来动员民众和资源。罗伯斯庇尔倒台之后，热月党人采用的就是这一解释，这种解释注定很有市场，在法国绝大多数公立学校的教科书里都有它的一席之地，原因也不难理解：它为最终获胜的共和主义传统提供的有关大革命的解释，证明其恐怖统治时期是无罪的，因为恐怖的责任在反革命一方。这就是为什么很多自视为1789年继承者的人会喜欢这个解释，这样他们可以避免自相矛盾或自我否定的困境。

"形势论"的解释常常伴随着另一种观念，即恐怖发生在一个特定时期，除了有教养的资产者外，其他社会阶层群体也参与了权力。这里指的是各种职业的城市小民（le petit peuple）。无套裤汉激进分子就出自这一阶层。自由派大革命史学家米涅称这些人为"平民"或"民众"，将其与1789年的资产者区分开来。因此，当时的革命形势引发了第二次革命，它并不像第一次革命那样具有历史神圣性，因为它不是资产者的革命，也不是自由主义的革命。它完全是形势所迫，也就是说，相对于以1789年原则和资产者崛起为主线的历史发展进程，第二次革命只是次要从属的。但是这一时期的平民特性，也有助于理解为何恐怖是由军事失败和国内叛乱引发的最为基本的政治反应的产物，这些反应既是平均主义的，也是强调惩罚的。旧制度不知道给人民提供教育，所以在其崩溃之际付出了惨重的代价。

这一类型的解释很容易找到一些历史事实做支撑。恐怖确实是在法国革命面临内外威胁的局势下展开的，而且始终受到"贵族"叛乱和"贵族阴谋"的困扰。恐怖统治本身也不断用这些词语来为自己辩护，认为这是拯救祖国必需的手段。而且，确实是在无套裤汉积极分子的逼迫下，恐怖才以国家与共和国的名义被"提上日程"和实施的。1792年9月的巴黎监狱屠杀展现了人民惩罚"敌人"激情的极端程度；一年之后，国民公会和各委员会将恐怖作为政府的旗帜，也是为了疏导人民的这种激情。

但是，不论"形势论"还是下层民众的政治心态，都不足以解释恐怖这一现象。

事实上，"形势"本身也是因时而异的。革命最危险的阶段是1793年夏季初期和中期，而这段时间正是革命法庭的活动相对很少的时期。相反，从10月开始，随着形势好转和不断取得胜利，恐怖反而加剧了。恐怖在冬季达到高潮，高潮的发生地是已经被征服几个月的里昂，已经被打败但仍需摧毁的旺代以及出现过暴力对抗的地方，恐怖的出现与否取决于地方激进分子或国民公会特派员的主动性。内战和恐怖之间确有联系，但在这一联系内部，恐怖并不是旨在结束内战的工具，因为正相反，它在内战后出现，并未平息内战，反而延长了它。我们不能把恐怖归因于爱国热诚，因为这样将假设存在一个反革命的法国，而这是错误的。也不能认为恐怖拯救了祖国或是维护了共和国，因为它发生在胜利之后。共和派史学家基内早在1867年就写道："胜利之后几乎在各地都出现了大恐怖。我们还能认为是大恐怖带来了胜利吗？在我们的体系里，能说结果先于原因吗？"（E.基内，《批判大革命》）

至于以大众心态的作用来解释恐怖,则仅仅能说明部分事实。确实,正如我们所见,实施恐怖独裁的压力主要来自无套裤汉激进分子。但不能简单地在"人民"和政治精英之间,在"大众"文化和"精英"文化之间划条界线就算了事。例如马拉,他可谓恐怖意识形态最忠实的鼓吹者之一,他属于哪一方?马拉算半个学者[①],从1789年开始他就不断地宣称有贵族阴谋,不知疲倦地呼吁架起断头台,他显然跨两种"文化"。埃贝尔和埃贝尔派也是一样,他们在巴黎兴起,并在共和国镇压旺代的过程中发挥了重要的作用。事实上,几乎所有革命领导人在1793年都说着恐怖话语,包括各委员会和国民公会中与无套裤汉激进主义没有任何特别关系的法律专家和资产者。1793年夏巴雷尔要求彻底摧毁旺代,这一例子足以说明恐怖狂热对所有山岳派代表的影响。

当然,还有归因于内战的指控,认为大规模杀戮至少可以从内战中找到根源,如果不是全部原因的话。但正如莫娜·奥祖夫所阐明的,从1793年秋季到1794年春季,有关恐怖必要性的话语已不再强调战争形势,而转向更加基本的理由:不为别的,就是为了革命本身。3月底,埃贝尔派被清除,无套裤汉主义不断加码的血腥终止了,恐怖完全成为罗伯斯庇尔派的工具,而不再与理智的,甚至哲理性的合理化目标有关了。恐怖更多的是实现再生野心的工具,而不再是赢得胜利的工具。

当时的巴黎已不再是一个被围困的城市,因为边境已经解除威胁,内战已经平息。断头台最明显的用途不再是处决所谓的敌

[①] 马拉革命前是一名医生。

人，而是消灭"派系"：先是埃贝尔派，然后是丹东派。恐怖愈演愈烈，因为当时罗伯斯庇尔团体既没有左派激进分子的支持，也没有右派公共舆论的支持。恐怖成为基于恐惧的统治方式，罗伯斯庇尔以美德的政府将其理论化。恐怖原本以消灭贵族制为目的，最终成为减少恶人和防止犯罪的手段。此后，恐怖与大革命重合并密不可分，因为只有恐怖终有一天能够造就一个公民共和国。

因而就不能将恐怖归因于形势了，不论是公共安全形势还是城市下层民众的压力。当然，这些形势并非毫无作用，它们显然提供了意识形态得以发展的环境，使得恐怖机构逐渐成形。但这种意识形态，自1789年起就在革命中表现出来了，是先于这些形势的，而且独立于这些形势存在，它与法国革命文化的性质有关，体现在几个观念的逐渐发展中。

第一个观念是人的再生。在这一观念里，法国大革命类似于披着世俗外衣的宗教宣言。革命事件的参与者确实认为他们的历史就是人类解放的过程。重要的不是改革法国社会，而是以人的自由意志为基础重新制定社会契约：法国只是这一决定性历史进程的第一幕。然而，这一真正哲学性的雄心抱负表现出不同寻常的特点，即不断地在现实历史中受到考验，就像宗教的承诺要受到事实的验证。正是在事实和理念的鸿沟之间诞生了"再生"的观念，用于弥合革命与其雄心抱负之间的差距，而革命在不断实现自我的过程中是不可能放弃这一雄心抱负的。如果自由公民组成的共和国暂时无法实现，那是因为受到过去历史腐蚀的人们是恶毒的；通过恐怖，大革命这一前所未有的全新历史，将会塑造出新人。

另一个表达了同样意思或是导致了同样结果的观念是：政治无所不能。革命的世界是一个充满各种意志的世界，完全受善良愿望与有害计划之间的斗争驱动；行动永远都是确定的，权力永远都是有害的。正如黑格尔和马克思先后指出的，法国大革命是现代政治唯意志论得以充分展现的舞台；革命事件始终坚持它的最初观念，按照这一观念，社会契约的制定只能是自由意志的产物。这种无限能力一旦付诸政治行动，就为冲突激化和战斗狂热打开了广阔天地。此后，每一个人都能僭取以前专属于神的能力，即怀着重建人类世界的野心来创造人类世界的能力。所以，如果他的计划遇到了障碍，他就将之归咎于敌对意志的邪恶而非事物本身的隐晦不明：恐怖就是一往直前，不达目的决不罢休。

最后一点，革命使人民替代了国王。旧制度漠视真理和正义，为了让社会秩序恢复真理和正义，大革命让人民回到了被国王篡夺已久的位置，即主权者的合法位置。大革命依据卢梭而要求的公意，在形成方式上与王权差异极大，但在管辖范围上与其一致。国王的绝对主权预示了民主的主权。始终怀有合法性执念的大革命没有给公共权力设定界限，虽然摆脱了神权的控制，但没有实施美国那样的相互制衡机制。

自从1789年开始，大革命中出现了一种绝对不可分割的新主权观念，这一观念排斥代议制的多元主义，因为它假定人民是团结统一的。由于这种团结统一并不存在——吉伦特派的联邦主义已表明各色派系不断暗自密谋——，所以与以净化为目的的不断选举一样，恐怖不断致力于重建这种团结统一。自1795年起，在

314 讨论共和三年宪法时,西耶斯就指出革命在主权观上的错误是恐怖的起源之一(热月2日的讲话):这个观念随后为斯塔尔夫人、邦雅曼·贡斯当以及基佐所采纳和系统化。

有关恐怖的这一解释,与更为社会学的解释形式并非不相容,因为在贡斯当和斯塔尔夫人的论著里也都能看到后一种解释形式。事实上,斯塔尔夫人在《对法国大革命的思考》的精彩章节(第三卷第15章)中已指出,旧制度不仅将其主权观念留作身后遗产,还将冷酷的社会关系传给了后世。君主制建立的贵族社会,其中的各个社会等级都极度嫉妒贵族的特权,并将暴力之火炭遗留给大革命,从而引发了熊熊大火:"法国社会的不同阶级之间几乎没有任何联系,它们之间的相互对立非常严重(……)。没有一个国家的贵族像法国这样,与其他国民如此疏远:当他们接触地位低的阶层时,所作所为只会触怒对方(……)。相似的情况在不同等级之间重演。一个非常急躁的民族的易怒性,让每一个人对自己的邻居、上级、主人心怀嫉妒;所有个体都对统治不满,互相诋毁羞辱。"由此观之,"恐怖"的起源可能部分是由于源自旧社会不平等病症的平均主义狂热。人们会理所当然地认为,在共和二年血腥专政的缘起中,旧制度和大革命共同发挥了作用。

弗朗索瓦·孚雷

延伸阅读

CARON, Pierre. *Les Massacres de Septembre*, Paris, Maison du livre français,

1935.

CONSTANT, Benjamin. *Des effets de la Terreur*, Paris, 1797; rééd. in CONSTANT, *Ecrits et discours politiques*, éd. établie par Olivier Pozzo di Borgo, 2 vol., Paris, Jean-Jacques Pauvert, 1964, t. 1, p.95-112.

GREER, Donald. *The Incidence of the Terror during the French Revolution: A Statistical Interpretation*, Cambridge (USA), Harvard University Press, 1935.

HEGEL, Georg Friedrich Wilhelm. «La liberté absolue et la Terreur», *La Phénoménologie de l'esprit*, trad. par Jean Hyppolite, 2 vol., Paris, Aubier, 1939-1941; rééd. 1977, t.2, chap. VI, B, C.

HERRIOT, Edouard. *Lyon n'est plus,* 4 vol., Paris, Hachette, 1937-1940, vol. 3.

LEFEBVRE, Georges. «Foules révolutionnaires», in CENTRE INTERNATIONAL DE SYNTHÈSE, *La Foule* (Quatrième semaine internationale de synthèse), Paris, F. Alcan, 1934; repris in LEFEBVRE, *Etudes sur la Révolution français,* Paris, Presses universitaires de France, 1954 ; rééd. 1963.

LUCAS, Colin. *The Structure of the Terror: The Example of Javogues and the Loire*, Oxford, Oxford University Press, 1973.

MARX, Karl, et Friedrich ENGELS, «Bataille critique contre la Révolution française», *La Sainte Famille*, Paris, Editions sociales, Paris, 1969, VI, C.

OZOUF, Mona. *L'Ecole de la France*, Paris, Gallimard, 1984, p. 109-127, «Guerre et Terreur dans le discours révolutionnaire».

QUINET, Edgar. *La Révolution*,Paris, 1865, livres XVI et XVII.

参见条目

革命议会（Assemblées révolutionnaires）

巴纳夫（Barnave）

布里索（Brissot）

救国委员会（Comité de salut public）

巴黎公社（Commune de Paris）

反革命（Contre-Révolution）

丹东（Danton）

雾月十八日（Dix-Huit Brumaire）

人权（Droits de l'homme）

吉伦特派（Girondins）

革命政府（Gouvernement révolutionnaire）

埃贝尔派（或科特利埃派）（Hébertistes（ou Cordeliers））

雅各宾主义（Jacobinisme）

路易十六（Louis XVI）

马拉（Marat）

玛丽-安托瓦内特（Marie-Aotoinette）

山岳派（Montagnards）

审判国王（Procès du roi）

再生（Régénération）

罗伯斯庇尔（Robespierre）

圣茹斯特（Saint-Just）

无套裤汉（Sans-culottes）

西耶斯（Sieyès）

主权（Souveraineté）

瓦伦事件（Varennes）

旺代（Vendée）

巴塞尔条约与海牙条约（1795年）
Traités de Bâle et de la Haye (1795)

1795年4—7月，法兰西共和国成功地让三个国家退出了反法同盟。确切地说，这不是第一次，因为神圣罗马帝国皇帝的兄弟托斯卡纳大公，在当年2月就已签署了一份确保自己中立的条约。但对于革命的法国来说，这点成功微不足道，因为它要巩固边疆，部署部队，证明一个弑君国是能够与国王们谈判的。上述目标的实现经过了三个阶段，并不容易。按照时间顺序，我们应该先叙述1795年4月5日法国和普鲁士签署的第一份《巴塞尔条约》，接着叙述5月16日与荷兰的谈判及签署的《海牙条约》，最后讲法国和西班牙签署的第二份《巴塞尔条约》（7月22日）。但是大革命的逻辑并不取决于日历上的时间先后：在荷兰和普鲁士之间存在着一个巨大的差别。一方面，是一份强迫订立的条约，一个真正的保护国关系；另一方面，是一份国与国之间有所保留的协议。这里我们将打乱时间顺序，从最简单的开始，直至最复杂的条约。

《海牙条约》勉强算是条约。法国主导了条约条款的制定。由于荷兰总督和资产阶级以及自由派势力之间的斗争，在1789年

7月14日之前的两个世纪里,(荷兰)联省共和国一直处于四分五裂之中。1788年普鲁士军队曾入侵荷兰以支持总督势力。事实上,荷兰的分裂,更大程度上是由于它在国际舞台上的地位,而不是由于国内压力集团的缘故。它既是英国贸易要冲,又关乎法国的边境安全。斯凯尔特河是大不列颠在欧洲大陆的重要基地,对于法国来说却是一大障碍。从1793年到1795年,荷兰各地区深受上述军事局势的困扰。1795年2月16日,它们宣布"巴达维亚国"①独立,并表达了愿意与法国结成"姊妹共和国"的愿望。这只是一个乌托邦般的幻想。西耶斯和勒贝尔受命前往海牙,提醒巴达维亚人建立友好关系的条件。通过1795年5月16日签署的"和约",法国兼并了荷兰的佛兰德地区(马斯特里赫特和文洛地区),强迫其"姊妹国"接受25000人的法国驻军,并支付给法国一亿弗罗林。此外,还有大量画作被运往巴黎。两个共和国通过攻守同盟联合起来。

《海牙条约》是时局的产物,对于法国大革命和荷兰的历史影响不大。它标志着英法两国漫长斗争中的短暂停歇。在革命法国周边形成一圈"姊妹共和国",这是西耶斯一直看重的想法,但最终还是不得不屈从于地理和历史的现实。这些现实在后来拿破仑将荷兰封为王国,任命自己的弟弟路易·拿破仑为国王时得到证实。

---

① 1794年9月法军入侵荷兰,1795年1月荷兰执政威廉五世逃往英国,2月荷兰的爱国派建立了"巴达维亚共和国"。

与西班牙——戈雅①时代的西班牙——的争端更为严重。这里涉及王朝的义务：查理四世②是波旁家族的一员，尽管有《乌得勒支和约》在先，但他从未忘记自己与法国王室的表亲之谊。1793年3月法兰西共和国向西班牙宣战，西班牙多少有些不情愿地加入了反法同盟。自从鲁西荣并入法国之后③，两国之间并没有任何领土争端。1794年9月，迪戈米耶将军④指挥东比利牛斯军团将西班牙人赶出了他们在法国的最后驻扎地贝勒加德。迪戈米耶的军队还进入了加泰罗尼亚地区。戈多伊⑤寄给迪戈米耶一封信和一支橄榄枝，希望能够谈判。迪戈米耶死后，继任统帅佩里尼翁进一步入侵西班牙，并于1795年2月3日占领了罗萨斯。蒙塞⑥占领了毕尔巴鄂。由于西班牙波旁王室的不切实际的期望，双方谈判一拖再拖。西班牙派往巴塞尔的外交官提议在西班牙和法国之间建立由"路易十七"（路易十六之子，当时正被关押在丹普尔堡）统治的王国。对于共和国来说，把未来极有可能在法国复辟君主权力的"小国王"交出去是不可能的事情。但法国希望与西班牙停战，首先是为了重新部署目前驻扎在比利牛斯山脉附近的军队，由此奥热罗可以调动巴斯克的军队支援意大利方面军。

---

① 戈雅（Goya, 1746—1828），西班牙画家。
② 查理四世，西班牙国王，1788—1808年在位。
③ 17世纪中期，法西两国战争中西班牙失败，双方签署《比利牛斯条约》，鲁西荣等地区被割让给法国。
④ 雅克·弗朗索瓦·迪戈米耶（Jacques François Dugommier, 1738—1794），大革命时期的法国将军。
⑤ 曼努埃尔·戈多伊（Manuel Godoy, 1767—1851），时任西班牙首相。
⑥ 邦·阿德里安·让诺·德·蒙塞（Bon-Adrien Jeannot de Moncey, 1754—1842），大革命时期法军将领。

其次，西班牙殖民帝国以及马德里控制的欧洲和美洲的海岸线，在法国与其头号对手英国冲突时能成为王牌。但要达到上述目的，法国先要搞定葡萄牙，而拿破仑此后就是在这受挫的。最终，法西双方于7月22日在巴塞尔签订和约。西班牙将圣多明各一半的领土割让给法国，法国则撤回占领了加泰罗尼亚和巴斯克地区的军队。唯一的赢家是戈多伊，他因此获得了"和平亲王"的美誉。

对于法国而言，与普鲁士的谈判之所以非常重要，有两个原因。第一，在法国18世纪的外交政策中，普鲁士非常关键。面对哈布斯堡帝国，以及从丹麦、波兰直至奥斯曼土耳其的北欧国家和东方国家带，普鲁士国家的存在，是法国外交始终关注的中心。第二，革命从旧制度王权继承了双重的传统，这一传统在1756年被路易十五暂时打断，使得同盟关系发生了彻底改变：法国与腓特烈二世的普鲁士断交，转而与玛丽-泰蕾莎的奥地利联盟。大多数舆论都曲解了这一改变。但是，哈布斯堡家族和波旁家族长达两个世纪的对立，萦绕在心的查理五世帝国的困扰，帕维亚之战①惨败和《马德里条约》②的记忆，以及凡尔赛宫中"奥地利人"玛丽-安托瓦内特的存在，这一切都促使法国寄希望于普鲁士。1797年勒贝尔写道："我厌恶奥地利，我最乐于看到普鲁士的繁荣。"但与此同时，革命者们又时刻关心着北欧和东欧国家组成的安全带，其中尤其重要的是波兰。而且除了战略利

---

① 1525年法国军队与神圣罗马帝国军队的一次战役，法军大败，法国国王弗朗索瓦一世被俘。

② 弗朗索瓦一世被俘后，被迫于1526年签署《马德里条约》，将勃艮第割让给了西班牙，放弃了弗兰德、阿图瓦等领土。

益,还有传统上法国对于这些国家的同情。当1794年法国和普鲁士开始谈判时,11月9日国民公会代表埃沙塞辽在台上说道:"我们是否要在这个时候和普鲁士谈判,好让他们驻扎在莱茵河附近的军队可以进军波兰?"此外,在法国,普鲁士的政策素有欺骗和不择手段之恶名。但如果想要孤立奥地利,那么以上这些只有忽略不计。

对于普鲁士而言,退出反法同盟的必要性也已凸显。确实,国王腓特烈·威廉不喜欢与弑君者商谈,更不想加入救国委员会试图建立的同盟阵营。他的内阁和谋臣分裂成鹰派和鸽派。哈登堡主张对法国采取强硬政策。豪格维茨建议在全面和平之前,暂缓交出莱茵河左岸地区,同时由于这一地区的领土重要性有限,可以暂时搁置该地区的普鲁士领地的命运。亨利亲王(叶卡捷琳娜二世轻蔑地称之为"公民亨利")完全赞同与法国和好。波兰问题成为决定性因素。普鲁士军队夺取华沙的行动失败,俄国将军苏沃洛夫率领哥萨克军队参战之后,1795年1月3日俄国与奥地利签署《圣彼得堡条约》,将波兰从欧洲版图上彻底抹去。尽管条约是秘密的,但是俄国大使阿洛佩乌斯把主要条款告知了普鲁士大臣们。当法国人控制荷兰之时,普鲁士面临一无所获的境地。因此普鲁士人不得不通过与法国的和解协约来获得一些德意志地区领土,并通过和约这种方式在波兰问题上要求补偿。当时真正行使共和国外交部长职责的巴泰勒米,于1月12日抵达巴塞尔,并在那里写回信道:"我认为普鲁士国王想要讲和,这取决于我们是否给予其和平,但我们不要期望他会像一位高尚的伟人那样行事。他永远不会理解这种方式。对于失去波兰和其邻居——莱茵河左岸的德意志诸王公,他要求得到补偿。只有当俄国的扩张让他感到恐惧时,他才会觉得有必要向我们靠拢。"(2月1日报告)然而,巴泰勒米却陷于他自己的清晰判断和巴黎给他的指令之间进退两难,巴黎方面要求:拿下莱茵河左岸地区,用莱茵河右岸的教会土地补偿失地王公的损失。这一做法"是《威斯特伐利亚和约》准许的,也是这一世纪的启蒙哲人迫切要求的",它使得普鲁士国王能够在德意志北部地区建立起联盟,从而在帝国内部形成新的平衡:这正是腓特烈二世想要做的事情,也预示了未来俾斯麦的政策。巴泰勒米本应对普鲁士谈判官员宣布:"共和国将莱茵河视为必须保障的自然疆界。"但他自己并不这么认为。1794年11月末,巴泰勒米对一位名叫哈尼尔的普鲁士密使宣称,国民公会存在两派意见:一派希望将直至莱茵河的所有领土都"统一起来";另一派则忠于宪法要求,认为共和国应该放弃所有占领的地区,在旧时疆界周边建立"一条美丽的堡垒带"。巴泰勒米加了一句:"我本人倾向后一种意见。"

腓特烈-威廉给1794年12月前往巴塞尔的冯·戈尔茨伯爵的指示却是另一个方向:问题不在于和法国结盟,最终的和平取决于帝国议会的决定。戈尔茨去世后,由哈登堡在巴塞尔和巴泰勒米谈判。芽月15—16日夜(1795年4月4—5日),条约签署。对于共和国来说,《巴塞尔条约》是有保留的成功。直至最终和平达成之前,普鲁士承认法国占领莱茵河左岸地区。但它拒绝与法国结盟,并保持了德意志北部地区的中立。法国舆论认同条约:这不是共和国首次获得大国承认吗?但是只要奥地利及其背后强大的俄国,还有英国继续与法国为敌,一切就都未结束。

督政府没有轻易放弃与普鲁士结盟的念头。1798年8月，督政府派西耶斯为特使前往柏林。但西耶斯遭受冷遇，谈判也以失败告终。霍亨索伦王朝为什么要以自己的行动自由来换取一个自己在其中有如附庸的同盟？

德尼·里歇

延伸阅读

FUGIER, André. *La Révolution française et l'Empire napoléonien,* vol.4, in Pierre RENOUVIN (sous la dir. de), *Histoire des relations internationales*, t. 4, Paris, Hachette, 1954.

SOREL, Albert. *L'Europe et la Révolution française,* t. 4, Paris, 1904.

VIVENOT, Alfred Ritter von. *Quellen zur Geschichte der deutschen Kaiserpolitik Oesterreichs während der französischen Revolutionskriege, 1791-1801*, t. 4, 1890.

参见条目

自然疆界（Frontières naturelles）

西耶斯（Sieyès）

瓦伦事件
Varennes

325　　国王出逃瓦伦是大革命中具有最持久吸引力的事件之一。例如，最近电影人埃托尔·斯科拉和学者乔治·迪梅齐尔①都探寻过"身陷瓦伦的阴郁的黑衣僧侣"形象，据说诺查丹玛斯预言中的这一形象是指身着仆人的灰色制服逃跑的国王。瓦伦事件吸引人的原因很好理解。它有一个精彩的剧本，包含一个扣人心弦的焦点（全国人民屏住呼吸，等待着国王出逃的结果），时间完整（从国王在夜晚心情愉快地秘密出逃，到他在光天化日之下羞辱地回到巴黎，一共五天时间），以及空间单一（在四轮双座篷盖马车的狭小空间里，被押返的王室家族必须和他们的敌人挤在一起）。但是，在这一非常简单的情节里，意外生发出了大量添油加醋的情节，有的很戏剧性，有的很浪漫，也有的平淡乏味。因为瓦伦事件不是一个拉辛式的故事，而是一个莎士比亚式的故事：既是悲剧，又是闹剧、传奇故事和谜语。

---

① 埃托尔·斯科拉（Ettore Scola, 1931-2016），意大利电影编剧、导演。乔治·迪梅齐尔（George Dumézil, 1898-1986），法国比较语言学学者。

戏剧性来自这一事件的极端重要性：如果逃跑成功，不仅事件中人物的命运会因此改变（因为马车里的乘客，除了王室儿童和保姆，其他人后来都被送上断头台）——，甚至大革命的进程与法国的命运都会改变。戏剧性也来自于希望与绝望之间令人窒息的反转（开局顺利的冒险旅行，最后变成一场灾难）以及演出中的强烈对比。人们可以想象，逃跑的国王穿着与夜色一样黑的衣服，消失在夜色中，就像他选择的假名"杜朗"[①]所具有的象征意义一样。可以想象在决定其命运的平淡无奇的相遇中，"一个名不见经传的邮政官员之子，晚上无所事事地待在村头"（拉马丁对于发现路易十六者德鲁埃的生动描述）。可以想象瓦伦当地的村镇代表（其日常职业是蜡烛商）对国王施加的恭敬的强制措施，他拒绝在没有议会明确指令的情况下放行国王。可以想象那一趟令人筋疲力尽的返回巴黎之路，旧制度和革命一起挤在闷热的马车里，巴纳夫坐在路易十六和玛丽-安托瓦内特之间，而公主则从佩蒂翁膝边转到伊丽莎白夫人膝边。可以想象一波一波的人群涌来，拍打马车，队伍不断壮大，佩蒂翁描述道："老人、妇女和儿童，有些人拿着铁扦和长柄镰刀，另一些人则拿着棍棒、刀和劣质火枪"，他们"就像去参加婚礼一样"。最后，还可以想象令人印象最为深刻的革命行进仪式，那是穿过挤满人却又都缄默不语的巴黎的情景：但这不是充满感激的祖国将注定不朽的伟人送往先贤祠，而是疑心重重的人民将变得渺小的国王带回杜伊勒里宫，后者正走向死亡，因为就像米什莱所说的，他已

[①] 杜朗，原文是Durand，同音词durant表示一段时间。

"在沉默中被除名了"。

这场既悲惨又滑稽的事件也不缺浪漫的花边。行动的缘起,出于费尔森①爱恋的忠诚。随后是想象出来的罗曼司:被爱冲昏头脑的佩蒂翁,以一个艳福不浅的男子的天真,注视着伊丽莎白夫人,确信"如果有魔法使所有人都(已)消失,她肯定会倒在我的怀里,主动臣服于本能的冲动。"最后,据说在玛丽-安托瓦内特和巴纳夫之间还达成了某种程度的谅解,虽然完全由政治考量决定,但隐约还有一些感情因素:对安托瓦内特来说是尊重("巴纳夫很好"),而对巴纳夫来说,则是陪伴身处不幸的王后所带来的成就感。

最后,瓦伦事件至今是一个历史谜团。这次失败行动的参与者们留下"回忆录",想要为自己辩白或者开脱,在很大程度上让事件更加扑朔迷离。即便到了今天,人们还在思索事件的性质。是密谋已久还是最后一分钟的决定?是王后的主意,还是国王的主意?是不是两套方案糟糕地合在了一起?逃跑计划是早已有的:在负责出逃的军事准备的布耶侯爵②的证词中,可以发现从1790年10月起就有迹象了,而11月玛丽-安托瓦内特和她哥哥神圣罗马帝国皇帝利奥波德二世的秘密通信也有体现。从1790年秋季到1791年春季,由于革命形势的发展、国王和王后对海外流亡者的不信任,以及最初对计划没有任何热情的国王的犹豫不

---

① 阿克塞·德·费尔森(Axel de Fersen, 1755-1810),瑞典军事统帅,法国王后玛丽-安托瓦内特的忠实崇拜者,一手策划组织了法国王室出逃。

② 弗朗索瓦·克劳德·布耶(François Claude Bouillé, 1739-1800),保王党,他负责提供卫队护送王室出逃。

决，有足够的时间反复修改计划。这是将策划责任推给玛丽-安托瓦内特一人的原因，很多历史学家也是这么做的。确实，王后的通信是有关瓦伦事件的主要史料，而国王对此事的直接证词非常少。当时的人确实也推测，在国王和王后之间存在两种不同策略，这一点从布耶坚持要拿到国王的手书才开始组织行动就能看出来。手书明白无误地显示国王参与了出逃计划，但也表明他个人希望改变计划：国王愿意离开巴黎，但坚持要留在法国境内，因为布耶计划的路线要经过外国领土，路易十六拒绝了这一路线，这表明他对公共舆论的动向是了解的。很难分辨清楚在出发准备阶段各国君主分别扮演什么角色。但不论如何，很有可能的是1791年4月危机——当国王想离开杜伊勒里宫前往圣克卢时，遭到群众阻止——使得国王不再犹豫。

出逃情况依然是神秘的：我们不知道杜伊勒里宫内的同谋关系到底是怎样的。相反，我们可以描述失败的情况。与通常讲述的不同，事件的组织并不糟糕，参与密谋的人都严格保守秘密，护照是符合手续的，马车也远非塞巴斯蒂安·梅西耶[①]嘲讽的极度奢华（"凡尔赛宫的浓缩版"），只是一辆普通马车而已，唯有马车夫副手穿着与孔代亲王相同的金纽扣制服，是引人注目的错误。

不过，时间表的安排并没有经过足够细致的计算。首先，因为要摆脱一名被玛丽-安托瓦内特视为"狂热民主人士"的贴身女仆，被迫等到6月20日出发，而最初确定的出发时间是6月

---

① 路易-塞巴斯蒂安·梅西耶（Louis-Sébastien Mercier, 1740-1814），法国作家。

19日。后来出发时间又从当天零时推迟到了凌晨两点,不断的延误造成了严重后果。由此,布耶侯爵(选他是因为其在镇压南锡叛乱时的铁腕表现)组织的接应部队被迫原地踏步,很快引起了沿途居民的猜疑和担心。而这些居民的骚动反过来又导致了预定路线上第一支援分遣队指挥官舒瓦瑟尔的背叛。在马车迟到引起的忧虑中,他犯了三个错误:解散了部队,下令驿站给马匹卸下马鞍,他自己也离开了正道,从而失去了与国王相遇的机会。因此,国王无论是在蓬德索姆维勒,还是在圣梅内乌尔德,都没有看到预定的接应部队。相反,在圣梅内乌尔德,他碰到了德鲁埃,后者只是在6月炎热的夜晚出来歇个凉,但看到马车中的人起了疑心,从当地市镇政府取得了指示,开始追赶马车。

从这一刻起,王室出逃就踏上了灾难之旅。第二个意外障碍出现在克莱蒙-昂纳尔戈讷;在这里国王确实遇到了龙骑兵,但又遇到当地市镇政府的干预:尽管当地政府放行了马车,但禁止部队随行护送。最后,马车到了瓦伦。布耶犯了错误——有人说是背叛,他没有把接应站放在桥这边,而是放在离桥较远处:这就使得德鲁埃有时间拉响警报,封桥锁路,把国王扣留在食品杂货商索斯的家里,最终等到了国民议会当天早晨派出的沿着马车路线赶来的信使。

然而,所有这些偶然播撒在通往瓦伦路上的沙粒,原本不足以阻止出逃的马车,如果不是因为在士兵、马车和驿站周围,遍布着足够警惕的群众的话,这些群众理解了部队行动的意义(部队的消极态度也是出逃失败的原因之一),对马车的行踪多有指责。人们甚至都不需要求助俱乐部和大众社团,这些团体显然没有参与这一事件。革命建立的日常机构就足够了:这里,是一个小地方的爱国市镇政府因为怀疑国王身处其中,而做出了扣押车队这一完全不合法的决定;那里,则是最为温和的村镇代表,因为不愿受到连累,让这一次已被正式辨认出来的国王的车队停下来了。用路易·勃朗的话来说,通往瓦伦的路上"流亡贵族的幽灵经常出没",在那些高贵的主角背后,从此以后出现了一个觉醒的、活跃的集体角色:这也就解释了这一事件的重要性。

国王出逃的消息在国民议会犹如晴天霹雳。对于大多数代表而言,这一事件发生的太不合时宜,正如迪波尔[①]5月曾说过的,大多数代表正竭尽全力"使革命稳定下来",并将宪法修改得更加温和:"三巨头"——巴纳夫、迪波尔、拉梅特——尽管仇视米拉波,却继承了米拉波在国王枢密院的位置,并采纳了米拉波的政策。但出逃事件使得上述政策变得非常复杂,因为激进派宣传品长期以来一直预言的国王出逃,为左派提供了预言成真的证据和竞出高价的机会。

事实上,瓦伦事件引发人们重新讨论的,正是宪法的核心问题,即二元主权概念。两个权力之间的冲突并非直到瓦伦事件才出现。但制宪议会有意回避了这一问题。为此,制宪议会想出

---

① 阿德里安·迪波尔(Adrien Duport, 1759-1798),国民议会代表,大革命早期重要政治家。

"面纱""宗教的"或"尊敬的"之类隐喻，用这些隐喻来描述两种权力的各自状况。此种面纱已经有所破损：1791年2、3月制宪议会曾经考虑过的一种假设，由于国王出逃而突然具体化。当国王统帅一支外国军队进入法国，他是否应该受到惩罚？当时，拉梅特将国王豁免权与其职责的行使联系在一起，国民效忠的只能是"遵守宪法的国王"，从而终结了这场辩论。3月28日法令规定，如果国王离开法国，在议会召唤下也不回国的话，那么他将被视为放弃了王位。这意味着，在议会看来，国民不但能决定国王权力的界限，还能决定其存在与否。

瓦伦事件造成的前所未有的局面完全扯掉了面纱：如何使这个人摆脱议会的讯问？如何假装国王始终是遵守宪法的国王？因为无法确定国王出逃的影响以及欧洲各君主国的态度，代表们的最初想法是将国王出逃包装成"公共利益的敌人对国王个人的谋害"，这一说法产生于拉法耶特阵营，由博阿尔内（时任制宪议会主席）正式发表，列沙白里哀和拉梅特也都采纳了。国王遭到绑架的新说法——制宪议会的故事版本还是相当简单审慎的，但传到各省之后，却经历了各种美化润色——使得宪法结构还能保持稳定。左派很容易地对这一虚构做出讥笑，因为人们很快发现国王出逃前愚蠢留下的一份声明，声明中的一长串抱怨，充分表明他不承认宪法，以及旨在恢复其自由的出逃的诸多动机。所以，德梅涅①以议会之名宣读的告法国人声明，不仅需要尽量降

---

① 让-尼古拉·德莫尼耶（Jean-Nicolas Démeunier, 1751—1814），制宪议会代表，宪法委员会成员。

低国王逃跑的重要性,还要减小"被蛊惑的国王出逃前撕掉"的这份文件的影响。①

由此,从几乎根本站不住脚的国王被绑架(罗伯斯庇尔问道"今天人们是否会相信,国王会像妇女一样被人绑架")版本转变成了国王受欺骗,是一种精神上的绑架,说明国王被邪恶臣子蛊惑而处于糟糕境遇,这不过是古老题材的更新版本。"国王和王室出逃相关事件质询调查委员会"给出的官方报告毫无逻辑地把上述两种版本揉在一起,然后把责任都推到了替罪羊布耶身上。报告的核心观点是受布耶蒙骗的国王,只想远离巴黎,并不想越过边界,这样国王就躲过了3月28日法令规定的严重后果。人们原本以为事件到此为止了,但这份报告又在制宪议会代表中引发了众多新的困惑,迫使他们不论是否情愿,都必须思考什么是立宪君主、宪法的本质,甚至革命的意义。

一个看似微不足道的问题引发了关于王权本质的探讨,实际上成为未来审判国王的彩排:应该由谁来受理国王关于事件的必要声明?议会?还是法官?左派坚持由法官来受理:人们针对的是路易十六个人,国王"在此时和此事中是一个公民"(一年之后,发表这一定义的罗伯斯庇尔却主张审判国王是一个政治行为,而不是司法行为)。佩蒂翁则更进一步,认为国王是一个"肉体存在","人们可以对其施加惩罚"。此外,这个具体的人的"不可侵犯性"受到双重诘难,一方面是现实行动(议会并不觉得国王是不可侵犯的,因而立刻夺取了他的行政权),另一方

---

① 制宪议会对外谎称国王的声明是居心叵测的人强迫国王写的。

面是从国王声明中获得的论据：一部被国王侵犯的宪法怎么能保护国王的"不可侵犯"？格雷古瓦[①]说，人们不可能祈求得到他的恩典。因此，如果国王享有规定的不可侵犯性，那么应该用于"与王权相关的行为"，在布里索看来，这个假定不会造成任何危险，因为这些行为必须得到大臣们的副署，国王的私人行为不能要求不可侵犯，比佐精炼地总结道："虽然贵为国王，同样也是普通人。"

议会中大多数代表都极力反对这种国王两个身体的划分，这种划分将其中的一个身体交由审判，并因此可能获得惩罚。国王不是公民，唯有他拥有整个权力，在这一权力的行使中是不能将其功能与他本人做区分的。当然，国王如果精神错乱了，可以由摄政者取代。但无论如何，不能由法官来听取国王的证词。因此，基于上述理由，议会决定自己来听取国王的发言。

但是与此同时，议会还需要阐明王权的奇特性。迪波尔说："你们已经把国王置于与公民分开的类别中，置于他的个人特性与政治特性合二为一的位置"，萨勒进一步指出，是"超脱于事物的自然状态之外"。拉罗什福柯－利昂库尔[②]补充道，如果能够做到这一点，"那么人们就让他变得不朽了"。在辩论中，立宪派非常强势地表明，这一荒诞的假定是一个值得庆幸的假定。从调查委员会的报告人米盖·德南托到迪波尔、巴纳夫，大多数人都

---

① 亨利·格雷古瓦（Henri Grégoire, 1750—1831），最早加入第三等级的教士之一，支持废除特权制度和奴隶制，支持普选。

② 拉罗什福柯－利昂库尔（La Rochefoucauld-Liancourt, 1747—1827），法国贵族，国民议会代表。

想挽救立宪成果,因此强调国王不可侵犯性的功用,并回溯哪怕是轻微的冒犯所引发的叛乱和分裂:依次列举英国、俄国以及路易十四未成年时的混乱例子,以证明不可侵犯应该是无条件的,纯粹功能性的,只是在国民和国王之间的情感联系遭到破坏时,这个定义才有实际意义。对此巴纳夫说得非常明确:因为如果国王的可疑行为能够动摇公民的信念,以至于他们想把他废黜,那么国王令人赞赏的行为也同样可能使他们希望国王实行专制。因此,只能通过绝对无视国王的个人品行来证明王权的必要性。应该感谢出逃瓦伦事件,它是意料之外的机会,可以用来证明一个智力和人品都一无是处的国王恰恰就是立宪君主制所需要的国王。从法律角度,这个论述是无懈可击的,但从政治角度,却非常脆弱:一旦国王被贬低至如此卑微的境地,他怎么还能居于公民之上?他又怎么继续做1789年那位慈爱行善的国王(王室声明依然体现了这一形象)?再说,确信一个功能性的国王"真诚地"接受宪法有什么用,难道大多数代表的意愿变成吊诡的举动?论题相同,但是论辩双方发生了颠倒——因为1792年罗伯斯庇尔说的话和1791年迪波尔说的一样,总之,审判国王中的所有问题都已出现。

议会还无法避免对自身权力,以及左右两派费尽心思计较的合法性问题进行思考。一方面,为了救国王,人们对议会代表了国民意愿提出质疑:陈情书中显然没有相应的强制委托。另一方面,为了审判国王,人们对议会在牵涉自身的事件中担任审判官的能力提出质疑,因此有代表提出专门召集另一个会议。大多数代表徘徊在上述两种解释之间,既不想也不能把自己的命运与国王的命运分割开，希望维持现状。然而有趣的是，我们看到议会辩论中散布开的疑虑，使制宪议会代表们在5月无甚热情通过的决议获得了支持，这一决议就是制宪议会的代表们不能继续当选下一届议会的代表。瓦伦事件让所有人强烈意识到需要一个新议会：为了给名副其实的立法机构——根据宪法建立的，而不再是制定宪法——开路，制宪议会亲自主持了一个全新议会的诞生，这是闻所未闻的谦让例证。人们希望看到新的议会与新的国王一起诞生，并确信国王的权力此后不再受到质疑。总之，这是双重再生，能够抹去人们对之前令人不快事件的记忆。

最后，在瓦伦事件引发的整个辩论中，浮现出了对革命本身的新认识。那些几个月来一直想要证明"所谓的革命已经结束了"的人，就像迪波尔5月17日的发言那样，现在完全出人意料地在国王出逃中寻找证据。按照拉罗什福柯-利昂库尔的说法，瓦伦事件之前，"全欧洲"都知道法国国王并不是一位立宪君主制的国王，而是革命局势的产物。那么结构还缺什么？缺"处于巴黎以外的国王能够以立宪君主的完全自由和尊严回到首都"。瓦伦事件不是逃离巴黎，而是国王脱离革命状态，这是一种愚蠢但却有效的"停止"革命的方式。这是此次辩论中的重要人物巴纳夫的观点。巴纳夫的辩护理由既有普遍的：各场革命都已结束，也有特殊的：本次革命结束了。巴纳夫的断言一方面是确认事实：要摧毁的一切都已经摧毁了；另一方面是预测：如果革命不幸"在自由的道路上"更进一步，那么君主制就结束了；如果"在平等的道路上"更进一步，那么财产也将不复存在。相较于迪波尔5月的表述，巴纳夫论述得更好，他的观点的力量在于把有产者的命运与君主制的命运联系在一起,让人们意识到共和主义的动力与平等主义的动力之间的联系。巴纳夫的策略是宣布这一动力可以被遏止。他的失败则在于无法实现这一点。

不过1791年7月15日,人们似乎有理由相信一切都搞定了:巴纳夫的雄辩——6月23日已救过拉法耶特[①]——在促使大多数代表倾向于调查委员会的论点上起了决定性作用,这些代表认定有罪的只是布耶及其同伙,而国王无罪,由此君主立宪制得以维持。议会甚至拒绝以告法兰西人民书的形式发布有关瓦伦事件的官方论述,因为担心"它会引起人们的怀疑、不确定以及争辩的情绪"。曾与米拉波斗争的前左派,此后站到了政治舞台的中央,似乎成功避免了国王和国民的分裂。

这显然只是一种幻觉。当议会将国王置于争论之外时,科特利埃俱乐部开始征集请愿书要求建立共和国。宣言书是一个名叫罗贝尔的人起草的,他刚刚重新出版了其有关适用于法国的共和主义的著作,根据瓦伦事件加以充实,并添加了新的副标题:"路易十六出逃的若干好处以及成立新政府的必要性"。事实上,左派非常小心地把共和国排除在议会辩论之外:从罗伯斯庇尔到佩蒂翁和瓦蒂埃(正是他大胆提出了很快广为流行的"头戴王冠的强盗"(指路易十六)的概念,但他自己却坚持说不喜欢共和国),他们都将古代共和国的记忆扔得远远的,面

[①] 应该是指瓦伦事件之后,拉法耶特遭到激进革命派指控,后者认为他对王室监管不力,甚至说拉法耶特是叛徒。

对"共和"一词也退避三舍。但是共和国在议会之外找到了拥护者。布里索在《法兰西爱国者报》上撰文审慎表达了对共和制的支持，孔多塞则在社会俱乐部（又名真理之友会）大胆地对国王的功用进行思考，而这恰恰是议会温和派的核心论点。孔多塞认为，理性的进步已经让君主制的现实作用完全丧失："过去在确保国王权力的那些手段中，有一种是用亵渎上帝的迷信把人塑造成神，但现在已经不是那个时代了。"这种新的政治话语在一些外省行政机构和俱乐部中引起了共鸣。然而在雅各宾俱乐部，这一话语受到罗伯斯庇尔的搪塞，后者绝口不提政体的问题。正是在为"自由并且国王已不存在"感到高兴的科特利埃俱乐部，把成立共和国的请愿带到马尔斯校场的想法逐渐成熟。7月16日的请愿——在议会投票决定维持路易十六的王位之后，请愿变得不合法了——还带有一些奥尔良主义①的痕迹。17日的请愿活动更为有力，指责代表们含糊其辞，要求审判国王。由于失控，拉法耶特和巴伊率领的国民自卫军竖起了戒严的红旗，朝手无寸铁的请愿群众开火，成为革命武装与革命群众第一次分裂的象征。

尽管议会极力掩饰，瓦伦事件还是因此将革命内部的团结一致炸得粉碎，无论在俱乐部、国家，还是议会本身，破裂都四处可见。马尔斯校场事件后，在爱国俱乐部中出现了新的局面。科

---

① 路易·菲利普·约瑟夫·德·奥尔良（Louis Philippe Joseph d'Orléans, 1747—1793），波旁王朝之庶系分支奥尔良家族成员。作为贵族，他从1789年起一直支持革命，率先加入第三等级，为民众活动提供场地，在审判国王期间投票支持处死路易十六。

特利埃俱乐部被迫关闭，丹东出逃，德穆兰的报纸也不得不停刊。雅各宾俱乐部既不能谴责科特利埃俱乐部，也不能追随它，结果陷入分裂。相当多的雅各宾派——约有300多名代表——转投隔壁的斐扬修道院，地理位置的移动，反映了政治立场的变化。雅各宾派与斐扬派的分裂，一开始是斐扬派占上风，由于以三巨头及其盟友为首的大多数立宪派代表的加入，斐扬派阵营得到壮大；而在雅各宾派阵营，少数忠诚的代表更加紧密地团结在罗伯斯庇尔和佩蒂翁周围。斐扬派的第一次胜利，是在告知外省社团瓦伦事件相关信息的官方文书起草过程中胜过了雅各宾派。绝大多数的外省社团一开始是犹豫不决的，但在分裂的前两周有72个社团加入斐扬派（与此同时，只有15个社团站在雅各宾派一边）。不过斐扬派的胜利很短暂，因为从7月底开始，各社团开始回归母社：人们认识到雅各宾的通信网络更为高效，外省社团订阅的大多数报纸也忠于雅各宾俱乐部，另外还有罗伯斯庇尔和佩蒂翁的高明手腕。当制宪议会解散的时候，雅各宾派的网络不仅恢复如初，而且还扩张了。

国王出逃事件留下的记忆在整个国土范围内都清晰可见。瓦伦事件勾画出一幅对比强烈的政治地图，对此可以通过各地发往勇敢的瓦伦当地政府的贺信，以及被催促组成军团开赴边境的国民自卫队的登记册加以研究。不管是贺信还是登记册，体现出的热情都是有限的，而且能看到法国农村与城市的巨大差异（农村地区信息滞后，而且发自肺腑地反对任何形式的自卫队）；另外，也存在着中部和西部的法国与东部和南部的法国的对立：前者始终忠于王权，而后者——从摩泽尔到地中海地区——已经有意识地反对王权。

最后,在议会层面,左右两派中的温和者和激进者终于分道扬镳。右派拒绝支持将不可侵犯的国王停职,这直接导致了他们弃权移民。民主派方面,尽管其领袖遭受打击,但是借瓦伦事件的冲击,赢得了一群代表的支持。因此,对于大多数代表而言,回旋余地也很狭小。所以,宪法改革(国王于9月15日接受了新宪法,同时大赦了因瓦伦事件和马尔斯校场骚乱而被控告的人)并没有达到预期的深度:大多数代表原本希望从宪法文本中删去"教士公民组织法",从而使得对其进行修改成为可能,但最后它还是被放回了宪法。然而,修订后的宪法试图满足人们追求"安定"的本能,巴纳夫早在贡斯当之前就认识到这种本能比自由本能更强势。新宪法还提高了成为选民的纳税额,就像巴纳夫解释的,这是为了将"极端贫穷"从选民团中剔除出去,因为极端贫穷含有腐败的危险。不过,为了平衡这一措施,该宪法不再对被选资格设立缴税要求:与1789年一样,它依然把选举看作职责,而非权利,并且仅限于"财富的中等阶级",这预示了未来的"空论派"①。与坚持认为世袭国王不了解国民"意愿"的左派不同,宪法强调了国王的代表属性。图雷和巴纳夫试图证明,尽管国王不能在严格意义上"代表"全体国民,但国王在批准法律的实践中是赞同国民的,并且作为第一公民,他体现了国民全体的"庄严"。随着重新引入"庄严"这一概念,让人感到他们在艰难

---

① 19世纪早期,法国复辟时期和七月王朝时期的一个政治派别,奉行一条介乎民主与保守之间的"中庸"路线。

地试图纠正自己曾经赞成的对国王作为纯功能性职位的定位，在这样的定位中剥夺了行政权的尊严和道德连贯性。将作为国家代表的国王与代议制议会相对，似乎是维持两者的平等地位、避免两者的从属关系这一可怕问题的唯一方式。此外，宪法文本恢复了国王的特赦权、暂时停止的否决权和提出立法提议的权力，还规定内阁大臣可以在议会为国王的提议辩护。正如巴纳夫尽力向玛丽-安托瓦内特解释的，修订后的宪法应该会使国王十分满意。他可以享受稳定不变带来的巨大优越感。立法机构的任期不超过两年，因而它"从诞生、存续到结束，都将笼罩在王权影响之下"。

巴纳夫的费力教学既表明他的诊断敏锐准确，但也显示他的治疗方案残缺无力。为了使立宪君主与人民主权之间的同盟——刚刚通过国王新的宣誓以及人民的欢呼而得到肯定——持续存在，国王应该接受他的角色，然而，他依然在和其他强国商谈。法国国民也应该接受这一国王。不过，人们从瓦伦押送回来的国王，再也不是1789年10月从凡尔赛带回到巴黎的国王了，在1789年10月，所有人，甚至包括马拉，都希望国王来到巴黎将会改变局势。但从瓦伦回来的国王，正如拉马丁后来所点评，"只是一个被赦免的国王"，在欧洲各国眼中"他试图逃离王位，痛苦地被押回：对于人民来说，他只是一个叛国者；对于大革命来说，他不过是一个玩物。"瓦伦事件反映了革命中人们的悲怆努力，他们试图缓和、抹掉，甚至有可能的话否认这一事件；但是，同时，这一事件的破坏力重启了法国大革命：它证明，与巴纳夫的愿望相反，"政治机器"还没有稳定下来，结束大革命这一无休止的任务仍将继续。

莫娜·奥祖夫

延伸阅读

BARNAVE, Antoine-Pierre-Joseph-Marie. *Œuvres*, publiées par Alphonse-Marc-Marcellin-Thomas Bérenger de la Drôme, 4 vol., Paris, 1843.

BARNAVE et Marie-Antoinette. *Marie-Antoinette et Barnave, correspondance secrète (juillet 1791-janvier 1792)*, éd. Etablie par Alma Söderhjelm, Paris, Armand Colin, 1934.

CHEVALIER, Jean-Jacques. *Barnave ou les Deux Faces de la Révolution, 1761-1793*, Paris, Payot, 1936.

DUCLOS, Pierre. *La Notion de Constitution dans l'œuvre de l'Assemblée constituante de 1789*. Paris, Dalloz, 1932.

PÉTION DE VIILLENEUVE, Jérôme. *Mémoires inédits*, Paris, 1866.

REINHARD, Marcel. *La Fuite du roi*, Paris, Centre de documentation universitaire, Les Cours de Sorbonne, 1958.

参见条目

革命议会（Assemblées révolutionnaires）

巴纳夫（Barnave）

布里索（Brissot）

孔多塞（Condorcet）

宪法（Constitution）

教士公民组织法（Constitution civile du clergé）

斐扬派（Feuillants）

雅各宾主义（Jacobinisme）

拉法耶特（La Fayette）

路易十六（Louis XVI）

马拉（Marat）

玛丽-安托瓦内特（Marie-Antoinette）

米拉波（Mirabeau）

君主制（Monarchie）

审判国王（Procès du roi）

共和国（République）

罗伯斯庇尔（Roberspierre）

旺代
Vendée

1793年法国的特点是出现了大量民众叛乱,其中旺代战争(1793年3—12月)是持续时间最长也是最血腥的。它同时也是最具象征意义的冲突,因为它使得大革命和旧制度在旷野中展开对抗。《教士公民组织法》已展现出了宣誓教士和拒不效忠教士两大阵营的对峙。1793年6—7月的联邦党叛乱引发了吉伦特派城市资产者反对巴黎的专制。但同年3月则开始了一场迅速变成两支军队较量的战争:一方是挥舞着共和国旗帜的革命军队士兵,另一方则是聚集在上帝与国王旗下的旺代农民。激烈的战斗平息后,这些敌对的象征依旧存在,并持续充斥于战后的记忆中:旧制度有了自己的殉道者,而革命则一直想要抹去这些证言。

叛乱始于1793年3月拒服兵役。2月,为了补充共和国军队兵员,国民公会投票决定征兵30万,通过在各个市镇的单身男性中抽签来征募。征兵人员的到来使人回想起王国时期所采用手段,几乎立刻在法国各地农村激起了反抗,甚至引发了骚乱,不过很快被扑灭了。但在莫热和旺代博卡日这两个卢瓦尔河下游的南部地区,事态尤为恶化。3月初,在连接两个地区的纺织业重镇绍莱，周边市镇的年轻农民和纺织工人突袭该市，杀死了当地的国民自卫军指挥——一位"爱国"工厂主。一周之后，暴力骚乱扩散到了布列塔尼湿地的博卡日地区的西部边缘：3月10—11日，小镇马什库勒被农民洗劫，当地的数百名"爱国者"被杀害。在北边卢瓦尔河附近，以车把式卡特利诺和猎场守护人斯托夫莱为首的一大群农民攻陷了圣夫洛朗莱维耶伊。

3月19日，一支3000人左右的小股共和国军队从拉罗谢尔前往南特，在旺代的蓬歇索遭到农村武装力量袭击而溃散。叛乱演变成了一场起义。这场起义发生在一个难以用行政区划界定的四边形中，因为以旧制度时期的区划来说，它横跨普瓦捷和图尔"财政区"，而在1790年重新划分的行政区划中，则是曼恩-卢瓦尔省、下卢瓦尔省、旺代省和德塞夫勒省。运动的核心区域是莫热地区和博卡日地带，一块边长100多公里的大正方形区域，其中心地点是绍莱。该区域的外围地带——尤其是西边位于蒙泰居和大西洋海岸线之间的布列塔尼湿地地区——从未被起义军完全控制，而是在交战双方之间不断易手。

"武装的旺代"在长达几个月的时间中完全脱离巴黎当局的控制，但是在1789年时，该地的民情并非与法国其他地区格格不入：至少在堂区的陈情书中，看不到分离情绪的迹象，这些陈情书"通常"反对领主权利，要求对司法和税制进行合理改革。所以导致该地区群众抵抗革命的原因，不是旧制度的覆灭，而是新制度的重建：重新划分行政区域、市镇的行政专制，尤其是教士向宪法宣誓问题，这赋予了地下反抗以上帝之名，并使得拒不宣誓的教士采取反抗行动。1792年8月就已发生过骚乱，但很快被扑灭。1793年，引发起义的不是1月的弑君，而是恢复强制征兵。所以，当旺代人把上帝和国王画在旗帜上时，他们在这些不可避免的符号上注入的是自己的传统，而不是对旧制度的惋惜，因为他们早就目睹旧制度的崩溃而没有丝毫悲哀。

但当国民公会面对人民起义反对人民革命时，他们只会认为这是试图在共和国废墟上重建旧社会的"贵族阴谋"的新体现，也是最为严重的阴谋。3月19日，国民公会颁布第一个法令，规定一切手持武器或是佩戴白色帽徽的人都要在24小时内被处决。这恰恰让起义者有了自己的旗帜。短短两周一切便已不可挽回。

"白军"是一支挺特别的军队，乡村警钟一响，数万名农民、织布工人和乡村小贵族在"堂区首领"的指挥下聚集到一起，一旦真要打仗，都不愿意离家太远。"白军"的核心人员有一万人左右，他们分散在几支旺代军队之中，是其尖刀部队。他们的武器简陋，其中最好的武器都是从敌人那里夺来的。骑兵很少甚至没有，偶有炮兵，不存在什么后勤保障。在面对小股共和国军队时，旺代军在夏季取得了一些胜利，主要是因为他们人数占优，而非依靠装备技术或战略取胜。旺代军队的首领是寻觅所得，往往是那些自国王军队退役归隐家乡的贵族：夏勒特、埃尔贝、拉·罗什雅克兰、莱斯屈尔和邦尚。但卡特利诺是莫热邦的车夫，斯托夫莱是莫莱夫里耶的猎场看护人，在任何情况下，他们的权力都和他们的来头一样是不稳固的：这些将军是由他们的部队任命的，其指挥不得不夹杂着劝解说服。最后，他们总是面对竞争对手，当选最高统帅的人（先是卡特利诺，然后是戴尔贝，再是拉·罗什雅克兰）从来没有完全掌握过指挥权。位于旺代博卡日地区中部的塞弗尔河畔沙蒂永的旺代"高级委员会"也不成功。该委员会由旺代主要军事领导人以及一群教士和保王派贵族组成,是建立世俗政府的短暂尝试,它试图复辟旧法国制度的活动也是象征意义大于实际作用。

在战场上,"天主教和王家军队"构成了叛乱的主体。这支军队活动于莫热地区的普瓦图和安茹交界处,鼎盛时有四万士兵,由叛乱主要军事将领指挥。在南部,一支万余人的核心部队控制着博卡日地带,而在西部的边缘地带,夏勒特的部队从来就没有离开布列塔尼的沼泽地。到4月时,莫热和博卡日地带都在起义者的掌控之中:没有共和国军队驻防的村庄和市镇,未经抵抗就陷落了。西边的莱萨布勒-多洛讷进行了抵抗,而在东部,位于叛乱正方形地带边缘的城市在5月被攻陷:布雷叙尔、帕尔特奈、图阿尔;6月9日,索米尔陷落,旺代叛军在该城反革命分子的协助下,打败了共和国的一支小部队(8000—10000人)。由此,叛乱领袖最终决定进攻西部富裕的资产者大都市南特,目的是在南特伸手乞求英国和海外流亡者的援助。但南特的防守固若金汤,夏勒特率军贸然从南边发起进攻,而两天之后的6月24日,卡特利诺的部队在巷战中落败。南特仍然在爱国派的手里。

不过在整个夏季,旺代军还是控制着"他们的"地盘,有机会时还击败仓促集结且装备落后的共和国军队。在巴黎,这些失利激发了公社不断提升革命要求。正是在这一压力下,救国委员会任命罗西尼奥尔这位原本不大可能的将军为共和国军队指挥官,此人曾是首饰匠学徒,一个积极的无套裤汉。8月1日,在山岳派以及救国委员会发言人巴雷尔的提议下,国民公会颁布了"摧毁"旺代的决议。决议的具体内容是：撤离旺代地区的所有爱国平民，由共和国负责他们的生活所需；将反叛地区化为焦土：烧毁森林，夷平房屋，牵走牲畜，砍倒篱笆，总之像当年路易十四对待巴拉丁[①]一样对待叛乱地区。

摧毁旺代，使得士兵们的残暴得到尽情发泄，他们在接下来的几个月中进行了大量有组织的屠杀，但是，这并不能立即弥补共和国军指挥官的无能以及内部分裂。事实上，1793年夏季在旺代看到的不是两支军队的对峙，而是分成数段的不同部队的对峙；不是两方指挥官的较量，而是身处监视之下的领导人之间的较量，他们并未团结起来面对敌人，而是在内部搞起了对立；不是两股力量的对抗，而是两方弱点的暴露。旺代军两次攻打吕松皆以失败告终。无法离开自己势力范围的旺代军队，在自己的领地里似乎是不可攻克的。

9月，随着"美因茨军"的到来，形势发生改变。这支从美因茨之围脱险的军队[②]受国民公会派遣而来，担任指挥的是两位干练的将领克莱贝尔和马索。在第一次进攻受挫之后，10月17日美因茨军拿下了叛乱中心城市绍莱，并将天主教和王家军队余部向北驱赶。这是旺代战争的转折点，对于叛乱来说，终结开始了。旺代人丧失了很多领导人（卡特利诺死于南特，莱斯屈尔、

[①] 1685年5月，没有子嗣的巴拉丁选帝侯去世，路易十四以弟媳巴拉丁公主的名义要求继承巴拉丁选帝侯的领地和财产，遭到神圣罗马帝国皇帝利奥波德一世反对，后者与其他多国组成了奥格斯堡同盟反对法国扩张。1688年10月，法军攻占巴拉丁，并于次年彻底毁灭这个地区。

[②] 1793年4—7月，美因茨地区遭到普鲁士、奥地利等国围攻，近19000名法国士兵最终投降，并被允许撤离回到法国。

戴尔贝和邦尚在绍莱战役中受了致命伤),不得不放弃自己短命的王国,朝北跨过卢瓦尔河。20岁的新最高统帅拉·罗什雅克兰的想法(也许是采纳了海外流亡贵族的建议)是在格兰维尔与巡弋布列塔尼海岸线的英国舰队汇合。由此,绵延数公里的旺代大队伍踏上了征程,其中有小人物也有上层人士,有士兵也有家庭,男人女人和儿童,共计80000人,由三四万名士兵保护。他们沿途袭击洗劫了勒芒、拉瓦勒和富热尔这些防御薄弱的城市,直到最后受挫于格兰维尔的高墙。在经历了蓬托尔松、昂特兰和多尔的血战之后,旺代队伍开始戏剧性地按原路返回,即从富热尔、马延到拉瓦勒,朝家乡回撤,这时正值晚秋的雨水绵绵和第一波寒潮袭来之时。12月初他们在昂热城外被击退,于是转而向东行进,12月13日在勒芒又遭遇了惨败。这一天是冷酷无情的旺代战争中最可怕的日子之一:共和国军没有丝毫怜悯,溃败的旺代军在战场上留下了10000具尸首。旺代残余队伍遭到敌人追击,于圣诞节前夕在萨沃奈被打得落花流水。而内战战场的另一端,同样在这一年的最后半个月里,夏勒特在布列塔尼沼泽地遭到追捕,其老巢努瓦尔穆捷岛于1月3日被攻克。

　　至此,严格意义上的叛乱结束了。虽然战斗还未完全结束,但是少数幸存的旺代领袖,如夏勒特和斯托夫莱只能指挥散兵游勇在丛林里作战,已经很难与诺曼底和布列塔尼的西部地区朱安党区分开来。正是此时杜罗将军受命执行恐怖的8月1日法令:命令共和国政府把旺代变成一片焦土。

　　之前卡里埃在南特就干过类似的事情。1793年10月作为国民公会特派员抵达南特的卡里埃,狂热相信革命的信念,并且得到当地无套裤汉的支持。在南特他签发了大量逮捕令，被扣押的人和被捕的旺代士兵加在一起使得监狱人满为患。卡里埃很快淘汰了效率相对较低的断头台，转而采用火枪行刑队（未经审判即可行刑）和直接把人溺死在卢瓦尔河——载满嫌疑人的船只行驶到卢瓦尔河中间，然后被弄沉：一万余人被处死，其中四五千人是被溺死的。但杜罗的"地狱纵队"的作为有过之而无不及。1794年2月起，他们划出叛乱地区，开始搜寻和摧毁。树木被砍伐，村庄被焚毁，牲畜被屠宰，居民被无差别杀戮。一系列疯狂摧毁行动毁掉了当地的农场和住宅，杜罗军队在途经的所有城镇、村庄造成1万多人死亡。这场恐怖的行径直到5月才停止。其后果之一是使得残余的游击战又复活并扩大了，于是旺代人变成了朱安党人。

斯托夫莱在其起义地莫莱夫里耶的森林里东躲西藏，而夏勒特在湿地的西部封地上还占据着农村。热月9日之后，国民议会放弃镇压政策，向两位领导人提议和解。两人分别于1795年2月和5月与共和国政府签署和约。"旺代"承认共和国，共和国则接受拒不宣誓效忠的教士，并在十年内不征兵也不征税。但海外流亡者的武装力量6月试图在基伯隆登陆时，这两位领导人又很快重新拿起武器。夏勒特获得了英国的武器支援，试图在旺代沿海地区掀起新的叛乱。但农民们已经厌倦了，而夏季在约岛登陆的阿图瓦伯爵拒绝与旺代叛军合作，并返回了英国。仍留在莫热地区的斯托夫莱，身边只剩下一些素质平庸的游击队。针对这些叛军，革命政府最终将自由处置权交给了一位机智且温和的将军：奥什。他交替运用宽容和控制政策而使民众保持中立，并组织多支几千人的小股机动部队追击旺代游击军。斯托夫莱于1796年2月被捕并遭枪决,夏勒特则是在3月被处决。

旺代战争至此完全结束,但旺代与共和国并未实现和解。相反,这一地区惨遭蹂躏毫无生气,直到执政府时期,还一直有零星的骚乱。拿破仑签署《1801年政教协议》①之后,拒不宣誓效忠这一宗教信仰旗号就被消除了,不过拿破仑还是密切关注旺代省,并在该省的永河畔拉罗什建立了一个重要的军事堡垒。他的疑虑是有道理的。此后,旺代具有了一个与国家相分离的身份。它成了一个特殊的地区,具有一群不同的民众。

今天前往昔日的"旺代战区"参观的游客,会发现在被杜罗军队的年轻士兵烧毁的旧教堂遗址上,有很多巨大的19世纪建筑,一般都缺乏美感,对于以其为宗教活动场所的村庄而言都太大了。这些建筑都是在复辟时期或第三共和国"道德秩序"时期建成的,这两个时期是天主教会高奏凯歌的时期,这些建筑体现了19世纪对于叛乱的美化记忆。国王的回归开启了一种新的历史解释,其中旺代成为了深邃的法国西部地区的代表:这里有分成制租田,有城堡,有教堂,继续存在着无休止的反革命活动,胜利与殉难相交替,尽管往往更多的是殉难而非胜利,但反革命活动却无法消除。某种程度上,这一历史叙事是真的,因为旺代省及其周边地区(曼恩-卢瓦尔省和下卢瓦尔省的南部,德塞

---

① 1801年7月15日,拿破仑与教皇庇护七世签署《1801年政教协议》(又译《教务专约》),协议一定程度上恢复了天主教在法国的地位,缓解了天主教会与法国政府之间的紧张。

夫勒省的西部）在1814年和1815年曾起义反对拿破仑，1832年又起兵响应贝里公爵夫人复辟"合法国王"的号召，普选制实施后，该地区又为最因袭传统的右派提供了最忠诚的选民。选举社会学的研究证实，在旺代确实存在不同寻常的保守传统，该传统与奠基事件（指旺代叛乱）有关，此外也可能与这一事实（安德烈·西格弗里在其名著《法国西部的政治状况》已经论述过）有关，即旺代的保守传统更多的是由于教权主义因素，而不是君主主义因素，例如在两次世界大战之间，马克·桑尼耶的天主教社会主义在当地影响很大，甚至削弱了保王党势力；而右翼的"法兰西行动"①即使在1926年遭到罗马教皇谴责之前，也从未能在旺代扎根。

不过，这一旺代叛乱之后的旺代历史，主要是一个被旧制度和大革命撕裂的国家政治想象的历史。19世纪的法国人不可能同时热爱自己历史上的这两个阶段：爱大革命的人一定厌恶旧制度，为旧制度感到惋惜的人一定憎恨大革命。旺代是组成这个二元世界的核心部件之一，它作为其中的一极，尤其起到了塑造这一世界，并使之永存的作用。由农民、教士和贵族组成的旺代，是一个旧社会。它起来反抗雅各宾专制，是因为其忠于传统。最后，由于旺代事件引发的仇恨，它也成为革命灾难的鲜活体现。正是旺代反抗中体现的民众虔诚和英勇气概，使原本黯然消失的旧制度，变得高尚起来。

要理解这一点，必须阅读拉·罗什雅克兰侯爵夫人的《回

---

① 20世纪初出现的右翼政治运动，主要主张是恢复君主制，鼓吹民族主义。

忆录》，她和她丈夫莱斯屈尔一起经历了整个恐怖的战争，莱斯屈尔战死后，她二婚嫁给了天主教和王家军队最后一任统帅的弟弟。①这位贵族女士出生在凡尔赛的城堡并在那里一直生活到1789年10月（那时她17岁），从她的回忆录来看，旺代体现了旧制度下的幸福场景：一个农民和领主异乎寻常地团结在一起的社会，他们都遵从天主教美德和教会。1789年到来时，"博卡日地区的居民们面对所有这些变化，感到恐惧和悲伤，这些变化只会扰乱而丝毫不会增加他们的幸福……。面对社会新秩序，农民们的不满日益增加，对于贵族也愈发忠诚。"这一最初的失望，随着1791年教士宣誓问题而加剧，并在1792年8月10日之后由于处死国王和大规模征兵而走向极端，最终导致了大规模叛乱。侯爵夫人用敏感而富有才华的笔触回顾了这场叛乱。这本《回忆录》写作于法兰西第一帝国时期，并于复辟王朝初年出版，该书为整个正统主义和教会的历史叙事定下了基调，随着王权和教会的再次合作，在19世纪重新出现了一种英雄传统、宗教虔诚和大众的全民公决。今天，这种历史叙事不再具有国家政治的分量，但它带有重大事业失败所特有的诗意魅力，仍然有一定的地域基础和受众。

面对这一历史叙事，革命派的讲述长期围绕着巴雷尔对国民公会所用的词语展开："无法理解的旺代。"确实，这是无法理解的：农民起义反抗一场旨在解放农民的革命；农民居然和领主、

---

① 天主教和王家军队的最后一任统帅是亨利·拉·罗什雅克兰伯爵，他的弟弟是路易·拉·罗什雅克兰侯爵。

351 教士联合起来反抗普世平等；再生的旧制度幽灵反抗已解放法国人民的革命。除了认为人民受到不为人知的敌人的欺骗和操纵之外，无法解释旺代叛乱：正是贵族和教士的阴谋导致了叛乱。拉·罗什雅克兰侯爵夫人将旺代农民描述成领主的兄弟，而教会的祝福更让这一封建社会的田园诗具有了永恒性。共和派历史学家也将旺代农民放回至旧制度，但是把他们描绘成未意识到领主压迫和教会蒙昧主义的人，他们封闭在自己分成制租田的狭小视野内，孤立于其他地区之外，是这一受谴责时代的外露层。

最伟大的共和派历史学家米什莱清楚地看到叛乱的农民特性：拒绝征兵，农村对城市"先生们"的怨恨，以及1793年3月贵族的缺席和观望。米什莱毫不费力地就驳倒了叛乱的"封建论"解释，即认为人民是在"酋长的"领导下发动暴乱的。但是他否定了城堡贵族的领导作用后，又把这一领导地位赋予了本堂神甫。误入歧途的法国西部陷于乡土观念之中，与新的法国相分离，这一切是教士们秘密活动的产物，也是该地区受蒙福尔派传教团思想控制的结果。旺代农民是依附性的未完全开化的人，教会使他们变得狂热，而妇女在其中起了中间作用："妇女加上教士，就是整个旺代，整场内战。"在拒绝宣誓效忠的教士的忏悔室和贫穷佃农的夫妻床笫之间，孕育出了把旺代男人——很多时候也包括他们的妻子——送进天主教和王家军队的阴谋。

但是共和派把旺代叛乱者在政治和精神上都依附于传统权威的观点进一步扩展，将贵族的权威也包括进来，认为贵族和教会是共同行动的：这一推论是从19世纪的地方政治冲突史中得出的，由此出现了一个教会、贵族和王权密不可分的旺代，一个在第三共和国治下的法国中依然与世隔绝的旧制度。这种认识构成了一系列历史学著作诞生的背景,包括基内的朋友夏尔·路易·沙桑的重要著作,以及塞莱斯坦·波尔的著作,波尔本人是一名档案保管员,同时也是善于利用外省行政档案的历史学家,他们的著作构成了共和派史学史的宝库。一战前出版的《法国西部的政治状况》一书最完整地阐发了上述理论。共和派新教徒安德烈·西格弗里以地方选举统计数据为基础,描述了旺代乡村的政治和精神面貌,这一地区不受外界影响,听从其领主和本堂神甫的统治。虽然教士依旧"像过去一样是农民真正的领袖",但贵族是世俗等级制度中的主要调解人:这是造成"旧制度广大地区"和南方共和派"平原地区"相对立的根本特征,就像花岗岩和石灰岩的区别一样。

二战以来的现代史学研究保留了这种从决定论的视角分析旺代在法国现代史中的独特之处的思路,只是略去其中的地理因素,而强调社会经济因素。最重要的是,史学家抛弃了旺代人在贵族和教士的控制下怀念旧制度的说法;相反,他们试图理解这场迟到的反对革命的民众叛乱的自主性。事实上,在1793年揭竿而起之前,旺代农民在1789年和全国上下一样,对废除封建义务和什一税表示欢迎。相反到了1793年3月,农民们敲击城堡大门以寻求帮助:不是为了重建领主制,而是想找军事领袖。农民和前领主的这种新联盟是诞生于战争中,而不是旧制度中。因此问题不在于理解农民为什么对旧社会的消失感到惋惜——这种"惋惜"本身就是19世纪回溯过去出现的幻觉,而是为什么短短四年时间他们就成为了革命的敌人。近期有关旺代战争的史学研究中最有意思的部分正出自上述问题意识，即区分来龙和去脉，以及起源与遗产。

研究尤为关注如何解释城市、爱国者与乡村、反叛者之间表现出的非常激烈的对抗。虽然这种对抗在整个旧社会也常见，但1793年战争表明它在西部农村和旺代战区表现得特别暴力。保罗·布瓦1960年出版了一本有关萨尔特省朱安党人研究的著作，在这部视野宽广的著作引领下，学者们开始研究诸如农村共同体的结构、农产品及其与市场的关系、领主赋税的负担以及农村贫困等问题，然后将这些与叛乱周边仍属于共和派的地区的类似数据进行比较。但是所有这些研究都未曾在独特的社会结构或农业经济结构中寻找叛乱的秘密，因而并非无法驳斥的。确切地说，"旺代"农村共同体史体现的正是由于制宪议会改革造成的日常生活动荡所引发的政治敌意的不断高涨，这些改革包括：设立新的省市行政区划，新的税种，城市资产者大量购买国有财产。在动荡中，这些新的行政机构都被资产者掌握，也因为他们而充满活力，这些资产者都是伏尔泰和《百科全书》的读者，也是教会财产的主要买主，面对农村的落后状况，他们公开展示自己的优越感。在西部很多省份，城乡之间的世俗对抗表现出新的形式，即全新的行政权力干涉主义与渴望自治、不愿革新的乡村共同体之间的矛盾。

自从《教士公民组织法》颁布之后，冲突的核心就是宗教问题。1793年3月叛乱之前有一系列地方事端，都是由于强制宣誓以及教会分裂为敌对的两派。各种迹象都表明，旺代叛乱的主要动力来自宗教，而非社会或者单纯的政治因素：贵族是后来加入的参与者,君主主义也只是次要的因素,是呼唤上帝和天主教传统所引发的结果(1月21日处死路易十六并未引起叛乱)。最后,叛乱军队表现出的英勇无畏,是宗教热情和死后升入天堂的承诺激励的结果,因为旺代军队尽管英勇,也时常处于恐慌之中。对旧信仰和旧教会的这种集体忠诚,被认为是不可分割的,并受到了革命的威胁,它超越了城乡之间冲突的限制。正如历史学家克劳德·博蒂福赫所指出的,它解释了为什么天主教和皇家军队里也有很多城市手工业者,更别提大大小小的显贵了。

为了考察这一忠诚的重要性,就必须抛弃"共和派"的顽固观念,即认为半开化的农民受拒绝宣誓效忠的教士的操纵。这一观念根源于启蒙运动,后来在米什莱的著作中表现得尤为明显。我们应该回溯旺代民众的传统信仰和宗教。它们成形于过去,与革命的重组行为发生了冲突,这一重组行为很快被视为反宗教的。这段历史目前认识不清,还是个谜团,最近才浮现出来:我们发现,起义的地区在18世纪时曾经是蒙福尔教派传教的地区。

这个教团以创始人格里尼翁·德·蒙福尔(1673—1715)的名字命名,在启蒙运动高潮时期重新振兴:以创始人为榜样,非常热衷于中世纪的布道方式,即将教会话语灌输到文盲群体的脑中。他们在法国西部系统设立传教团、隐修所,竖立耶稣受难像,并将颂扬贫穷、弃绝尘世与反宗教改革的现代主题结合起来,这些主题包括:剪除异端,消灭迷信,以及围绕责任、规则和仪式组织宗教生活。蒙福尔派的中心位于塞弗尔河畔的圣洛朗,这是一座遍布教堂和修道院的博卡日小城,位于绍莱南边仅几公里的地方,未来这里也将成为叛乱的中心。以塞弗尔河畔的圣洛朗为圆心,缪洛会教士(得名于该修会的第一任神父缪洛①)在周边地区以近乎军事组织般的严格纪律宣传他们的圣母崇拜,圣苏比的遗产传给了格里尼翁·德·蒙福尔,再经过缪洛会,一直传到了1793年的起义者那里。

不过蒙福尔派的传教超出了旺代战区的范围,它覆盖了从布列塔尼到欧尼斯的广大区域,包括瓦讷、南特、昂热、吕松和拉罗谢尔主教区。此外,根据当时一位名为阿凯神父的传教者的报告,缪洛会教士在各地受欢迎程度并不一致。根据他的描述,平原地区和博卡日地区——西格弗里划分为共和派地区和保王派地区——的居民之间已经有了"冷漠淡然"与"善良温顺"的区别。因此,1790—1793年旺代天主教传统所具有的特有力量不能只归因于蒙福尔派的传教士。这些传教行为本身依靠的是其此前的基础,而这一基础的历史并不清楚,可能也无从认识了。但是他们确实给那些热烈欢迎自己的莫热和博卡日地区人民提供了一种宗教传统,这一传统既是大众的,也是教权主义的,围绕着频繁和有规律的弥撒展开。这一传统并不像掌管革命政权的资产者认为的那么古老,同时他们并没有做好准备去理解这一传统,而只是把它看作迷信和野蛮:这些资产者是18世纪另一阵营者的学生,即启蒙哲人们的学生。引发旺代战争的就是这两个相互之间无法理解的世界之间的冲突,而这种互不理解在接下来的世纪里更加明显。

我们历史中这一相对短暂的插曲,之所以会在法国政治中

---

① 蒙福尔死后,其追随者勒内·缪洛(Rene Mulot)继承了他的传教事业。

留下如此重要的印记，当然是因为它立刻就成为了革命与反革命对抗的象征，还迅速引发了难以平息的暴力行为。旺代军是暴力的，因为这些以上帝之名起来反抗的乡村平民战斗时没有丝毫的宽容。但革命的暴力更为突出，即使从"救国"这一借口而言都无法原谅，因为它是在天主教和皇家军队已经被歼灭之后，由胜利者实施的惩罚性暴力。革命恐怖时期最大的集体屠杀就是对旺代人的屠戮和对旺代的扫荡，而这是无法以"救国形势"需要为名予以赦免的。

事实上，当巴雷尔在8月1日的演说中提出毁灭计划时，他确实是以拯救祖国为借口的（"摧毁旺代，瓦朗谢讷[①]就能不再受奥地利统治。摧毁旺代，莱茵河地区就能摆脱普鲁士的控制。摧毁旺代，英国就无法再占领敦刻尔克"等等）。但计划的实施是1794年1月，当时各地的形势逐渐得到恢复，而被打败的旺代仍然像8月1日演说中的那样被视为"啃噬共和国心脏的溃疡"；反革命余部的反抗仍在持续，战斗还将长期存在，革命要获得全面的胜利，就必须要从根本上摧毁敌人，把敌人从历史中抹去。旺代地区及其市镇被改名：旺代省更名为旺日省，丰特奈-勒孔特更名为丰特奈-勒珀普尔[②]，努瓦尔穆捷岛更名为山岳派岛。但还有如此多的分成制租田和村庄处于叛乱分子的控制之下，在那里旧制度依然存在！

[①] 瓦朗谢讷（Valenciennes）于1793年7月被奥地利等国的反法同盟军队占领，次年8月才被法军夺回。

[②] 丰特奈-勒孔特，原文Fontenay-le-Comte。Comte意思是伯爵。丰特奈-勒珀普尔，原文Fontenay-le-Peuple。Peuple意思是人民。

因此，迫害旺代的恐怖与一般革命恐怖没什么本质区别。两者背后的动力是相同的，它是当时执掌大权的山岳派与无套裤汉之间不稳定的联盟所鼓吹的政治意识形态的基础：将反抗等同为阴谋和背叛，热衷于镇压，信仰共和国统一不可分割，认为流血专制是重塑法国所必须的。国民公会和救国委员会对待旺代和对待里昂是一样的，后者是另一个反革命地区：革命政府同样向里昂派去狂热的特派员，他们在当地实施了集体处决；这些特派员将里昂更名为"自由城市"，并开始焚毁房屋。当然旺代面积更大，军事色彩更浓。但1794年春季之前共和国派往旺代的将军们与其说是执行军事行动的官员，不如说是执行恐怖政策的代表。一直要到恐怖时期结束之后，革命政府才对旺代战区的其余部分实施明智的策略，这就是1795年奥什将军推行的策略。

不过，从1793年末至1794年头几个月席卷旺代的镇压行动，不仅仅是一场规模空前的屠杀和毁灭，而且因为反抗是如此激烈，以至于在接下来的二百年里旺代都被赋予殉难地区的身份，成为旺代认同的重要组成部分。不幸的记忆持续时间如此之长，如果说是与灾难的严重程度有关，那么同时也是因为这一记忆始终与教育考量联系在一起，另外也可以用旺代战争的宗教特性加以解释：正是这一特性使得旺代事件在选举中凸显，成为互相仇恨的各派争论的对象。波尔多、马赛、卡昂和诺曼底是为了支持吉伦特派而起来反抗，里昂则打着保王的旗帜战斗；但是旺代人民则要求他们的教士和教会回归。为了镇压旺代反叛，国民公会把共和国军队指挥权交给了无套裤汉、恐怖主义者和支持去基督教化的将军们。所以尽管法国大革命从未试图根除基督教——制宪议会议员和罗伯斯庇尔都曾如此明确表示——但局势终究还是让支持天主教的人民与支持共和国的人民在旺代对立了起来：由此，这场战争很好地展示了法国历史中出现的宗教传统与革命的民主基础之间的深刻矛盾。

弗朗索瓦·孚雷

延伸阅读

BOIS, Paul. *Paysans de l'Ouest. Des structures économiques et sociales aux options politiques depuis l'époque révolutionnaire dans la Sarthe,* Le Mans, impr. M.Vilaire, et Paris-La Haye, Mouton, 1960; éd. abrégée, Paris, Flammarion, 1971.

CHASSIN, Charles-Loius. *La Vendée patriote, 1793-1800*, 4 vol., Paris, 1893-1895.

CHASSIN, Charles-Louis. *Etudes documentaires sur la Révolution française. Les pacifications de l'Ouest 1794-1800*, 3 vol., Paris, 1896-1899.

DUBREUIL, Léon. *Histoire de insurrections de l'ouest,* 2 vol. Paris, Rieder, 1929.

GABORY, Emile. *La Révolution et la Vendée d'après des documents inédits,* 3 vol. Paris, Perrin, 1925; rééd. 1941.

HACQUET, P. Pierre-François. *Mémoires des missions des Montfortains dans l'ouest, 1740-1779. Contribution à la sociologie religieuse historique,* Fontenay-le-Comte, impr. P. Et O. Lussaud frères, 1964.

LA ROCHEJAQUELEIN, Marie-Louis-Victorienne DE DONNISSAN, marquise DE LESCURE, puis marquise DE. *Mémoires,* Paris, 1815.

MARTIN, Jean-Clément. *La Vendée et la France,* Paris, Seuil, 1987.

MICHELET, Jules. *Histoire de la Révolution français,* livre VIII, chap. II; X, v; XI, v-vi; XVI, i-ii.

PÉROUAS, P. Louis. *Le Diocèse de La Rochelle de 1648 à 1724,* Paris, SEVPEN, 1964.

PETITFRÈRE, Claude. *La Vendée et les Vendéens.* Gallimard, Paris, 1981.

SIEGFRIED, André. *Tableau politique de la France de l'Ouest sous la troisième République,* Paris, 1913.

TILLY, Charles. *The Vendée.* Cambridge(USA), Harvard University Press, 1964; trad. fr., *La Vendée,* Paris, Fayard, 1970.

参见条目

旧制度（Ancien Régime）

朱安党叛乱（Chouannerie）

教士公民组织法（Constitution civile du clergé）

反革命（Contre-Révolution）

恐怖（Terreur）

图书在版编目（CIP）数据

法国大革命批判辞典.1，事件卷/（法）弗朗索瓦·孚雷,（法）莫娜·奥祖夫主编；刘景迪，顾杭，庞冠群译.—北京：商务印书馆，2023
ISBN 978-7-100-21451-3

Ⅰ.①法⋯　Ⅱ.①弗⋯ ②莫⋯ ③刘⋯ ④顾⋯ ⑤庞⋯　Ⅲ.①法国大革命—研究　Ⅳ.① K565.41

中国版本图书馆 CIP 数据核字（2022）第 126523 号

权利保留，侵权必究。

法国大革命批判辞典
1
事件卷
〔法〕弗朗索瓦·孚雷　主编
　　 莫娜·奥祖夫
刘景迪　顾杭　庞冠群　译
刘北成　校

商务印书馆出版
（北京王府井大街36号　邮政编码100710）
商务印书馆发行
北京中科印刷有限公司印刷
ISBN 978 - 7 - 100 - 21451 - 3

2023年10月第1版　　开本 880×1230　1/32
2023年10月北京第1次印刷　印张 11½
定价：65.00元